生の現象学による共同体論

感情から他者へ

吉永和加 著

萌書房

目次

感情から他者へ

——生の現象学による共同体論——

序論

現象学において他者存在が問題となった端緒は、言うまでもなく、フッサールの「デカルト的第五省察」にある。そもそも、哲学の伝統の中で、他者というものが議論の俎上に上り、重要な課題であると認識されるようになったのは、ごく近年の事柄に属する。その意味で、フッサールの議論が、他者存在を哲学の問題であると周知させた大きな転換点であることは間違いない。フッサール自身が他者を論じたのは、超越論的自我の議論が独我論を導くという批判を回避するためであった。フッサールが直面した自我の先鋭化は、デカルトによるコギトの宣言以来、西洋哲学が長きにわたって自我を中心に議論を展開してきたことの必然的な帰結ではあろう。そして、その行き詰まりが独我論の陥穽という形で意識されたとき、それを回避する契機として他者存在が新たにクローズアップされることになった。しかしながら、近年の他者存在に関する議論の盛り上がりは、もはや議論がフッサールの問題意識に留まらず、それを超えたところで展開していることを示している。

他者存在に関する議論を必要とする動機は、幾つか指摘されうる。第一にはもちろん、フッサールのように、独我論を回避するべく、ある特定の個人が立てた議論が普遍的に通用することの証左として、他者存在が持ち出される場合である。この場合、他者は、認識論上の要請から論議されることになる。また、第二には、これとは言わば逆方向で、多元主義の存在論的な基礎づけとして、他者存在を問題とする場合である。換言すれば、他者存在に対して、グローバリズムによる一元化や全体主義の歯止めとしての役割を期待する場合である。この場合、他者論は、存在論と認識論の双方に関わる要請に基づくこととなる。そして第三に、共同体を構成する際の、存在論的根拠を自己と他者の関係論に求める場合である。これは、共同体の構成員同士の、すなわち自己と他者の意思疎通に関する論議を呼ぶ。したがってこの場合、他者論は、存在論的もしくは倫理的な相貌を帯びることになる。

これらの問題意識は決して独立に存在しうるわけではなく、それらは相互に関係し合って、他者論の問題系列を形成している。だが、いかなる問題意識から他者存在を論じるか、ということがその議論の骨格を構成することは否定できない。他者論を構成する際の骨格とは、自己と他者の位置関係をあらかじめどのように規定するのかということである。そして、他者論の骨格は、次の三種に大別されると思われる。一つ目は、自己の存在がまず前提されていて、自己から出発して他者を把握するという立論である。二つ目は、逆にまず他者が存在して、自己との関係を模索するという立論である。三つ目は、自己と他者との間に何らかの存在論的基盤を設けて、自己と他者を等間隔に配置し、相互の意思疎通を基礎づけようとする立論である。そして、こうした問題構成は、上で挙げた、第一、第二、第三の問題意識にそれぞれ対応しているのである。

しかしながら、こうした問題意識に依拠した問題構成が、その理論の到達点をもある程度限界づけてしまうことも確かである。例えば、第一の場合、すなわち独我論を回避するために自己から出発して他者の把握を考える場合には、他者にどのように至りうるかということが依然として未解決なままに残されてしまう。こうした立論とその限界は、西洋哲学において連綿と続いてきた自我論の帰結であるがゆえに、哲学史上由々しい問題を孕むのだが、その問題性は、具体的には、フッサールが提唱した志向性による他者把握において指摘され、批判されている。この批判は、ごく単純に言えば、フッサールが主張したような他者把握は、他者を志向性の対象とし、自己自身の投射から構成する限りにおいて、他者そのものを歪曲し、生き生きした他者を逃す、ということに向けられる。この批判を汲んで提唱されたのが、第二の立場であり、第三の立場である。第二の立場は、他者性の強調という新たな視点をもって登場したレヴィナスに代表され、多元主義を確保するために、他者から出発した他者論を主張するものである。もちろん、他者論を検討する上で、レヴィナスが重要な思想家であることは疑いない。レヴィナスの、他者の他者性を強調してやまなかった態度は、尊重されてしかるべきである。しかし、こうした立論は、今度は、自己を描写し、自己に到達することに苦心するであろう。そこで、レヴィナスについては稿を改めて論じるとして、本書で取り上げたいのは、第三の立場の可能性である。第三の立場とは、共同体論構築のために、自己と他者の共通の地盤を設けた上で、自己と他者の疎通を図ろうとする議論である。この種の議論は、フッサールに対する批判を根底にもって、志向性に代わる他者把握の原理を模索することを目指す。その結果、この論陣は、自己と他者の共通の地盤となり、両者を繋ぐものとして、新たに情感性という契機に着目するに至ったのである。本書では、この情感性に注目し、それがいかに他者把握の議論の中で重視されるようになり、他者把握の原理とされたのか、さらに、その情感性が他者把握の原理としてどこまで有効なのかを検討する。

この目標のために、第一部ではまず、サルトル、シェーラー、ベルクソンを取り上げて、彼らの他者把握の議論について考察する。第一章では、サルトルにおいて、フッサール流の志向性による他者の対象的把握が、自己と他者の関係にいかなる結末をもたらすのか、その極限状況を検討する。その一方で、サルトルが恥という感情に言及したことに着目し、この情感性がいかにしてフッサール的な議論に挿入され、その議論を転換する可能性をもちえるのかを考察したい。次いで第二章では、サルトルが引き摺っていた、フッサール的な志向性による他者把握を明確に批判し、情感性の復権を提唱して共同感情による自他の関係論を打ち立てたシェーラーを検討する。同時に、シェーラーの情感性を評価しつつ批判したアンリの議論を取り上げ、シェーラーの議論に残される問題点とそれを超える視点がどこにあるのかを考察する。第三章では、ベルクソンについて論じる。彼は、他者問題を必ずしも意識して論じたわけではなかったが、生の哲学の中で情感性を重視し、さらにそのような見解に基づいて共同体論を構成した点で、第二部で見るアンリの先駆とも言うべき哲学者である。それゆえ、ベルクソンの生命論と共同体論の内に、他者存在の観念を読み取り、それが自己とどのような関係をもちうるのかを検討することを通じて、アンリの議論を背後から照射したいと考える。

第二部では、本書の中心的な課題である、アンリにおける他者論を検討する。彼の議論を本書の中心に据えるのは、それが、情感性による他者把握の議論を徹底させた、一つの頂点だと考えられるからである。そこで第一章でまず、アンリの主要な概念である内在性や自己‐触発が、いかなる思考から生み出されたのかを概観する。そして第二章で、初めてアンリが他者問題について論じた『実質的現象学』第三章の「共‐パトス」を詳しく分析し、なぜ彼がフッサールを批判するのか、そして情感的な他者把握を主張するのかを考察する。さらに、第三章では、「共‐パトス」で素描された自他の関係論もしくは共同体論が、以後どのように展開しえたのかを、アンリの最近の著作において検討し、情感性が他者の把握や共同体の構成にいかに有効であるのか、その可能性を調べたい。

第三部では、こうした議論、とりわけアンリにおける情感性の存在論の成果を踏まえつつ、ルソーの共同体論と自我論に言及する。本書の最後に、こうした回帰をなすのは、次の三つの理由による。第一に、ルソーが、情感性を重視した哲学者であり、その意味で第一部や第二部で論じる哲学者の先達の一人だと言えるからである。第二に、彼が、現実の政治変革も視野に入れた共同体論を構築しており、それはこれまで見た議論が存在論的なレヴェルに留まりがちであったことを補って、議論を現実的な共同体論へと展開させうるからである。しかし第三の理由こそ、ルソーを取り上げる最大の理由である。それは、彼が他者把握に失敗しているからである。ルソーは、周知の通り、共同体論に腐心する一方で、自分自身の哲学を実際に生きようとし、哲学的著作を自身の生にフィードバックさせ、さらにそれを自伝的著作に昇華させた。その中で、彼が自己自身に執拗に拘泥し続けたのは、自らが情感性を機軸として他者との関係を構築しようと努力しつつ、自己と他者の間の軋轢を常に体験していたからである。彼の告白や弁明は、他者に対する憧れとその挫折に満ちている。ルソーは情感性による共同体論や他者論の先駆者であると言ってよいが、そのルソーが実際には他者の把握に悩み、失敗していたことは意味深長な事実である。もちろん、これを情感性における他者把握の議論そのものの帰結と見なすのは極論である。しかし、ルソーの失敗を直視し、その問題点を探ることは、情感性による他者把握の議論が陥るかもしれない問題点を導出し、考察することを可能にするであろう。それは、情感性を基盤に自己と他者の関係を構築する議論の、可能性と限界を量ることでもある。そして、こうした考察を踏まえ、現在の他者把握の議論に対する何らかの指針を得て、情感性における他者把握の可能性の方向を見極めることが、本書の課題である。

第一部

志向的他者把握から情感的他者把握へ

——サルトル／シェーラー／ベルクソン——

■まず，他者経験において情感性という契機がどのようにして注目されるに至ったのかを，サルトル，シェーラーについて検討しよう。彼らが他者把握の能力として，情感性を重視し，議論の内に導入した目的と経緯はいかなるものか。さらに，情感性を独自の生の哲学の中に位置づけ，共同体論を展開したベルクソンを取り上げて，志向性に依拠しない自己と他者の関係の原型を見定めたい。

第一章

サルトルにおける「まなざし」と恥の構造

序論で述べたように、他者経験を問題にする際の一つの出発点は、フッサールの「デカルト的第五省察」に対する批判である[1]。そのうち、有力な批判は、超越論的自我の志向性によって対象として構成される他者が、自我の変様にすぎないこと、したがってその他者が他者性をもたない言わば「死せる事物」に貶められるということに向けられていた。ここで取り上げようとしているサルトルもまた、対象化が引き起こす「他者の死」を批判的に捉えた一人である。しかし、サルトルは他者の対象化を批判する一方で、「意識は何ものかについての意識である」との規定を堅持することによって、「まなざし」という形で、志向性による他者の把握をかえって先鋭化することとなった。つまり、サルトルは、他者を把握するに際し、敢えて問題を孕んだ対象化に固執し、それを展開させたのである。その意味で、サルトルはフッサール流の志向性の議論を彼なりの仕方で押し進め、「愛の挫折」の宣言に見るように、その議論の破綻までを描ききったと言える。

本書の最初に初期のサルトルを取り上げるのは、こうして彼が、フッサール自身には気づかれなかった他者の対象化の末路を、詳細に論じていることによる。その議論の道程は、他者を志向性の対象として把握することが孕む問題を克明に映し出すであろう。これを追跡することが本章の一つの目標である。しかし、サルトルを取り上げる理由はそればかりではない。もう一つの大きな理由は、サルトルが他方で恥の感情に注目し、それを他者に対する根本的経験とするからである。その意味で、サルトルは、情感性が他者把握の重要な契機であることに着目した先駆者と言える。しかも、後に見るように、情感性を重視する他者論の多くが自他の融合という形での把握を提唱するのに対して、サルトルはあくまでも自己と他者との隔絶を前提とした対象化による把握を追求して、自他の融合を拒み、情感性の重要性を対象的把握の中に位置づけている。このような情感性の捉え方は、他者把握における情感性の働きに言及する議論の中で、異彩を放っている。したがって、本章では、他者の志向的把握と情感的把握とが交錯するサルトルの他者論を検討し、彼独自の情感性の観念に留意しつつ、情感性が他者把握にいかなる役割を果たすのか、その端緒を見定めることにしたい。

第一節　サルトルにおける自我の問題

(1)〈我〉と意識

サルトルは『存在と無』に先立つ論文『自我の超越』の成果を、次のように述べている。すなわち、「絶対的に実証的な道徳と政治とを哲学的に基礎づける」(2)。その基礎づけのため、彼はこの論文の中で、何よりも独我論を回避することを目指しており、我々はここにサルトルの他者問題へのアプローチを見出すことができる(3)。だが、ここでの論考が、果たして彼の言うように、独我論を克服する唯一の方策であったのかどうか。また、自己と他者との関係樹立という観点から見て、この「自我論」の提示する指針が問題を含まないのかどうか。我々は本節において、この論文での「自我」のあり方の内に、サルトルにおける他者把握の議論の原点を見出し、『存在と無』での他者論への架橋を試みたい。

サルトルによる独我論を回避する企ては、意識の中から、超越論的〈我〉(Je transcendantal)を排除することから着手される。彼によれば、各人の意識の背後にあって、あらゆる諸表象に伴い、またそれらを統一するような超越論的〈我〉は不要である。なぜなら、意識の構造から超越論的〈我〉を排除しない限り、〈我〉が絶対者、もしくはモナドと化すのであり、これこそが独我論の元凶だからである（TE 26）。〈我〉を除去することによって、意識は「透明、軽快」になる。そのような意識に残されるのは、「意識は志向性（intentionnalité）によって規定される。志向性によって意識は自分自身を超越し、自分を逃れつつ自らを統一づける」（TE 21）という規定のみであり、サルトルにとってはこの規定で十分なのである。志向性とは常に「何ものかについての意識」にほかならない。だから、意識は必ず対象と共にある。あるいは逆に言えば、意識は対象によって成立する。こうして、非人称の意識のみが残され、他方で、超越論的〈我〉は、世界を統一し、構成するという権限を失う。「諸対象が私の意識の統一を構成している、……他方で私と言えば、私は消滅し、無に帰したのだ」（TE 32）。

しかしながら、こうして超越論的〈我〉が排除されたとしても、日常的な呼称として〈我〉が使用されることは否定できない。また、サルトルが現実の道徳や政治の基礎づけを目指す限り、〈我〉と他の〈我〉の関係について考察しないわけにはいかない。そこで、サルトルは、「コギト」の〈我思う〉の〈我〉に着目し、「コギト」を反省作用と捉えることによって、〈我〉が意識の対象となって出現する可能性に言及する。そして、彼は、対象によって成立し〈我〉が存在しない非反省的意識（conscience du premier degré ou irréfléchie）と、〈我〉が出現する反省意識（conscience réflexive）とを分離するのである。

では、〈我〉は反省においてどのように出現し、いかなるステイタスを有するのか。まず、反省とは、サルトルによれば、意識を対象とする、意識に向けられた意識の作用である。ただし、反省する意識が対象としうるのは、反省する意識（conscience réfléchissante）そのものではなく、反省される意識（conscience réfléchie）の方である。そして、意識の対象とされた反省される意識は、自らの志向性の対象を確認し、それと同時に反省意識[4]そのものを確認する機会となる、新たな対象をも認める（TE 37）。この新たな対象こそが、〈我〉である。この〈我〉は、（反省する意識であるところの）非反省的意識と同じ地平にもなく、また非反省的意識の対象と同じ地平にもない。この〈我〉はただ、反省される意識の内にのみ、現れるのである。サルトルによれば、この〈我〉は具体的な充実した意識ではなく、一切の意識を超え、自らの恒久性を確言するものである。だが同時に、このような超越的対象としての〈我〉は、あらゆる超越がそうであるように、エポケーによって排除される可能性に晒されてもいる（TE 35）。

こうして、意識の反省的志向のノエマ的相関者としてのみ〈我〉が出現するのを見ることで、逆に非反省的意識について、次のことを確認することができる。すなわち、非反省的意識には〈我〉は存在せず、あるのは「〜についての意識」という志向性の先にあるところの対象のみである。そして、この志向性の対象によって、意識は自ら自身へとたえず回帰し、自らを統一し、自分自身によってのみ限界づけられる（TE 22）[5]。その意味で、サルトルは、非反省的意識を自律的なものであるとも、絶対的内面性（intériorité absolue）——ただし非人称の——であるとも述べるのである（TE 41）。そして、非反省的意識は、（自らが反省を遂行するものとして）反省という第二次的な意識の介入のない分、反省される意識よりも存在論的に優先性をもっている（*ibid.*）。

では、以上のことを、他者経験の可能性という観点から検討するとどうなるであろうか。つまり、こうした非反省的意識に対して、他者はいかに出現すると考えられるのか。確かに、この優先的な非反省的意識の対象として、他者が措定されることはありうるだろう。そしてその場合、他者の措定は、反省される意識における〈我〉の出現に先立ちさえするだろう。このときには、対象としての他者が、非反省的意識を成立させると言える。だが、他者とは他の〈我〉であることを考えれば、対象とされた「他者」が、他者たる資格をもちうるかどうかは疑問である。というのも、他の〈我〉は、他者自身の反省意識に対してしか現れないので、その外部にある別の意識（私の意識）の対象にはなりえないと考えられるからである。また、他の非反省的意識が対象になるかと言えば、〈我〉のない非反省的意識の地平においては非人称の生しか存在しないのであるから、他の非反省的意識という言い方がそもそも成立しないであろう（TE 42）。非反省的意識は、あくまでも人称のない閉じた絶対的内面性にすぎず、こうした内面性を他者と呼びうるとは思われない[6]。つまり、なるほど他者は（私の）非反省的意識の対象となりうるかもしれないが、実際には、その他者が他の〈我〉として対象になることも、他の非反省的意識として対象になることも、等しく困難だと言わざるをえないのである。

(2)〈エゴ〉の構成と機能

こうして、〈我〉は非反省的意識から排除された。そして、非反省的意識が非人称である限りで、そこにおいて自己と他者との関係を考えるのは困難であることが明らかとなった。それゆえ、〈我〉と他の〈我〉との関係を問題にするならば、それは反省される意識において探求されなければならない。そこで、反省される意識においていかなる自己と他者の関係が可能かを調べるために、そこに現れる〈我〉の構成と機能について検討しよう。

サルトルにおいて、反省される意識に現れる自己自身を指す語は、〈我〉（Je）の他にも、〈自我〉（Moi）、〈エゴ〉（Ego）が用いられている。サルトルはこれを整理して、〈エゴ〉を包括的な呼称とし、そのうち、行動の統一という側面における〈エゴ〉を〈我〉、状態もしくは性質の統一という側面における〈エゴ〉を〈自我〉と位置づける。その上で、彼は改めて包括的な〈エゴ〉について議論を進めていく[7]。これまでも見たように、〈エゴ〉――〈我〉――は、反省される意識において初めて出現する。そして、サルトルによれば、反省される意識には、内在的な統一と超越的な統一が存在している。そのうち、内在的統一とは自分自身を自分自身の統一として構成する〈意識の流れ〉（flux de la Conscience）を指し、超越的統一とは状態や行動を指している（TE 44）。〈エゴ〉が関与するのは、後者、すなわち状態、行動、さらには性質といった、超越的な統一についてである。その意味で、反省される意識で現れる〈エゴ〉は、非反省的地平における対象の極（pôle-objet）に類比的な、総合的統一の極という任を負うかに見える（*ibid.*）。では、この〈エゴ〉と状態、行動、性質との関係はいかなるものなのだろうか。

サルトルによれば、状態、行動、性質は次のように整理される。まず、状態とは、〈体験〉の無数の意識に対する、過去から未来にわたる一つの信任であり、これらの無数の意識の超越的な統一である（TE 47）。これは反省意識に初めて現れて、一つの具体的な直観の対象となる。次に、行動とは、単に意識の流れのノエマ的統一と言うに留まらず、一つの具体的な現実であり、それ自体が一つの超越者である（TE 51-52）。行動が超越者と言われるのは、行動が遂行されると、それに要される時間の諸契機に行動の具体的諸意識が対応し、次いで反省がそれらの諸意識に向かうと、直観によって行動の全体が諸意識の超越的統一として把握されるからである。最後に、性質は、行動と状態の媒介物と規定される（TE 52-53）。この性質は、さまざまな感情の表出を生み出し統一する心的素質のことを指している。そして、性質が感情の統一をなす限りで、これもまた超越的対象である。さらに、サルトルによれば、これらの状態、行動、性質は次のような関係をもっている。すなわち、もろもろの〈体験〉の基体が状態であり、その状態の基体が性質である。逆に言えば、性質の現勢化（actualisation）が状態や行動となるのである。

では、これらと〈エゴ〉との関係はいかなるものか。先に見たように、状態、行動、性質といった〈心的なもの〉（le psychique）の一切は、反省意識の超越的対象である。他方で〈エゴ〉は、反省に対して現れて、これらの〈心的なもの〉の恒久的な総合を実現する、これもまた超越的な対象の一つであった（TE 54-55）。だが、同じように反省意識の超越的対象と言われても、〈エゴ〉は心的諸現象と同等のものであるわけではない。なぜなら、〈エゴ〉は諸状態や諸行動からさらに超越しており、しかもそれらの地平に常に現れるからである。サルトルはこのような〈エゴ〉と状態、行動、性質との関係を、詩的制作（production poétique）の関係もしくは創造（création）

の関係と呼ぶ（TE 60）。その内実は、反省作用が新しい状態や行動を、「きわめて特殊なやり方」で、すなわちそれらを〈エゴ〉に溶け込むものとして捉えるばかりではなく、時間を遡って〈エゴ〉がそれらの源泉であるような関係を志向するというやり方で、具体的全体としての〈エゴ〉に結びつける、というものである（*ibid.*）。こうした関係のあり方は、あたかも〈エゴ〉が状態や行動を創造し、その状態から意識が流出するかのような把握を生む。だが、〈エゴ〉と性質との関係の両義性が、そうした把握に疑義を差し挟む。というのも、〈エゴ〉は真の連続した創造によって性質を維持する一方、性質を取り除けば〈エゴ〉自身も消失してしまうからである。つまり、〈エゴ〉は、状態、行動、性質を自ら作り出すように見えながら、実は、それらに追い越されている可能性をもつのである。こうした〈エゴ〉をめぐる錯綜は、なぜ起こるのか。サルトルによれば、そもそもまず意識が存在し、それが状態を構成するのであって、〈エゴ〉はその状態を通じて初めて構成されるにすぎない。だが、「自分を逃れるために〈世界〉に埋没した意識によって」（TE 63）、意識は自らの自発性を対象としての〈エゴ〉に投影し、その〈エゴ〉に創造力を付与することになる。そこから、〈エゴ〉は、意識の受動的な対象でありながら、能動的な創造力をもつかに見えることになるのである（*ibid.*）。このような〈エゴ〉の非合理なあり方を称して、サルトルは、〈エゴ〉は心的性質の諸状態によって「巻き込まれている（compromis）」と表現する。この表現は、〈エゴ〉が、心的諸現象の支えになるような極（pôle）をもってはいないことを示すものである（TE 57）。

この〈エゴ〉が心的諸状態によって「巻き込まれ」、受動的であるということは、他なるものからの影響を被る可能性を生じさせる、とサルトルは言う（TE 64）。とはいえ、これは、自己と他者との関係の構成を直接的に指し示すものではない。サルトルの示唆する「他なるもの」とは、〈エゴ〉が作り出した、状態や行動を指している。つまり、〈エゴ〉は、自分自身が作り出したものに「巻き込まれ」、その影響を受けるのである。そして、自己自身にとって真に他なるものであるような他者の死や社会的環境の変化などの外的事件は、それが〈エゴ〉にとって状態や行動の機会となる限りにおいて、〈エゴ〉を変貌させるにすぎない。このことは、〈エゴ〉と〈世界〉との交流が、状態や行動を通じて間接的にしかありえないということを意味している。サルトルは述べている。「〈エゴ〉は、〈世界〉と同じ地平に生きているのではない」（TE 65）。端的には「〈エゴ〉の孤立」（*ibid.*）である。これは〈エゴ〉が反省に対してしか現れないことからの当然の帰結であろう。そしてまた、そもそも「〈エゴ〉は意識の所有主なのではなく、意識の対象なのである」（TE 77）ことから、厳密に言えば、誰某の〈エゴ〉と呼ぶことすらできない。つまり、私の〈エゴ〉や他者の〈エゴ〉と呼ぶことはできないのである。そうだとすれば、他者は、（他の〈エゴ〉としてでも、他の意識としてでもなく）非人称の意識の対象として、〈世界〉を背景とする事物の一つに堕してしまうのではないかと思われる。

では、〈エゴ〉において他者との関係は全くありえないのであろうか。サルトルは、逆説的にも、〈エゴ〉が私の排他的な所有物でなくなることが、かえって他者から〈エゴ〉への接近を可能にする、と述べる。そしてサルトルは、この〈エゴ〉への接近方法として、まさしくこの〈エゴ〉がさまざまな心的諸現象に「巻き込まれて」いることに着目するのである。〈エゴ〉自体は、もともと反省される意識において、さまざまな〈体験〉を通してこそ現れ出る。そのことからサルトルは、他の〈エゴ〉に対して、その〈エゴ〉そのものからではなく、心的諸現象の方からの接近を図るのである。その際、サルトルが特に可能性を見出そうとするのは、感情における接近である（TE 76）。サルトルによれば、ある人間が抱く感情は、内面的統一性に収約しきれない超越的対象であり、この対象に〈エゴ〉が巻き込まれ、張り付いている。そして、その感情自体は超越的対象である限りにおいて、他の意識の対象となることができ、さらに、その感情に張り付いていた〈エゴ〉もまた、他の意識によって接近可能だと言われる。つまり、意識の諸状態という超越的対象を経由することで、反省意識にしか生じない〈エゴ〉が、自己と他者双方にとって等しく対象として現れるのである。このことは、〈エゴ〉の孤立の叙述において、外的事件は

〈エゴ〉にとって状態や行動の機会となる限りにおいてのみ、〈エゴ〉を変貌させるのであり、したがって、〈エゴ〉と〈世界〉との交流が、状態や行動を通じて間接的にのみありうるとされていたことに符合する。こうしてサルトルは、再び〈自我〉という語を用いて、次のような結論を導くに至る。「〈世界〉が〈自我〉を創造したのではないし、〈自我〉が〈世界〉を創造したのでもない。それらは、絶対的・非人称的な意識にとっての二つの対象であり、そうした意識によってこそ、それらは関係づけられるのである」(TE 87)。

以上が、サルトルによる自我と意識に関する議論である。こうしたサルトルの論考は、独我論を回避するという目的を果たしえているのだろうか。想起するならば、サルトルの言う〈エゴ〉は、心的諸現象を統一するものとして、諸状態や諸行動の地平にはいつも現れるものである。しかし、この〈エゴ〉は、超越論的〈エゴ〉ではなく、あくまでも第二次的意識であるところの反省意識の対象でしかないという限定によって、〈世界〉と同じ権限で並列的に存在している。したがって、〈エゴ〉は、〈世界〉を構成する権限をもっていない。むしろ、(その〈エゴ〉が現れる反省意識に先立つ)非反省的意識そのものが、〈世界〉の何ものかを対象とすることによって成立しているのである。よって、非反省的意識もまた、〈世界〉を構成しえない。確かに、このような〈エゴ〉と非反省的意識のあり方は、二重の意味で、独我論を構成しないと言えよう。

しかしながら、自己と他者の関係に関してはいまだ問題が残されている。確かに、サルトルは「(非反省的意識の)絶対的内面性は、それ自身によってしか把握されないものであり、それゆえにこそ、我々は他者の意識(conscience d'autrui)を捉えることができないのである」(TE 67)[8]と述べて、絶対的内面性が他者から接近不可能であることを明らかにした。だが、非人称である非反省的意識同士が、(完全に把握しえないまでも)何らかの関係をもちうるのか、あるいはそもそも他の非反省的意識が存在するとどのようにしてわかるのか、という問題は未解決なままである。また、〈エゴ〉が他者の意識の対象になりえるとしても、〈エゴ〉は諸意識の現実的な全体ではなく、一切の諸状態・諸行動の理念的な統一にすぎず、ただ現在の状態と合体する限りでの統一体でしかない。「〈エゴ〉は、その本性からして、捉えどころのないものである」(TE 70)。(9)つまり、〈エゴ〉は、自己と他者を結ぶ媒介となりえるが、その媒介自体が決して確実なものではないのである。

第二節 「まなざし」と恥の感情

(1) 意識と存在

前節では、『自我の超越』における、独我論を克服するサルトルの試みの内に、他者把握の可能性を探求しようとした。ここで展開された自我論は『存在と無』に大筋において継承され、それを踏まえた他者論は、その第三部「対他存在」で改良され、「まなざし」理論へと繋がってゆく。

『自我の超越』での、独我論の克服と道徳の基礎づけの企ての中心は、意識から超越論的〈我〉を取り除くことであった。第二次的な反省作用に現れるにすぎなくなった〈我〉は、志向性のノエマ的相関者となり、同じく志向性の超越的対象としての〈世界〉を構成するという権限を失った。さらに、この〈我〉自身が、非反省的意識の間接的な対象として、自己と他者のどちらからの接近も可能となった。しかし、第一節でも指摘したように、〈我〉が現れる以前の非反省的意識は対象によって成立する一方で、非反省的意識それ自体はいかなる意識の対象にもなりえず、他の意識とは交流を断って独立して存在していたことも確かである。

サルトル自身、『存在と無』の中で『自我の超越』の立場を振り返り、次のように自己批判している。すなわち、彼は『自我の超越』の時点では、フッサールの超越論的〈我〉の存在の拒否すれば、独我論を回避できると考えていた。(10)だが、この私については、〈我〉のない非反省的意識(純粋意識)以外の何物も存在しないとしても、他者を肯定する以上、同様に超越論的な場――すなわち、他者の側の非反省的意識――も存在しなければならない。サルトルの結論はこうである。「独我論を回避する唯一の道は、この場合にも、私の超越論的な意識が、自分の存在そのものにおいて、同じく超越論的な他のもろもろの意識個体の世界外的な存在によって影響されているということを、立証することである」（EN 291）。つまり、〈エゴ〉の出現に先立つ、非反省的意識同士の存在論的なレヴェルでの影響関係を確立する必要が認められたのである。換言すれば、他者の存在が、自己意識としての私の意識の存在そのものにとって必要不可欠であり、さらには「コギト」の内面性を条件づけている一つの超越であると証明することが新たな課題となったのである（EN 300）。

この要請に対し、サルトルは『存在と無』において、意識の概念を『自我の超越』から受け継ぎつつ、意識のあり方を捉え直すことによって、他者が参入する場を設けて、「まなざし」理論を準備する。『自我の超越』から『存在と無』へと受け継がれる意識の概念とは、意識がそれ自身によって存在すること（EN 22）[11]、意識が志向性、すなわち何ものかについての意識であること（EN 28）、である。『存在と無』でサルトルは、意識が常に超越的な存在との関係においてあることを改めて次のように表現する。「意識は、意識ではない一つの存在に差し向けられて（porté sur）生じる」（*ibid.*）。サルトルはこれを反省以前の〈存在論的証明〉と呼び（EN 27）、その上で、意識について二つの規定を施す。一つは、意識の内でもとりわけ意識に向けられた意識、すなわち意識についての意識を、「絶対的主観性」もしくは本来の意味での「主観性」と呼ぶことである（EN 29）。もう一つは、意識がその存在において一つの非意識的かつ超現象的な存在を巻き添えにし、そのことによって成立するということである（*ibid.*）。すなわち、「意識とは、その存在がそれとは別の一つの存在を巻き添えにする限りにおいて、それ自身にとって、その存在においてその存在のことを問題にするような一つの存在である」（*ibid.*）[12]。サルトルが他者の参入を考えるのは、まさにこの意識の巻き添えとなる「存在」としてである。彼は、自己自身の意識が、そうした他者の「存在」の参入を許す「存在」と捉えることによって、自己と他者が意識の最も根本的なレヴェルで関係し合うことを保証しようとするのである。[13]「独我論が論破されうるはずであるのは、私の他者に対する関係が、まずもって根源的に、存在と存在との関係であり、認識と認識との関係ではないからである」（EN 300-301）。つまり、サルトルは、認識の次元ではなく、存在の次元で私の存在と他者の存在との関係を樹立しようとするのである。その際に彼が参照するのは、ヘーゲルの即自‐存在と対自‐存在の概念である。ここにおいて、他者が根源的に出現する。「対自と即自の関係は、他人の現前に存する」（EN 428）[14]。

　では、サルトルによって把握し直された、即自‐存在と対自‐存在とはいかなるものか。サルトルによれば、存在とは、第一義的には、自体（soi）であり、自己自身と寸分の隙もなく密着しているものである。つまり、「存在はそれ自体においてある（l'être est en soi）」（EN 33）。存在は、意識の意識とも異なり、自己を指し示すこともない、自己そのものである（*ibid.*）。存在は孤立しており、それであらぬところのいかなる「他」とも関係をもたない。したがって、存在は、何らかの他なる存在者から根拠づけられることのない、耐えがたい偶然性であると把握される（EN 34）。これが、即自‐存在（l'être-en-soi）である。意識は、この即自‐存在をいかなるものからも導き出すことができない（*ibid.*）。「創造されず、存在理由をもたず、他の存在とのいかなる関係ももたない、即自‐存在は、永遠に余計なもの（de trop）である」（*ibid.*）。

　こうして、即自‐存在は、全き肯定ではあるが、根拠のない偶然的で事実的な存在にすぎない。それに対して、この即自‐存在の偶然性と事実性を脱出し、根拠づけようとする否定的なあり方が、対自‐存在（l'être-pour-soi）である（EN 429）。サルトルは、この対自のあり方に、自己の自己自身との、さらには他者存在との関係性の根拠を託すのである。では、この対自のあり方から、どのようにして自己自身や他者との関係が導出されるのか。それは、対自の次のような二つの規定から導かれる。第一の規定は、「対自とは、それがあるところのものではない、対自はそれがあらぬところのものである」（*ibid.*）という否定的な規定である。こうした対自は、即自を否定し、本源的な無化（néantisation originelle）を行うという仕方で、即自を逃れ、同時に、その根拠を追求する（*ibid.*）。第二の規定は、「対自は、自己の存在であるべきであるという仕方で存在する」（*ibid.*）という可能的な規定である。こうした対自は、即自を超越して、自らの投企として存在する。ところで、まさに他者とは、「彼が自己であることによって、私を排除するものであり、私が私であることによって、私が排除するものである」（EN 292）。言い換えれば、「他者は、非本質的な対象として、否定性という性格をもって与えられる」（*ibid.*）。このような他者による、私の即自に対する否定的なあり方、さらには私の即自に対する根拠づけは、私自身の対自の第一の規定「対自とは、それがあるところのものではない、対自はそれがあらぬところのものである」に合致する。そして、私の方は、この他者の出現によって、「この他者ではあらぬもの」という仕方で、自己が自己たる自己性（ipséité）を強化されるのである（EN 343）。さらにまた、言うまでもなく、他者とは私を超越する存在であるから、私自身の対自の第二の規定「対自は、自己の存在であるべきであるという仕方で存在する」をも満たす。それゆえ、次の結論が導かれる。「他者は自由なものとして、私の即自存在の根拠である」（EN 430）。つまり、即自を根拠づけ、あるいは即自を超越して自らを投企しようとする対自のあり方の内に、他者存在が参入する可能性が開かれるのである。ここにおいて、対自‐存在は対他‐存在ともなる。いわゆる「対自‐対他」（pour-soi-pour-autrui）である（EN 428）。このことを、サルトルは、「他者の出現は、対自をその核心において射抜く」（EN 429）と表現する。すなわち、「他者は、まず初めに構成されてその後に私に出会うような一つの存在として、私に現れるのではなく、むしろ、私との本源的な存在関係において出現する一つの存在として、また私自身の意識と同様、疑いを容れない必然的な事実性をもつ一つの存在として、私に現れるのである」（EN 334）[15]。

かくして、他者は、『自我の超越』において考えられたような、非反省的意識の非人称でしかない対象としてでも、反省意識にしか現れない不確定な超越的対象であるところの〈エゴ〉としてでもなく、意識存在の構造それ自体の中に出現することになる(16)。しかも、このとき、他者は自由な意識として存在する。すなわち、「他者はまず最初に対象であることはできまい」（EN 309）(17)。そしてこのことは、他者の意識存在にとっての、私の意識存在についても言える。ここにおいて、自己と他者の意識存在は、同等の資格で、一方が他方の意識存在の構造の内に出現することになるのである（EN 431）。

(2)「まなざし」

では、他者は、具体的にはどのようにして、対自に対して現れるのか。サルトルは、上記のような意識存在の分析に基づき、他者を原理的に「まなざし（regard）を向けている者」であると規定する（EN 315）。そして、この「まなざし」が目指すものこそ、私の対自-存在であり、このとき私は対他-存在（l'être-pour-autrui）となる。他者から「まなざし」を向けられることによって、私の存在の構造は、対象化されうるものであるという要素、すなわち対自-対他-存在の要件を満たす。だが、対自-存在はそれ自身では、諸可能性への投企として、自由で無なるものであるのに、他者からのまなざしは、それをある可能性へと凝固させる。つまり、他者のまなざしは、私の自由を制限するものとして現れる。そして、私は他者のまなざしを差し向けられ、その自由の下に置かれて、他有化される（aliéné）ことになる。私はこのまなざしに対して無防備であり、常に他有化に晒されている。しかも問題は、自己と他者が無によって隔てられており、それゆえ、他者の「まなざし」による対象化や否定は、対自が自らに行う対象化や否定と権利上では同一のものでありえても、事実上は同一のものではありえないことである。すなわち、「他者がそれによって自らを私の他なるものとする否定と、私がそれによって自らを他人の他なるものとする否定との間には、いかなる内的否定の関係も存在しない」（EN 433）。つまり、対自が自己自身で即自を根拠づけようとする場合と、他者がその対自に参入してある対象‐私に凝固させる場合――他有化された場合――では、互いのもたらす像の間には必然的にずれが生じるのである。しかも、私は、この他有化された「私の」像――これは他者の自由に委ねられているがゆえに、私にとっては偶然的なものでしかなく、よって私には耐えがたいものである――を認識することはできないままに、それでも受け取らなければならない。その意味で、サルトルはこのような私のあり方を奴隷状態（esclavage）と呼ぶのである（EN 326）。

このような奴隷状態からの解放は、今度は逆に私が他者に「まなざし」を向けることによって果たされる。それは、私の代わりに他者を奴隷状態に置くことにほかならない。ただし、私のまなざしは、他者のまなざし作用そのものに向けられることはなく、また他者の諸可能性のすべてを包括することもできない。私のまなざしは、決して他者の自由な意識には到達しえず、できるのはただ、他者を任意の可能性に凝固させることのみである。つまり、私のまなざしは、他者の諸可能性を、眺められる「死せる諸可能性（mortes-possibilités）」に凝固させるであろう（EN 349）。だが、このとき、他者はもはや「他者」ですらない。というのも、サルトルは「他者」を次のように定義しているからである。「他者は、私がそちらへと私の注意を向けるのではない存在である。つまり、他者は私にまなざしを向けているものであり、私がいまだまなざしを向けていないものである」（EN 327）。つまり、他者は私にまなざしを向ける限りで「他者」であるが、私にまなざしを向けられた瞬間に「他者」ではなくなるのである。換言すれば、サルトルによれば、まなざしを向ける自由な意識は、狭義の「主観性」であるが、まなざしを向けられるや否や、それはもはや「主観性」ではなくなるのである。こうして確かに、私と他者とは、まなざしの対象化を通じて、同等の存在であるかに見える。ただし、それは、他者が自由な「主観性」であるときには、私は「主観性」ではなく、私が自由な「主観性」であるときには、他者は「主観性」ではない、という限りにおいてのことである。私と他者の自由な「主観性」は、両立することができないのである。

(3)「まなざし」における根源的感情

かくして、自己と他者との間では、まなざしを介して言わば「主観性」の交代が演じられることになる。それを二段階の否定として整理すると次のようになろう。すなわち、まず他者が現前して、私が対象化される段階（第一の否定）、次にその対象化を私が受け入れることを経て、他者の対象化／限定へと転ずる段階（第二の否定）である。ところで、第一の否定から第二の否定へと移行する際、その動機づけを行うのが感情（sentiment）であることには注意する必要がある（EN 348）。具体的に言えば、この感情は恥（honte）、恐怖（crainte）、自負（fierté）を指している。サルトルにおいて、これらの感情が、「まなざし」を介する自己と他者との関係の内で働く、根源的な感情だと考えられているのである。では、こうした感情は、自己と他者との「まなざし」のやり取りの間でいかなる働きをなすのだろうか。

そこでまず、「まなざし」が出現する端緒である恥の感情から検討することにする。恥の感情はどのように起こるのか、サルトルの叙述を追跡してみよう。まず私がドアの前に立ち、覗き穴からドアの向こうを見るとする。そのとき、私は私についての非措定的な意識の次元にある。私の意識は、私の行為に密着しており、その行為は認識されることなく、それ自身の内にその全面的な理由づけをもっている（EN 317）。それと同時に、この非反省的な意識は、世界についての意識であるから、したがって「私」は、世界の諸対象の次元にのみ存在している（EN 318）。しかも、その「私」は、私のあらゆる超越によって、私自身についての暫定的な定義から逃れ去り、その究極において、世界の中に浮かび上がるある一つの客観的な総体を取り巻き、成り立たせる、一つの単なる無である。つまり、「私は全くもって何ものでもない」（*ibid.*）。しかし、覗き穴を覗く私に、突然、廊下の足音が聞こえるとする。すると、私は恥を感じる。この恥とは、何ものかについての恥であり、それはほかでもない、私についての恥である。ただし、これは私についての恥であるとはいえ、（意識についての意識というような）閉じた反省においてあるものではなく、あくまでも誰かの面前での恥であるという理由で、他者を不可欠な媒介者としている。私は、他者の対象として現れている自分について恥じるのである。ここにおいて、他者の存在が、私の存在のすべての構造を完全に捉えるために必要であることが明らかになる（EN 277）。そのことを踏まえた上で、恥とは自認である（EN 276）。もっとも、この場面で、廊下に聞こえた足音が錯覚であった可能性も否定できない。もし、足音が錯覚だったとすれば、恥の媒介者たる他者の存在は蓋然的なものに留まるであろう[18]。だが、重要であるのはむしろ、足音を介して、他者の存在が「蓋然的に一人の人間である」と捉えられる際、これが私にとって、「他者によって見られている」（EN 315[19]）という不断の可能性であること、もしくは、「私を見ている主観は、私によって見られる対象に取って代わる」という不断の可能性であることなのである（*ibid.*）。

　こうして、恥とは、私が他者によってまなざしを向けられている、という承認を可能にする経験である。この経験は〈私は／他者の前で／私について恥じる〉という三次元の統一的了解をなしており（EN 350）、「他者にとっての対象‐私」と「恥をもつ自己性」を前提として成立している。ただし、こうした了解は、反省作用によって把握されるにしても、恥の体験そのものは、あくまでも非反省的意識の次元に存して直接的に与えられる。「他者のまなざしと、このまなざしの先にある私自身を私に開示するもの、また私をして、まなざしを向けられているという状況を認識させるのではなく、生きさせるのは、恥あるいは自負である」（EN 319[20]）。つまり、恥や自負という感情は、認識によらずに、先の三次元的な了解を私にもたらす。このことを踏まえて、サルトルは、恥を次のように定義する。「私が私の存在を外部にもっていて、この私の存在が、別の存在の内に絡め取られ、そのようなものとしていかなる防御ももたずに、一つの純粋主観から流出する絶対的な光によって照らされている、という本源的な感情」（EN 349[21]）、あるいは、「私の対象性の深いしるし」（EN 446）。しかも、非反省的意識にあって、本来〈我〉は存在しないはずであるにもかかわらず、私の恥という非反省的意識の次元においては、対象化された「私」がつきまとっている（EN 318）[22]。その際の「私」は、私の反省意識に現れて、その直接的な対象となる〈我〉ではない。それは、世界の諸対象と同じ次元にあって、他者の対象である限りでの「私」である[23]。その意味で、恥は主体である他者の出現と、対象である「私」の出現の端緒となる体験である。換言すれば、恥は、私が他者によって対象化される存在であることを露わにする体験である。だが、恥の感情を経験するということは、私の主観性の自由な意識が、単なる不在となるか、もしくはある可能性に凝固させられてしまうこと、さらには、他者の意識の中の単なる心象（image）となってしまうことをも含意している。それゆえ、サルトルは、恥の感情を、私が他者の仲介を通してのみ私でありえる、という本源的な失墜（chute originelle）の感情だとも述べるのである。このような否定的な感情は、克服の反応を動機づけずにはおかない（EN 350）。そして、その否定的感情の克服は、「私を対象たらしめている主観が対象である」という転換、すなわち私を対象として捉えている者を、逆に対象として捉えようとすることで、果たされる。こうして、恥という感情を軸にして、自己と他者の「まなざしを向ける - 向けられる」という循環が創出されるのである。

しかしながら、この恥が克服されない場合も存在する。それは、決して対象となりえない神（Dieu）を前にしての恥である。私は絶対的主観性としての神の前で、自らの対象性を承認するが、この自らの「対象 - 存在」を、神を対象化することによって克服することはできない。したがって、この場合の恥は永遠性をもつことになる。そして、この恥の永遠性こそが、神の前における恐怖の源泉とされるのである（*ibid.*）。だが、このような恐怖は、神に対してのみならず、実は、自由な他者を前にしての私の恐怖にも連動している。なぜなら、サルトルによれば、恐怖とは、私自身が、一つの世界を存在させる対自としてではなく、単に世界のただ中に現前するものとして、他者の前で「対象 - 私」を発見させられ、「私がそれであるべきところの存在」たることを脅かされる、という感情だからである（EN 348）。無論、神ではなく、他者の出現を契機とする恐怖の場合には、私はそこからの脱出の方策をもちうる。それは、恥の場合と同様に、他者に「まなざし」を向けることによってである。こうしてまた、恐怖という感情が、自己と他者の間の「まなざし」の転換に関与する。しかし、「まなざし」を他者に向けることによって、私の恐怖は克服されるとしても、その「まなざし」が本来の他者の主観性であるところの絶対的内面性に触れることは決してない。そのような仕方で保持される他者の他者性（altérité）は、翻って、究極的には神の他者性に与るものだと考えられるだろう。つまり、こうした恥と恐怖という根源的な感情の叙述において、必ず自己と神との関係が問題にされることからして、サルトルにおける自由な他者の極として、絶対的な主観性たる神が想定されていると考えられるのである。

さらにサルトルは、恥を基盤とする感情として自負を挙げている（EN 351）。これは、私が対象であることを認めて、その責任を負い、「これこれでしかあらぬこと」に甘んじる両義的な感情である。私は、他者が私を対象とする限りにおいて付与させている美などを逆手にとり、それについての賛嘆や愛の感情を他者に受動的に帯びさせようとする。だが、これは、他者の側から言えば、自由な主観にとって対象に批准する感情を、逆に求められることであり、私の側から言えば、対象としての他者の中に、私を心象として構成しようとすることである。だが、探すべき心象は、他者の自由の下にあるから、私はそこに自分の姿を認めることはできない（*ibid.*）。したがってサルトルは、主観である他者に対して、対象としての私が働きかけることにおいて、この感情を自己欺瞞だと断じる。しかし、この自負の感情において、私は自ら進んで対象性を引き受ける責任を負う、と明記されたことは重要である。

以上のように、他者を契機として起こる根源的感情は、いずれも恥を基盤としていると言える。そして、その感情は、「まなざし」そのものが現出する端緒として、自己と他者の存在を結びつけるものである。では、自己と他者は、恥という根源的感情を共有する可能性をもちうるだろうか。つまり、恥における共感はありうるだろうか。

サルトル自身も断っているように、恥の対象は、他者そのものではなく、あくまでも世界の中における私自身の行為もしくは私の状況である（EN 331）。他者の存在は蓋然的なものに留まるがゆえに、私の恥の客観的条件の一つですらない。「恥は、他者を開示するものであるが、それは、一つの意識が一つの対象を開示するという仕方においてではなく、意識の一つの契機が別の一つの契機を、その動機づけとして、側面的に含むという仕方においてである」（*ibid.*）[24]。それゆえ、恥は、私が他者と他者の現れを知る契機となり、また他者を対象として限定して「まなざし」を転換させる動機にはなるが、あくまでも自己完結する感情にすぎない。したがって、他者との対峙によって生じるこの根源的感情は、共感の可能性をもちえないであろう。

第三節　愛の挫折と共同体の可能性

さて、根源的感情において共感が不可能だと考えられるということは、あらゆる感情の共感が不可能ではないかという想像を生むが、それが杞憂でないことは、サルトルによる愛（amour）の記述において明らかにされる。振り返るならば、恥の感情は自らを克服しようとし、その克服は、私が「まなざし」を向けることによる、他者の対象化という形でなされた。だが、そのことは、私を自由な主観性として「復活」させる代わりに、他者を「死せる諸可能性」に貶めることになった。サルトル自身も認めるように、このような自他の相克の関係は、互いの自由を回復させようとして循環する。この循環は、自他の関係を豊かにする過程ではありえるが（EN 430）、この過程を経ても両者の主観性が相互に到達し合うことはない。なぜならば、狭義の主観性は、まなざしを他者に差し向ける自由な意識のことであり、まなざしはここに到達しえないからである。また、本来の意味での主観性である、意識についての意識という絶対的な内面性は、そもそも外部をもたなかったからである。

ところが、サルトルが言う愛とは、こうしたまなざしの相克に反して、他者の主観に対して働きかけることであり、他者の自由な意識をわがものにしようとすることである（EN 434）。サルトルは述べている。「この実現不可能な理想は、愛の理想であり、愛の動機であり、愛の目的であり、愛固有の価値である。愛は、他者に対する原初的な関係として、それによって私がこの価値を実現しようと目指すような諸投企の総体である」（EN 433）[25]。こうしてサルトルは、愛を、まなざしの相克そのものをも基底づけるような意識の次元に位置づける。しかし同時に彼は、その愛が不可能であることも宣言している。つまり、愛は定義からして既に、実現不可能だとされているのである。だが、サルトルはなぜ、こうして実現不可能である愛を敢えて語ろうとしたのだろうか。そして、愛はなぜ、挫折の運命にあるのだろうか。そのことを調べるため、彼が「愛の挫折」と呼ぶ過程を辿ることにする。

　第二節でも見たように、自己は二つの偶然性に晒されている。それは第一に、その存在そのものの偶然性であり、第二に、他者にまなざしを向けられて任意の像の下に縛られる偶然性である。これらの偶然性は、自己にとって耐えがたいものであることには違いない。だから、人は、この偶然性からの救済をこそ、愛において目指すことになる。人は愛において、相手にとって自らが〈世界のすべて〉であることを願う。「愛する人（l'amant）は、人が事物を所有するようにして、相手を所有しようと望むのではない。彼は、一つの特殊な形の我有化（un type spécial d'appropriation）を要求する。彼は自由なものとしての一つの自由を、所有したいのである」（EN 434）。愛する人は、自らが他者――愛している相手――の対象であることに同意しはする。だが、それは他者が、対象となった私の内に没入して、自らの自由を放棄してくれる限りにおいてであり、さらには、この他者が、対象である私の内に、（他者の）自己の存在およびその存在理由を、自己の第二の事実性として見出してくれる限りにおいてである。その限りで、対象となった私が、他者存在の外延の境界となり、他者の超越の限界ともなる（EN 435）。このようにして、愛する人は、相手の自由の対象的な限界として、自らがアプリオリに存在することを欲している。換言すれば、愛する人は、相手の自由を、相手の自由そのものによって捉えることを望んでいるのである（*ibid.*）。

　当然のことながら、このような愛のあり方は、他者を「まなざし」の対象とすることによって、私の主観性を復活させようとする企てとは次元が異なっている。なぜなら、愛の企てとは、まなざしを向ける主観性としての他者をわがものにしようと希求し、他者のまなざしの下に自らを置きつつ、他者の自由によって私の上にまなざしが向けられるようにすることだからである。つまり、愛は、先に見た根源的感情よりもさらに本源的な次元に存する。また、サルトルが、「愛するということとは、その本質において、自分が愛してもらおうとする投企」だと述べるが（EN 443）、これも「まなざし」の相克やそれを根拠づける根源的感情とは異なっている。なぜなら、愛においては、常に主観相互の感情の循環が明示的に目指されているからである。そして、愛の共感とは、自己の自由が他者の絶対的自由を条件づけると同時に、他者の絶対的な自由の内に自らの自由を条件づけることにほかならない。このとき、愛し合う二人は、「存在することを根拠づけられているのを感じる」（EN 439）。それゆえ、サルトルは「愛されること」は「対他‐存在」における存在論的証明だと述べるのである。

　しかしながら、「意識個体は互いに、乗り越えがたい一つの無によって分離されている」（EN 444）。それゆえ、自己による自らの内的否定と、他者による内的否定との間には、事実的な無が存在する。愛は言わば、この内的否定を保持しつつ、事実的な否定を乗り越えようとする、矛盾した努力にほかならない（*ibid.*）。したがって愛そのものの内に、それが崩壊する可能性が含まれているのである。サルトルは愛の自壊性として、次の三点を挙げている。第一には、自他が無によって分離させられている限り、愛そのものが、欺瞞的な無限志向であるということである。それゆえサルトルは、愛の直観それ自体が到達不可能な一つの理想でしかない、と断じる。第二には、他人はいつでも目覚めることができ、私をまなざしの対象にしうるということである。その際、私は即座に任意の可能性に凝固させられ、自由を奪われるであろう。そして第三には、愛そのものが、第三者によって対象化され、相対化されうることである。愛において得られたかに思われた自己の存在根拠は、第三者のまなざしが向けられることによって、再び偶然性に晒されるであろう。かくして、愛は常に不安に脅かされ、「一方が他方を根拠づけるべく、自分の他者性を保持しつつも成立しているような、二つの意識個体の融合」（*ibid.*）のような愛の理想的境地が、実現されることはない。

では、直観されつつも実現されえない愛は、そのまま消滅してしまうのだろうか。サルトルによれば、愛は、性的欲望を経由して、(26) マゾヒズムやサディズムといった形に姿を代え、あくまでも主観性の消滅を図ろうとする。マゾヒズムとは、他者に自己を対象として構成してもらい、自己の主観性をその対象に同化させることにより、自己の主観性を絶滅させる努力である。しかし、これは挫折する。というのも、私は、他者にとってあるがままの「対象‐私」がいかなるものかを直観的に把握できないため、逆に自らの主観性の意識に浸されることになるからである（EN 447）。また、サディズムとは、自己の主観性の内に自由な他者の主観性を同化させ、消滅させようとする試みである。しかし、他者の超越的な自由は、原理的に把握不可能であるから、この試みもまた挫折する（EN 476）。

こうして、愛において自己と他者は、自由な他者性を保持したままの融合という理想を求めて、自らの自由を相手に所有させる、あるいは相手の自由を所有する試みの中で、マゾヒズムとサディズムという両極を往環しつつ、しかもそのどちらにも留まることができない。もちろん、愛それ自体も達成されない。その理由は、サルトル自身が述べていた通りである。だが、ここで本節冒頭の疑問が繰り返されよう。すなわち、なぜサルトルは、挫折するに違いない「愛」を描写したのだろうか。そもそも、彼の「愛」の理想は何を根拠としているのか。ここには、サルトルの他者論の重大な謎がある。

この問いに手掛かりを与えるのは、サルトルによる、「愛」が成就する場面の叙述である。先にも見たように、彼によれば、意識個体は互いに、乗り越えられない無によって分離されており（EN 444）、その無とは私と他者の根源的な偶然性にほかならない（EN 433）。それゆえにこそ、自己と他者は「まなざし」によって、あるいは対象化された像によって、隔てられなければならなかった。だがもし、他者としての限りにおいて自己であり、自己としての限りにおいて他者であるような存在であれば、あるいは自己自身と他者の存在根拠を自らの内にもつような存在であれば、つまり絶対‐存在であれば、愛において目指されているような融合は果たされる。この絶対‐存在とは、言うまでもなく神のことである（*ibid.*）。ここにおいて、愛の理想は成就する。けれども、サルトル自身が、神を徹底的な不在によって特徴づけている（EN 495）。だとすれば、サルトルは理想が達成される場として、そもそも不在である神を想定していたことになる。換言すれば、彼は愛の理想を、「まなざし」理論を超越した神の次元に設定していたことになるのである。

しかも、そうした事情は、愛の理想に限らない。サルトルが、恥などの根源的感情についても、絶対的な主観性としての神を想定して、それを参照しながら人間同士の関係を説明していたことは、先にも見た通りである。サルトルにおいて神とは、即自かつ対自であるような存在、すなわち自己自身で自己自身の根拠であり、かつ他者の存在根拠であるような絶対的主観性であり、同時に対象化されることのない絶対的他者性である。つまり、神は、自ら自身と他の存在の根拠となること、対象化されないことによって特徴づけられる存在である。この神の属性は、人間の非反省的意識のあり方に類比的である。というのも、人間の非反省的意識は、自律性と非対象性を特徴とした絶対的内面性であったからである。

しかし、非反省的意識に神にも似た絶対的な独立性を付す一方で、サルトルは『存在と無』では、自己と他者を存在論的に結びつける必要に迫られた。そこで導入されたのが、ヘーゲルの即自‐対自の意識構造である。サルトルは、この意識構造の内に他者存在が出現すると考えたのであった。しかしながら、他者が出現する私の対自‐存在の構造自体は、認識の対象化をモデルにしている。さらに、対自‐存在に対して他者が出現し、その他者が「まなざしを向ける者」として把握されるに至っては、他者を媒介にした（自己の）意識存在が、実は対象化を媒介とした認識の次元に移行してしまっていることを露呈する。サルトルは、恥や自負は私の「まなざしを向けられている者」の状況を認識させるのではない、生きさせるのだ、と言って辛くも存在論に踏み留まろうとするが（EN 319）、恥が自らの対象たることの体験である限りで、それもやはり認識の次元の問題になってしまっている。ここにおいて、存在の根拠づけという存在論と対象化という認識論とが渾然一体となる。つまり、サルトルは意識存在の関係を存在論的に把握することを目指しながら、自身の批判したフッサール的な認識論的把握へと移行しているのである。

では、なぜそのような移行が起こったのか。それは、先に見たように、サルトルが、非反省的意識を、神の絶対的他者性に類比的なもの、つまり決して対象化されえないものとして、しかも自己自身に独特の仕方でしか把握できない事実的存在として規定したからである。「……意識は純然たる内面性である。……意識の存在はそれゆえ、あらゆる対象性の徹底的な排除である」（EN 298）。そしてまた、その意識を絶対的内面性と呼んで、他の意識個体から無によって隔て、他との直接的な関係を否定したからである。こうした前提を堅持する限り、自己と他者の意識構造における存在論的な関係樹立は中途半端なものに留まらざるをえない。そして、絶対的内面性同士を隔てる無を「距離」と考えた結果、この距離を踏まえた関係は、対象化に依拠せざるをえなくなったのである。こうして存在論は認識論に移行し、他者の存在せよ、自己の自己性の確定にせよ、その根拠は、この私が対象化されるということ、そして私が対象化された像を引き受けるということの二点にかかってくることになる。サルトル自身も次のように述べている。「……他者の存在は、私の対象性という事実の内で、またこの事実によって、明証的に体験される」（EN 363）。さらに、「もし私が〈他者〉にとってある私の〈対象‐存在〉を引き受けないのであれば、私は〈他者〉であらぬことができない……。〈他有化された私〉の消失は、〈私自身〉の崩壊によって、〈他者〉の消失をも招くであろう」（EN 345）[27]。サルトル自身が挙げなかった愛の挫折の根本原因は、ここに存するのではないだろうか。つまり、存在論であるべきであった愛を、結局は認識論によって説明せざるをえなかったことにおいてである。

そして、サルトルにおいて自己と他者の存在を根拠づける要となる二つの規定は、愛の不可能を経て、恥などの根源的感情の経験へと送り返される。というのも、そうした感情においてこそ私は、自らが対象化される存在であること、私を対象化する主体としての他者が存在すること、その対象化された像を私が引き受けること、を原初的に体験するからである。それゆえに、この感情の経験は、『存在と無』での対自‐存在における他者の出現と自己性の確立、さらには『自我の超越』での反省作用による〈我〉の出現にまで遡及して、それらを基礎づけることになろう。

だが、そればかりではない。恥などの根源的感情は、自己と他者とがある種の共同性をもつことをも示唆する。なるほど、既に考察したように、恥の感情そのものを自己と他者が共有することはありえまい。しかし、その感情を機縁として、私は対象化される存在となり、他者が私を対象化する存在として出現し、さらには他者によって対象化された像を私が引き受ける、という形で自己と他者とは結び合う。とりわけ、自負の感情を検討した際に注意したように、私が他者によって対象化された自らの像を引き受けることを、サルトルは責任とすら呼んでいる。この語句の使用は偶然ではない。事実、サルトルは、私が他者の「まなざし」によって結ばれた「対象‐私」を引き受けなければならない限りで、私と他者が「対象‐私」を介して、根源的分離の「共同責任者（coresponsable）」になる、と述べているのである（EN 345-346）。もちろんこのとき、「対象‐私」はまなざしを向ける他者の自由の下にあるから、私はその像を認識することはできない。また、ここで作り出される「対象‐私」は、偶然性に晒された単なる事実である。しかしながら、自己と他者の互いにとって蓋然性しかもちえない「対象‐私」を介して、一方がそれを創出し、他方がそれを引き受けざるをえないような「責任」によって、両者は結びつけられている。このようにして見てくると、サルトルの議論を支えているのは、自己の対象化の原初的体験である根源的感情と、その感情においてまなざしを自他に結びつける「責任」であるといえる。そして、この「責任」を自己と他者とが共通にもつという「共同責任者」という概念の中に、サルトルにおいて、自己と他者との共同体が成立する可能性を認めることができるのである。

以上、サルトルの初期の他者論を検討してきた。それは、「まなざし」理論における自他の対象化の虚しい相克、愛の挫折など、一見さまざまな破綻を宣言するネガティブな議論であるかに思われる。そして、そうした破綻は、サルトルが無に隔てられたモナド的な意識個体を想定したこと、志向的なまなざし理論を堅持したことから帰結すると考えられる。しかしながら、実はその議論が前提としているものの内に、他者把握に関する重要な見解を見出すことができる。それはまず、自己の意識存在のあり方において、主体としての他者が出現するという見解である。この見解は、自己が対象化されるものであるという規定に支えられてはいたが、ここにおいて、サルトルは、自己が一方的に他者を対象化し構成するという問題を克服しえたのである。そしてそこでは、自己と他者が同じ権限において存在するという、両者の存在の対等性が保証されるのである。それだけでなく、一方の自己性が他方の自己性の制限となり、相互に自己性を根拠づけ合うという関係が創出されてもいる。

さらに、サルトルの功績として、恥の感情をはじめとする情感性を、まなざしの対象化の根底となるレヴェルに、すなわち反省以前の地平に位置づけ、それを他者の顕現の端緒とし、自己と他者の相克の動機づけとしたことも見逃せない。しかも、サルトルは、その際の情感性が他者を対象として把握するものではないことにまで言及していたのである。こうした情感性についての考察を押し進めれば、それを存在論的な他者論に展開させることも可能であったであろう。もちろん、サルトル自身は、そのような可能性を追求することはなかった。彼は、情感性を自己と他者の関係の根本に据え、情感性は対象的な把握とは異なる把握を遂行する、という着想を得ながら、両者がそこにおいて共同性を得るという見解には至らず、自他の対象化を押し進めた挙句、愛の挫折に行き着いたのである。しかしながら、彼がなぜ、あくまでも自他の情感性における融合を忌避したのかということを考えたとき、その姿勢は示唆に富んでいる。サルトルが、愛や共同感情を否定せざるをえなかったのは、それらが自己性と他者性を消し去るという危惧が強く働いていたと考えられるからである。そして、その危惧はある意味では現実のものとなり、自己性と他者性の確保は、後段で見るような情感性を擁する他者論において、由々しい問題であり続けているのである。

（1）本書全編を通して、フッサールを問題にする際には、この「デカルト的第五省察」に関する限りで言及する。フッサール自身は、例えば『フッセリアーナ』の遺稿などにおいて、こうした構成的な他者論に留まらず、欲動を基本形式とした動的な他者論を試みている。しかし、「デカルト的第五省察」は、他者存在を現象学の俎上に載せた端緒として他の哲学者たちに影響を与え、さまざまな他者論の起点となった。それゆえ、本書では、この論考を踏まえて、他の哲学者たちがいかにしてそれを展開させ克服したのかを検討する。

（2）Jean-Paul Sartre, *La transcendance de l'Ego*, J. Vrin, 1966, p.87. 以下、この著作からの引用、参照個所については、TE の略号と共に頁数を記す。

（3）サルトルはこの論文の結論部で、自らの提起した〈エゴ〉がもたらす成果を三点述べている。一つ目は、それが〈超越論的分野〉の純化と解放をもたらすことである。二つ目は、それが独我論に対する唯一可能な反論たりうることである。そして三つ目は、それが、現象学を単なる観念論ではなく、現実的な道徳や政治の基礎づけとして示しうることである。また、サルトルは、『存在と無』において、『自我の超越』を振り返り、「私はかつて、フッサールに対しその超越論的〈我〉の存在を拒否すれば、独我論を回避することができると信じていた」と述懐して、この論文の問題構成を総括している。本章注(10)を参照。こうして、独我論を回避するというサルトルの目標は、フッサールが「デカルト的第五省察」を著した際の問題意識と等しいことがわかる。だが、さらにサルトルはこういった議論の先に現実の政治や道徳を見据えていた。事実、彼は後年、政治に関する論考を著し、自身も政治に与した。ただし、本書では初期のサルトルのみを扱っている。

(4) 反省意識とは、反省する意識が反省される意識に向ける反省の意識作用を指している。

(5) 意識が自分自身を意識するのに、反省する意識は必要ではない。意識が反省する意識の対象となるのは、言わば特殊な場合にすぎない。

(6) ただし、サルトルは、非反省的意識から〈我〉を取り去る一方で、非反省的意識の絶対的内面性において、意識の個性(individualité de la conscience)が生じるとも述べている(TE 23)。その場合の個性とは、自己と他者とを区別するものと何らかの相関をもっているのではないか、という推測は可能であろう。そして、この意識の個性が非人称である限りで、それぞれが対等に存在していることには注意しておいてよい。

(7) サルトルによれば、〈我〉も〈自我〉も実は同じものであり、機能上の呼び名にすぎない。それゆえ、今後はこれらの総称としての〈エゴ〉という語について論を進める(TE 44)。

(8) 〔 〕内の補足は引用者による。

(9) 傍点を付した強調はサルトルによる。

(10) Jean-Paul Sartre, *L'être et le néant*, Gallimard, 1955, p. 290. 以下、この著作からの引用、参照個所については、ENの略号と共に頁数を記す。

(11) これは、意識の存在が意識の本質を含み、意識がどこまでも意識として、それ自身によってしか限定されないという意味であり、対象によって存立することと抵触するものではない。

(12) 傍点を付した強調はサルトルによる。

(13) 「意識とは、その最も深い本性において一つの超越的な存在との関係なのである」(EN 27)。

(14) 傍点を付した強調はサルトルによる。

(15) 傍点を付した強調はサルトルによる。

(16) サルトルがここで語る即自‐存在は、『自我の超越』における非反省的意識に相当するであろう。それは、「反省的な意識に対して開示される存在は、対自‐対他である」(EN 342)という記述からも裏づけられる。即自‐存在において他との関係が否定されたことは、非反省的意識が他の非反省的意識との関係をもちえないことを改めて確言するものである。

(17) 傍点を付した強調はサルトルによる。

(18) 恥の経験における他者の存在の蓋然性については、山形頼洋「他我の存在について」(京都大学文学部内京都哲学会『哲学研究』第五二五号、一九七三年)で詳しく分析されている。

(19) 傍点を付した強調はサルトルによる。

(20) 傍点を付した強調はサルトルによる。

(21) 傍点を付した強調はサルトルによる。

(22) 『自我の超越』においても、非反省的意識の内に〈我〉が現れる特殊な場合についての言及はある。例えば、仕事に没頭しつつも、「私は~している」と答える場合などである(TE 70-71)。

(23) 他者の対象としての「私」が、どのようにして私の〈我〉であるとわかるのか、という問題に関しては、後述する自負における「責任」が示唆を与える。

(24) 傍点を付した強調は引用者による。

(25) 傍点を付した強調は引用者による。

(26) 「性的欲望は、愛の死から出現し、やがて自ら崩れ去って、再び愛に場所を譲る」(EN 478)。

(27) 傍点を付した強調はサルトルによる。

第二章

シェーラーにおける情感的他者把握

次に取り上げるM・シェーラーは、前章のサルトルに比べてさらに感情／情感性（Gefühl）[1]を重視した哲学者である。彼は、従来のような理性もしくは悟性に代わって、情感性の復権を図り、他者把握の際にもこの情感性を媒介とする議論を試みた。こうした立論は、シェーラーが、正当な他者把握のためには、他者が自己の対象として立てられたり、その結果他者が自己の変様とされたりすることを回避しなければならない、と考えていたことに起因する。またシェーラーは、他者把握の際には、何よりもその人格的価値が貶められないよう留意しなければならないと考えた。このような思念に基づいて、シェーラーは、情感性を非科学的な「生（生命）（Leben/vie）」と結びつけ、それを他者把握の根本に据えたのである。その上で、彼は、自己と他者の間のアプリオリな「共同感情（Mitgefühl）」にさまざまな位階を設けて他者把握の段階を示し、根本的な「宇宙生命的一体感（kosmisch-vitale Einsfühlung）」から、最終段階である「無宇宙論的人格愛（akosmistische Personliebe）」に至って十全な他者把握に達すると述べた。これは、サルトルにおける愛の挫折に対して、愛の成就を謳うものであり、他者把握に新たな局面を開くものであると言えよう[2]。

ところで、シェーラーと同様、情感性を存在論の根底に置き、それを生そのものと同一視した哲学者として、M・アンリが挙げられる。実際、アンリはその議論の中で、しばしばシェーラーに言及し、情感性を重視するシェーラーの姿勢を評価している。しかし、アンリはまた、シェーラーの情感性はいまだ志向性を残すものだと批判もしている。アンリの指摘が正鵠を射ているならば、シェーラーも志向性による他者の対象化を批判しながらも、それを完全には脱していなかったことになるだろう。本章の目的は、こうしたアンリによる批判も視野に入れながら、シェーラーにおける情感的な他者把握のあり方を詳らかにすることである。アンリとの比較は、シェーラーの議論の特質を際立たせるであろう。それは同時に、第二部で、アンリの存在論と他者論を論じる準備ともなるはずである。

第一節　シェーラーにおける共同感情と他者

(1) 自己と他者の生成

『同情の本質と諸形式』[3]の主題は、同情（Sympathie）もしくは共同感情である。[4] 同情という感情は、自己や他者の存在を前提しているから、その意味で、この論考における情感性の議論は、初めから自己と他者の関係を問題にしていると言える。また事実、この著作の最終部は、他我の論考に充てられている。したがって、この著作での情感性の議論を、ここでは他者論という観点から考察していくことにする。

ところで、他者存在を哲学の課題とする際の目的の一つが、独我論の回避であることは既に述べた。サルトルの場合を振り返るならば、彼は、超越論的〈我〉を排除して自己の意識構造の中に他者を参入させ、その上で「まなざし」を介した自他関係を構築することで、独我論を克服しようとした。確かに、このような立論は、他者把握の議論の起点に、絶対的な自己を置かない努力をすることで、自己による他者の構成的把握という図式を免れている。そして、シェーラーもまた、こうした問題意識をサルトルと共有していた（WFS 69）。しかし、シェーラーには、独我論を回避することに加えて、他者を対象的に把握することもまた、否定すべきことであった。なぜなら、

「我々がある人間を何らかの仕方で〈対象化〉する場合はいつも、彼の人格は我々の手から滑り落ち、単なる抜け殻だけが残される」（WFS 169）からである。シェーラーは、サルトルがまなざし理論において克明に見せるような、他者を対象とする把握の不毛を批判し、それを乗り越えなければならないと考えたのである。

では、シェーラーは、自らに課した二つの課題、すなわち自他の根本的な対等性の確保と対象化の忌避とを、両立させることができたのだろうか。この問題に対して、シェーラーが採った方策は、「さしあたり（zunächst）」与えられるのは自己の自己性ではない、と考えることであった（WFS 238-239）。そうではなくて、「さしあたり」、自己と他者の区別が露わではない、ある体験流（Strom der Erlebnisse）が流れている、とするのである。この流れは、自己と他者を混合して含んでいる。この流れにおいて、体験の第一次的所与の段階では、「体験された」体験が自己のものか他者のものかは、まだ明確にされない（WFS 240）。ただ、体験の帰属する自我一般が与えられるだけである。だが、体験が遂行されるにつれて、その流れの中で固まって形を取る「渦巻き」が形成されると、渦巻きは新たな流れを引き入れつつ、順次さまざまな個体に秩序を与えていく（*ibid.*）。すると、次第にこうした体験流から自己と他者とが「浮かび上がって」くる。こうして個体化される自己と他者は、単なる「身体」としてでも単なる「自我」や「心」としてでもなく、それらを包括する一つの全体性として直観される（WFS 255）。そして、この直観内容は、次には、「外部知覚（äußere Wahrnehmung）」と「内部知覚（innere Wahrnehmung）」の両方向に分化されていく。

シェーラーによれば、体験流の中から自己と他者が直観される場合も、その後、その直観内容が外部知覚と内部知覚に分化される場合も、その作用は自己と他者に対して同等に働く。そして、可能な内部知覚のあらゆる作用には、可能な外部知覚の作用が帰属している（WFS 243）。こうしたことから、自己は、一般に他者を知覚すると考えられているような外的な仕方で、自己自身を知覚することが可能である、とシェーラーは主張する。「自己知覚もまた、知覚されるものが自らを表現傾向に置き換えることと結びつけられている」（WFS 246）[5]。つまり、内的なものは外的なものに表出されることから、逆に外的なものから内的なものを把握することが可能だとされ、そうした経緯が自己自身の把握にも適用されるのである。そして、外部知覚を経由して自己自身を把握することが可能である以上、シェーラーは「純粋に〈内的かつ心的な〉自己知覚とは、単なる虚構である」（*ibid.*）と言い切って、超越論的自我を破棄するに至るのである。

また、自己と他者が体験流の生成において対等であること、内部知覚と外部知覚が対応することは、翻って他者把握を問題にした場合、「根源的知覚（originäres Wahrnehmen）」と呼ばれるものを可能にする。根源的知覚とは、「他者の身体を彼の体験にとっての表現野として解する限り、他者〔の心理〕を〈内的に知覚する〉こともできる」（WFS 21）[6]ということである。そのおかげで、人は他者の笑いの中に喜びを、涙の中に苦しみと苦痛を、赤面の中に羞恥を捉えることができる、とシェーラーは言う。こうしたことが可能であるのは、先に挙げた理由に加え、体験流において内的直観によって得られる自我が、一切の心的実在を背景にもち、それゆえそれ自身の内に他者の経験を含みもっているからである（WFS 244）。そしてまた、あらゆる体験がもろもろの表出現象において直接的に現れるからでもある（WFS 21）。それゆえ、シェーラーにおいて、各人は、自己自身の体験と厳密に同じように、直接的に他者の体験を把握することができる（WFS 250）。そればかりか、人は、自己自身に体験のないことですら、他者において把握できる可能性を秘めているのである（WFS 59）。

しかしその一方で、シェーラーは、自己において把握できても、他者においては把握しえないものがあることも認めている。「我々が他者知覚を通して決して〈知覚し〉えないもの、それはただ、他者が体験している身体状態、なかでも身体器官の感覚とそれに結びついた感性的感情だけである」（WFS 249）[7]。シェーラーによれば、体験流における自他の個体化にあたり、内部知覚と外部知覚が対応関係にあるとはいえ、外部知覚の作用には、事実上、外部「感覚的」基盤が帰属している（WFS 243）。それゆえ、人は、身体を他者と共有しえない以上、他者の身体的感覚を自己のものとして把握することができない。さらに、シェーラーは、この身体の帰属を敷衍して、「私の身体は私にのみ体験される」という事実が究極的な個体化を構成する、と述べている（WFS 237）。しかしながら、シェーラーのこの議論は、先の体験流の議論に抵触しかねない。というのも、先の議論において彼は、自他の区別の曖昧な体験流の中から、内的直観が初めて同じ原理において自他を個体化するのだと述べ、そしてまた、ある個体的自我の実在について知るためには、その身体に関する知は必要ない、と述べていたからである。それにもかかわらず、個体性を身体の帰属という事実に帰すことは、言わば個体化の権利問題の中に密かに事実問題を混入させているのではないか、という疑いを生じさせる(8)。

(2) 情感性と他者把握

以上のようにして、自己と他者の生成を体験流において検討してきた。そこでは自己と他者とが同等の権利で生成することとなり、超越論的自我は排除された。確かに、ここにおいて、自己が他者を対象として一方的に構成するための前提条件は破棄されたと言える。そこで次に、対象化によらずいかにして真正な他者把握がなされるのか、という問題に答えなければならない。

シェーラーによれば、他者の実在が与えられるのも、他者の人格的把握がなされうるのも、同情によってである。それゆえ、シェーラーはこの同情にさまざまな位階を設けて、自己と他者との関係を論じている。そこで、シェーラーが同情に施した秩序において、どのような自他関係が築かれているのか、また、その関係がシェーラーの目論見通り対象化を免れているのかを検討しよう。

初めに、シェーラーにおける同情の秩序をごく簡単に五段階に整理しておこう。まず、同情の最も根底的なものは①「一体感（Einsfühlung）」である。シェーラーは、この一体感を、感覚的知覚一般に比べて、他者を把握し、遠距離を把握するのに優れた能力であると規定する（FS 42）。個体はこの一体感に達すると、自らの身体および身体にとって重要なものの一切を乗り越えて高揚し、同時に自らの精神的個体性を「忘れ」もしくは「無視」して、他者と自己とを同一視するに至る。次に、この一体感に根拠づけられるのが②「追感得（Nachfühlung）」である。これは、他なる存在者たちの感情の諸状態を単に把握し、理解し、必要であれば追随的に生きること、と規定される（WFS 19）。そして、この「追感得」に根拠づけられつつ、道徳的価値をもつという点ではそれに対立するのが、狭義の③「共同感情」である。シェーラーによれば、純粋な共同感情とは、「他者とその個体的な状態の内に、本当に〔自分を〕乗り越えて入り込んで捉えること、自分自身を真に現実的に超越すること」（WFS 57）[9]である。共同感情は「生得的」なものであるから、「思念」も「感情移入」も要することなく、他者の感情状態が表出される現象そのものにおいて、それを根源的に把握する（*ibid.*）。そしてこのとき、その他我の実在性が、当の自我の実在性と同等のものとして意識に与えられるのである（WFS 107）。さらに、共同感情に根拠づけられるのが④「人間愛（Menschenliebe）」である[10]。この人間愛は共同感情と同様に、類的統一体としての人間性の情緒的「実現」をなし、すべての人間を包括する（WFS 107）。また、人間愛は共同感情と同じく、人格の本質的差異を前提しているがゆえに（WFS 76）、自己自身の側から絶対的に内密な他者の人格へと進むことはできず、むしろその前で立ち止まらなければならない（WFS 78）[11]。こうして人間愛は共同感情と幾つかの点で重なっているが、次の点では異なっている。すなわち、人間愛は共同感情に比べ、人格的、自由、自律的、自発的、志向的であるという性質をもち、価値の把握に関わっている。先にも少し触れたように、シェーラーは自己と他者との関係が人格的か否かということに注意を払うが、この人間愛においてこそまさに、人格的な交歓が可能となるのである。シェーラーによれば、その人格的な交歓は、次のような仕方において果たされる。すなわち、ある人格自身の「生命自我

（Vitalseele）」に等しい他者の生命自我の取る実在的態度が、共同感情を通じてあらかじめ遂行されており、この共同感情に基づいた自発的人間愛をたえずその深層へと圧し広げて、人間が人格的存在たる出発点にまで突き進む場合に初めて、当の人格が他者に与えられる、という仕方においてである（WFS 109）。そして、最後に、直接的にはこの人間愛に根拠づけられ、段階的な同情の位階の頂点に位置づけられるのが、⑤「無宇宙論的愛」さらには「神への愛（Gottesliebe）」である。この無宇宙論的愛は、すべての有限なる精神的人格を包括して広がり、究極的には神への愛の本質的条件となる（WFS 111）。

こうした同情は、基底的なものを踏まえて初めて次のものに到達しうるという仕方で、秩序づけられている。さらに、シェーラーは、この秩序を包括して次のように述べる。「さまざまな同情と愛とのすべての諸形式の領域において、宇宙生命的一体感と、神への愛に基礎づけられた無宇宙論的人格愛とは、言わば相互に対立する極をなしている。この二つの極の間に他のすべての諸形式が言わば段階的に位置づけられている」（WFS 137）[12]。そうだとすれば、この二つの極の様相をさらに調べることで、シェーラーにおける同情の外延を画定できるはずである。そして、その外延は、シェーラーの情感性の特質を教えてくれるであろう。それゆえ、この両極に位置する、すべての同情を根拠づける一体感と、自他の究極の関係を創出する愛一般とがいかなるものかを、詳しく見ていくことにする。

まず一体感は、先にも見たように、自己と他者とを同一視する境地である。一体感は、ノエシス的な意味での動機づけや機械的な因果性とは異なった、特殊な「生命的因果性」によって、理性や身体や感情といった精神的個性を脱却することで生じる（WFS 46）。シェーラーは、この一体感が生じる「場所」を、身体意識と精神的人格中枢の中間領域である〈生命意識〉（Vitalbewußtsein）に定めている[13]。この〈生命意識〉において一体感が起こる状況を、シェーラーは次のように表現している。「自らの精神的尊厳を放棄し、自らの衝動的〈生命〉を流出するがままにする」（WFS 46）。ここに〈生命〉の語が用いられているのは、一体感に「宇宙生命的」という語が冠されていることに鑑みても、偶然ではない。それが偶然でない証拠に、シェーラーは、一体感は〈世界を一つの有機的器官と見なす〉場合にのみ存在しうる、と主張しているのである（WFS 92）。彼は述べている。「宇宙的生命との一体感の能力を鍛錬するにおいて決定的役割を果たすのは、全体生命の流れ（Allebensstrom）との一体感であり、この一体感は、さしあたりまず生命の統一体としての人間相互の間で目覚め、生起する」（WFS 116）[14]。つまり、一体感を可能たらしめているのは、言わば生きた「小宇宙」である自己と他者とが拠って立つ、全体生命なのである。この全体生命のことを、シェーラーは、「あらゆる生命あるものの超個体的〈生命〉」（WFS 48）と表現している。さらに、一体感が同情の最も根底的な極であることを考えると、同情の位階の全体がこの全体生命によって根拠づけられていることもわかる。かくして、シェーラーの言う同情の体系は、このような宇宙生命観に支えられている。そして、彼はこのような観点を、通常の科学的自然観と区別して「情緒的自然観（emotionale Auffassung der Natur）」（WFS 112）と呼ぶのである[15]。

では次に、同情の中でもう一つの極に位置づけられる愛とはいかなるものであろうか。シェーラーによれば、愛とは、認識作用ではなく（WFS 151）、根源的かつ直接的な把握の作用であり、理性の明証では測りえない独自の明証性を有している（WFS 152）。こうした性質ゆえ、愛は「作用の究極的本質として、ただ直観されうるだけで、定義することは不可能である」（WFS 155）[16]。では、愛の作用はどのように記述されうるのか。シェーラーは、愛を価値と対象へと向けられる「志向的運動（intentionale Bewegung）」と述べ（WFS 156）[17]、その運動を次のように表現している。「愛とは、価値を担うあらゆる具体的かつ個体的対象において、彼にとっての、そして彼の理想的使命に従っての、可能的な最高の諸価値に達する運動、あるいは、彼にとって固有であるような、彼の理想的価値存在に到達する運動である」（WFS 164）[18]。つまり、ある他者や価値の担い手に対する「愛」は、より高い価値を目指そうとする愛の運動が発動したときに開始されるのである。この規定で重要なのは、「より高い価値」が既に実在するのか、それともいまだ実在せず、その対象に含まれる「べき」なのかが、未決定なままであるという点である（WFS 159）。というのも、シェーラーによれば、愛は、何らかの任意の価値や対象があらかじめ設定されてそれに向けられるのではなく、愛の運動そのものが、対象と価値を浮かび上がらせるからである。それゆえ、愛の運動の中で、あるいはその運動の終わりにおいて初めて、より高い価値とその担い手が露わになる（WFS 161）。その意味で、愛は創造的運動とも言われるのである（WFS 157）。

ただし、シェーラーにおいて、愛の創造的運動が未来に対する投企であると規定されることから示唆されるように、この高い価値にせよ、その担い手にせよ、必ずしも人間の領域に限られているわけではない。むしろ、芸術への愛に関する記述を見ると、愛とは人間を超越したものに向けられていることがわかる。「真の芸術愛において我々は徹底して、人間以外のものへと、すなわち人間自身を自己ならびに自己の体験を超えて高めるような何かへと、差し向けられている。しかしこのことは、最も優れた基準において、神への愛にも当てはまる。なぜなら、神への愛は、世界全体の中の〈人間の影〉に対してではなく、その本質上、人間を、いやむしろあらゆる有限な存在者を超越するものに対して、すなわちそれ自身において〈聖なるもの〉〈無限なるもの〉〈善なるもの〉に対して向けられているからである」（WFS 158-159）[19]。それゆえ、シェーラーは、同情の秩序の上では、④「人間愛」に根拠づけられた高次の愛として⑤「神への愛」を置いたが、実際には、神への愛によって人間愛が可能となっていることも明らかにする。「個体としての人類に対する愛は、神というその価値の全体性において与えられる一つの対象への愛であるから、個体としての人類に対するただ一つの愛の志向（Liebesintention）が存在する……」（WFS 190）[20]。つまり、人類に対する真の愛は、〈神ニオケル愛〉（amare in Deo）に連動し、根拠づけられているのである。

こうしたことを踏まえ、愛の運動において価値の担い手が人間である場合を改めて考えるならば、その人間の把握はどのようになされるのだろうか。シェーラーは述べている。「周知の通り、筆舌尽くしがたい、概念においては決して立ち現れることのない他者の個体性の本質は、ただ愛においてのみ、あるいはひたすら愛を通してのみ、その完全で純粋な姿を現すのである」（WFS 163）[21]。そして、「〈人格〉は、最終的にはただ、……絶対的な個体であるという理由からのみ、実在的に異なったものである」（WFS 76）[22]。シェーラーにおいて、人格は、決して認識されず、〈知〉において与えられることもない。それは、個体としての存在者が遂行するあらゆる作用の統一実体である（WFS 168）。この人格が、より高い価値を求めて発動した愛の運動の過程を通じて把握される。ただし、その個体が現れ出るとき、その個体の内に希求されたより高い価値を見出さなくとも、その愛が中止されることはない（WFS 161）。むしろ、愛は、その他者の「個体性」の実在性を「情緒的にこの上なく温かく」肯定して（WFS 81）、「対象をあるがままにおいて愛する」（WFS 161）ものである。つまり、愛は、その遂行において、価値と対象を肯定しつつ露わにしていく運動作用なのである。その作用は、あたかも体験流のそれと似て、あらかじめ与えられないもの――自己や他者、その価値と人格――を徐々に顕現していく過程なのである。

かくして、シェーラーの同情の秩序は、宇宙的一体感と無宇宙論的愛をその極として、その間にさまざまな自己と他者の関係を含んでいる。そして、その秩序は、根底に「情緒的自然観」に基づく全体生命を有し、最高次に無限対象たる神を頂いて、自己と他者の包括的で人格的な関係を目指すのである。

第二節　アンリによるシェーラー批判

以上のようにして、シェーラーによる他者把握の議論を、体験流と同情の議論に即して考察してきた。このようなシェーラーの功績を、アンリは『顕現の本質』[23]において、伝統的に圧迫されてきた情感性（affectivité）[24]を復権させたことにある、と述べている。アンリはさらに、シェーラーの主張する情感性が根源的かつ固有の開示（révélation）の力である点、また、その情感的な生が根本原理をもち、実際的かつ決定的な経験様態を構成する点で、彼を評価している。しかしながら、アンリとシェーラーでは、情感性についての概念が必ずしも同等ではない。実際に、アンリは『顕現の本質』と『実質的現象学』[25]の中で、シェーラーの情感性を次の四点において批判している。すなわち、①情感性における志向性の介在、②情感性による価値設定の是非、③情感性における自己性の曖昧さ、④根源的知覚の可能性、である。そこで、本節では、①と②を⑴「情感性における志向性の残滓」において、③と④を⑵「情感性における自己と他者の関係」において検討し、アンリとシェーラーの見解の相違を吟味していきたい。その際、まずアンリによるシェーラー理解と批判を提示し、その範囲内で、アンリ自身の情感性概念もしくは他者把握の概念を導くことにする。続いて、今度は逆に、そのような批判に対して、第一節で検討した『同情の本質と諸形式』でのシェーラーの側から、どのように反論されうるかということを考察して、シェーラーの議論の拠って立つ地歩を検証することにする。

⑴情感性における志向性の残滓

それではまず、アンリの『顕現の本質』におけるシェーラー批判から、①志向性が情感性に介在しているのではないか、②情感性が価値設定をなしうるのか、という問題について見ていこう。

アンリの理解（EM 717-718）によれば、シェーラーは情感の知覚（perception affective）において、次の三種類の対象を見出している。ⅰ情感的な諸性質、ⅱ共感／同情（sympathie）を通して与えられる、他者の感覚といった、主体の感情、ⅲ喜びや美や善といった、表象（représentation）の世界から絶対的に独立して自律的な価値論的世界を構成するような諸価値である。そして、情感の知覚は、情感性が現実化するさまざまな機能によって、これらの対象に達すると考えられている。シェーラーにおいて、これらの対象を与える諸機能は各々、(i)超越的に情感の諸性質を知覚する情感もしくは共感、(ii)感情や価値をもたらす対象に関わっている情感の諸機能、(iii)価値論的構成物やその性質に直接的に到達する、愛や憎しみや好みの作用、とされる。アンリはこの(iii)の場合に着目する。というのも、アンリはここにおいて、情感性という開示の力の絶対的に固有の性質が明らかになり、その力が、感覚的、想像的もしくは知的な表象のすべてから独立に、すなわち悟性から独立に働く、と考えるからである（EM 718）。アンリによれば、情感性の開示の力は、悟性から独立に働くばかりでなく、悟性の介入に先行する。それゆえ、情感性の力が開示する情感の知覚の対象は、表象の対象に先立って現れ、この最終的な表象の対象を特定するべく、その都度導きとなるのである。この段階までは、アンリの情感性の概念は、シェーラーの見解と一致している。そして、アンリはさらに次のようなシェーラーの考えを参照して、自らの議論に連動させている。すなわちシェーラーによれば、諸価値が関係している現象が与えられる前に、生の地平では既に、生の感情によって、有益、有害、危険といった生の価値が開示されている（EM 718-719）。特に、価値論的階層の最も高い神の価値論的性質は、表象のあらゆる現実態（acte）と無縁な知覚対象であるが、これが愛の運動の遂行において開示されるのである（EM 719）。

このようなシェーラー理解を踏まえた上で、アンリは情感性の本質を次のように規定する。すなわち、情感性は、悟性の認識（perception de l'entendement）と、つまり、その諸行為と諸機能が共に属しているノエティックな領域の内部と決定的に対立する（EM 716）。また、感情は、把握（saisie）を遂行するものだから、感情自体の力と把握の力とは一致すると考えられる。情感の知覚の特徴は、通常の知覚を伴う単純な調性（tonalité）や、感覚的もしくは知性的な表象を示さないことにある。情感性は固有の知覚として、感情において、感情によって、感情として遂行される把握の様態なのである。アンリの強調するところでは、情感の知覚の対象は情感の知覚そのものにおいてしか接近可能ではない。このことを端的に示すものとして、アンリは次のようなシェーラーの言葉を引用する。すなわち、感覚的感情（sinnliches Gefühl/sentiment sensoriel）の諸状態は「〈対象なく〉（objektlos）存在する」（EM 724）[26]。

だが、アンリは、シェーラーの同じ『倫理学における形式主義と実質的価値倫理学』の内に次のような叙述を見出す。「……感得（Fühlen/perception affective）は根源的に、対象的なものや価値へと自己を関係づけ、自己を方向づけるものである」（EM 721）[27]。ここで明らかに、シェーラーは自らの主張に反することを述べている。アンリはこの矛盾に注目し、情感の知覚が初めから含むとされる「関係」や「方向」という語を指して、これは志向性にほかならず、したがってシェーラーにおいて情感性を構成するものは実は志向性である、と指摘する。しかも、前述のようにシェーラー自身が、情感性における志向性を否定してもいるから、アンリによって「諸感情は常に志向的であるというわけではなく、逆に志向性も常に情感的（affective）であるのでもない」（EM 727-728）[28]として、その情感性概念の曖昧さを批判されることになるのである。

だがなぜ、アンリにとって、情感性における志向性の介在が批判に値するものであるのだろうか。この問いに答えるためには、アンリにおける情感性の概念がいかなるものかを見ておかなければならない。そもそも、アンリが悟性を退けて情感性の復権を主張するのは、情感性が不可視であり、原理的に対象化を拒むと考えるからである。アンリが「感情はそれ自体において盲目」（EM 726）[29]であると語り、それを「状態（état）」と表現するのも、そのためである。アンリによれば、情感性は、その内で関係を構成することも、諸対象に対する関係を構築することもない。また、感覚的感情が、原理的にそれであるところのものを開示することもない（EM 725）。換言すれば、情感性の要素が自らを超越することは決してない。しかるに、志向性とは、超越的なものとの関係を構成するものである。したがって、情感性の内に志向性の要素が含まれると、情感性が目指すものを逃すことになってしまう。あるいは逆に言えば、志向的知覚は、情感性が現実的であることをやめた場合にしか、作り出されえないのである（EM 730）。「情感の知覚において遂行される理解が、……直観の充溢と共に終了し、その現実化の内容と一致するときには、それはもはや情感の知覚とは異なって外的なものであり、その存在そのものにとって異質である」（EM 722）。

ここに、アンリが②において、情感性が価値把握をなすというシェーラーの主張に疑義を差し挾む理由がある。アンリによれば、情感性は価値に関して、価値そのものを規定し、基礎づけることはできる。だが、価値内容を明らかにできるのは超越性であって、情感性ではない（EM 809-810）。かくして、アンリは情感の知覚の可能性とその基礎概念を、情感性における自己 - 触発（auto-affection）[30]に求めるに至るのである。

では、こうした情感性概念に基づいてなされるアンリの批判に対して、第一節で概観した『同情の本質と諸形式』におけるシェーラーの同情の理論は反駁をなしうるのだろうか。シェーラーは、一体感においては自他が同一視されることを主張し、また愛においても、自他の距離を否定し、認識とは違う明証性を認める点で、情感性から志向性を排除している。だが他方で、外部知覚と内部知覚とを対応させて、自己を他者のように外的に知覚することが可能だと考える点において、すなわち、象徴と意味との志向的な関係を認める点において、シェーラーは他者把握を遂行する情感性の内に志向的な要素を認めている。こうして、確かにアンリが指摘する通り、シェーラーの情感性には志向性が混在している。

しかしながら、シェーラーの側から言えば、このような混在は決して無意識や不注意でなされたことではない。シェーラーは述べている。「形而上学的・一元論的諸理論を断固拒否するための決定的な事柄は、……すなわち、諸人格相互間の〈距離〉と、これらの人格の一方的ならびに相互的な差異性の意識とが、真の共同感情において、しかもそこに含まれる〈追感得〉および（狭義の）〈共同感情〉という二つの構成要素において、終始、現象的に維持されて残っているという事実である」（WFS 75）[31]。そして、この「距離」という語が示すように、対象化の前提となる自己と他者との間の現象学的距離が、すべて否定されるわけではないことも明記されている。「周知の通り、ノエシス的・心理的存在の全体は、ただ一部分だけが〈対象となりうる〉のであり、そしてノエシス・心理的なもの全体の内の対象となりうる部分は、さらにそれ自身そのごくわずかな部分だけが、観察可能であり、反復可能であるにすぎない」（WFS 218）。シェーラーにとり、人格の対象化は拒否すべきだが、感情の中には対象化されうるものも存在する。というよりはむしろ、ノエシス的合法則性と、さまざまな認識価値、倫理的・美的な価値は、生命的諸価値とは別種のものとして、積極的にそれらの独立性が認められなければならない。それゆえ、彼は、「情緒的自然観」を擁しながらも、ベルクソンのように[32]、世界根拠そのものを「生／生命（vie）」によって捉えることは、はっきりと拒否するのである（WFS 85）。シェーラーにとって、哲学の仕事は、「情緒的自然観」を一元的に敷衍することではなく、それに反する科学との共存、あるいはおそらく神との共存を図り、それらの両立を為しえてこそ、有意義でありうる（WFS 112）。同じようにして、彼が、情感性を重視しながらも悟性の領域を残し、あるいは志向性を残したのは、一元論を忌避するためである。なぜなら、一元論においては「絶対的に内密な人格の限界が……完全に無視されることになる」からである（WFS 82）[33]。

このように考えると、シェーラーの共同感情の議論は、個体の内密性と個体相互の絶対的な距離の存在を保持することと、他者の対象化を忌避して愛を根拠づけることという、他者把握に関する相反する要請に支えられて構築されたものであることが明らかになる。すなわち、一体感では、自他の一致を図って対象化を避けるべく、個体性が積極的に曖昧にされ、他者把握のための志向性は働かなかった。だが、（狭義の）共同感情では、自他の間に距離が設けられて、自己性が確保された代わりに、志向性が介入してくることになった。さらに、愛においては、価値把握における志向性も関わってきた。このように、彼が共同感情に設けた段階の各々には、他者把握に関する相反する条件が両立するよう配されていたのである。かくして、シェーラーの自己性の曖昧さと、自他の距離、情感性における志向性の混在とは、必然とも言える相関関係をもっていたことがわかる。シェーラーが、他者の対象化を忌避し、同時に他者の他者性を保持しようとして、共同感情の位階に腐心したことは評価に値するだろう。しかし、彼は、相反する二つの要請を満たそうとしてかえって、悟性によらない情感性の他者把握を目指すという自らの意図に反して、情感性そのものの特質を曖昧にしてしまったと言えるのである。

(2) 情感性における自己と他者

次に、アンリが上記のような情感性の概念を擁して、自らの他者論を展開した『実質的現象学』第三章「共-パトス」（Pathos-avec）の議論を見よう。この中でも、アンリはやはりシェーラーの議論を引用し、批判している。その批判は、次の二点に向けられている。一つは、シェーラーにおける、③自己性の本質とはいかなるものか、また生の本質はいかなるものか、についてである（PM 170）[34]。そしてもう一つは、④「根源的知覚」、すなわち他者の身体において心理現象をも知覚する、という「驚くべき」テーゼをシェーラーが提起したことについてである（PM 169）。ここでは、こうしたアンリによるシェーラー批判の内容を吟味しつつ、シェーラーの他者把握の特色と問題点を探ることにする。

まず、③自己性についてである。第一節の(1)で見たように、さらに本節の(1)でも確認されたように、シェーラーは、個体の絶対的な内密性と、自己と他者の間の「距離」の存在とを強く意識している。その強い意識ゆえに、シェーラーが情感性の内に志向的な働きを残してしまったことは、今しがた検討した通りである。シェーラーは述べている。「他者が我々とは異なる個体的自我をもつこと、そしてこうした個体的自我が各々の心的体験の内にどのようにして潜んでいるかを、我々は決して十全に把握できず、ただ、我々の個体的本質によってそれぞれ制約されている我々の視野が他者の個体的自我を把握しうるだけであること、これらの事柄は我々にも与えられうるのである」（WFS 20-21）。そしてまた、「あらゆる人間は、その身体的意識と、たえず本質的な個体的・精神的人格中枢とを、ただ一人だけで所有する」（WFS 44）[35]。共同感情と愛の議論は、このような自己と他者との厳然とした個体性を前提としている。だがそれとは反対に、自己と他者とが生成する根本である体験流の議論は、個体性を積極的に曖昧にするところから出発する。自他の未分化な体験流から徐々に自己と他者が現れる、という議論は、共同感情は個体の絶対的な内密性と自他の「距離」の確保を前提とすべき、という彼自身の要請とは、全く逆向きの立論である。体験流の議論は、こうした見かけの矛盾を解消するものなのだろうか。すなわち、個体性は体験流の議論において真に確立されうるのだろうか。

アンリの批判は、まさにこのことに向けられている。すなわち、この体験流において、エゴであるとわかるような渦巻きが形成されるのはなぜか、また、心‐身的存在の統一性が物理的なものと心的なものとに分化されるのはなぜか、とアンリは問うのである。これは要するに、自己性の本質は何か、生の本質は何か、という問いにほかならない。

しかし、この問いに対して、シェーラーの側から答えることは、実は非常に困難である。先に見たように、シェーラーにおいて個体性が確保される場面は、二つあると考えられる。一つは、生命に根差した体験流において起こる自他の区別であり、もう一つは、愛において起こる人格的区別である。この内まず、前者の体験流は、自己と他者の生まれる最も根源的な場面とされている。シェーラーによれば、元来、自他の未分化な体験流が存しており、その内で生じる内的直観によって個体化が行われるのであった。このとき、直観作用による個体化は、自己と他者に同等に与えられ、しかもそれらは心‐身に関する統一体として与えられるとされた。しかしながら、シェーラーは同時に、自己自身の身体状態だけは、自己において把握できても他者からは把握しえないものとして留保を付していた。つまり、シェーラーは、心‐身の統一体をもって個体性とする一方で、密かに心‐身の分離の観念を容れて、身体の区別という事実に個体性の根拠を認めていたのである。

そして、愛の遂行と共に人格が顕現するという事態に至っては、あらかじめ自己と他者とが内密な人格的個体性を有していることが大前提とされている。そこで述べられている個体性とは、もはや体験流での自他の区別という次元ではなく、その区別がどのような人格的内容によって描写されうるかという次元の個体性であり、これは自己性を意味している。また、体験流での自他の区別は自己と他者に等しく与えられるが、人格的区別における内容は、第一義的には自己自身にしか与えられない性質のものである。つまり、体験流が創出する自他の区別と、愛が前提する人格的区別は次元が異なる。しかし、少なくとも『同情の本質と諸形式』の範囲では、体験流の次元の個体性と人格的次元の個体性との間に、架ける橋はない。シェーラーにおいては、人格的な個体性、すなわち自己性は、言わば、いつの間にか決定済みと見なされたとしか言えないのである。別の言い方をすれば、存在すると言えるのは、ただ非人称の体験流と、非人称の作用のみであり、その体験流なり作用なりが特定の自己や他者に帰され、絶対的な人格を形成する保証はない。

こうした自己性の曖昧さは、実は④で指摘される「根源的知覚」の是非にも連動する。シェーラーは、体験流における個体性の議論の中で、心‐身の統一体としての個体性を謳いながら、他方で身体における個体性を確保していたが、そのことに対応するように、心‐身の統一体を得るはずの統一的な直観作用を、外部知覚と内部知覚に分化させている。しかも問題は、その外部知覚と内部知覚を対応関係に、もっとはっきり言うならば、象徴関係に置いたことである。シェーラーの主張する「根源的知覚」は、この象徴関係によって成立している。しかしながら、象徴関係は既に、アンリが批判するところの、「象徴するもの‐されるもの」という志向的な関係を含んでいる。

このことは、シェーラーが「根源的知覚」の具体的な場面として挙げる「愛に満ちた性行為」に向けられたアンリの批判によって、より一層明らかになる。シェーラーは「愛に満ちた性行為」を、「根源的知覚」が発揮される具体的な場面として評価するばかりか、「宇宙生命的一体感」への「鍵」として特に重要視している。シェーラーは、そこで起こる一体感を、「生殖を行う人々が、全体生命のこの根源的創造の意図に向かう、秘めたる本能的参与」（WFS 120）[36]、また「人類の質的向上のための千載一遇の機会を先取するという形の、情緒的価値把握」（WFS 121）[37]と述べている。つまり、それは、全体生命との深い結びつきを背景とする、もしくはその頂点としての（WFS 123）、表現行動なのである。

だが、アンリによれば、この場面における一体感そのものが疑わしい。彼によれば、性愛とはむしろ、男女が互いの記号や徴候を読み解こうとする局面なのである。確かに、男女の互いの感覚は変様して、両者の間の〈深淵〉（Abîme）を覆うかに見えはする。しかし、そこで触れられるのが外的な身体であり、相手の感覚をそのものとして感じることができない以上、その〈深淵〉は厳然として存在する（PM 176）。アンリにとって、心理現象の所与と物理的身体の所与とはあくまでも異なったものなのである（PM 168）。アンリに言わせれば、シェーラーのようにそれらをいったん別のものとしながら、同一のもの、もしくは象徴関係にあるものと見なすならば、まさしくシェーラー自身が忌避しようとした、フッサール流の付帯現前化と連合的対化の議論に陥ることになる（PM 176）。つまり、身体を表現野として、何らかの意味をそこに見出すことは、「～として」構造において身体を眺めるということにほかならず、それはある種の対象化を含むのである。

かくして、シェーラーは、他者把握に関して他者を対象化することを忌避して、真正な他者把握の可能性を情感性に求めるという形で、フッサールのアポリアの乗り越えを図った。そして、彼は情感性の根本に生き生きとした「生」が存すると看破し、そこに自己と他者の一致する素地を作り出したのである。もちろん、シェーラーが、志向性こそが他者の対象化の元凶であることまでは見抜けず、情感性の中に志向性の要素を残してしまい、結果として情感性の特質を曖昧にしてしまったことは否定できない。また、シェーラーは、一体感と体験流の他者把握において、情緒的自然観を提示して、これを「文明」と対置させたが、狭義の共同感情、愛の段階では、自他の間に距離を設けて一体感を拒む境地を作り出し、かえって自身が批判する文明化に与したとも言えるだろう。こうした、情感性による自己と他者の一致と、個体性の確保とは、サルトルが直面したジレンマと同種のものである。シェーラーが、情感性そのものの概念を曖昧にするというリスクを冒してでも、それに段階を設けて、情感性による一致と個体性を配したのは、このジレンマの克服を目指してのことだと考えられる。そして、この同情の位階の設定が、自己と他者の具体的な関係の描写を可能にしたことは確かである。また、他者理解が一挙に遂行されるわけではない現実を考えた場合、シェーラーが企図したような、他者との「距離」と理解の相克の過程も意味のないことではあるまい。そこでは、他者の感情内容を感得することの可能性も探られていたのである。先のジレンマが結局は克服されず、アンリが批判するように、シェーラーにおける他者把握が、身体を心的現象の象徴と見なす点では理論的に破綻していたとしても、その企図自体は、他者把握における重要な観点であることは間違いないだろう。

　本節の後半では、アンリによるシェーラー批判を軸にシェーラーの考察を行ってきた。しかし実は、アンリがシェーラーに負うものは少なくない。シェーラーが「とどの詰まり、一つの生と、あらゆる生きるものを包含する一つの生命価値とが存在する」（WFS 114）[38]と述べる際、彼の「生（Leben）」の把握は、第二部で検討するアンリの〈生〉（Vie）の概念に非常に近い位置を占めている。アンリの「生」の議論は、ある意味では、このシェーラーの情緒的自然観を、理論全体まで押し進めたものである。その意味で、アンリはシェーラーの後継者とすら言えるのである。

（1）シェーラーをしばしば参照したアンリは、この感情／情感性（Gefühl）に対して、情感性（affectivité）という仏訳を充て、他にも感情（sentiment）、情感（affection）という語を用いつつシェーラーを論じている。ここではアンリの語法に準じて、個々の感情を指す場合を「感情」、感情一般を指す場合を「情感性」としてこの語を訳出する。

（2）シェーラーは、一体感の内でも、特発性型（他者が自我へと取り入れられ、完全に置き換えられて存在すること）と、異発性型（自我が他者の個体的自我の内に生きること）を認め、相互的融合現象である「真の一体感」と区別している。言うまでもなく、こうした特発性型と異発性型とは、サルトルにおけるマゾヒズムとサディズムと同値である。ただし、サルトルにおいてはそれは愛の試みの行き詰まりを示すものであるのに対して、シェーラーにおいては、愛には似ているが愛たりえないものであるとされている。

（3）Max Scheler, *Wesen und Formen der Sympathie*, A. Francke AG Verlag, 1973. 以下、この著作からの引用や参照個所については、WFS の略号と共に頁数を記す。

（4）シェーラーは、同情という語で、自己と他者とが共有する感情一般を包括的に表現しており、広義の共同感情とほぼ同じ意味で用いている。例えば、本書冒頭の第一部の題は「共同感情」であるが、その第一章は「いわゆる同情倫理について」と銘打たれており、そこで用いられる説明には「共同感情」の語が同情と同義で用いられている。また、第七章「同情の諸機能の協力」の中では、同情の位階として、一体感、追感得、共同感情（ただし狭義のもの）、人間愛、無宇宙論的人格愛を設けている。ただし、個々人の側からの表現として同情を、二人以上の人間についての表現として共同感情を用いる、というニュアンスを帯びている個所もある（WFS 137）。本章では、自他の共有する感情を包括的に述べるときには、狭義の共同感情と区別するために、同情という語を用いることにする。

（5）傍点を付した強調は引用者による。

（6）傍点を付した強調はシェーラーによる。また〔 〕内の補足は引用者による。

（7）傍点を付した強調はシェーラーによる。

（8）シェーラーは、他の個所では、「人間的人格は、その身体を通して初めて個体化されるのではない。……そうではなく、体験流のこれらすべての内容や連関は、この連関が帰属するそれ自身の内で個体化された諸人格が、その相存在において異なっているという事実からして、既に実質的に異なったものなのである」（WFS 86. 傍点を付した強調はシェーラーによる）と述べている。

（9）傍点を付した強調はシェーラーによる。

（10）ただし、愛と共同感情の間には、他の位階同士の関係とは違って、単に愛が共同感情に根拠づけられるだけではなく、反対にあらゆる共同感情の働き一般がある種の愛に根拠づけられてもいる、という独特の関係が存している（WFS 147）。

（11）ここにおいて、自己と他者とが乖離して、他者を把握するのは根源的に不可能であることが宣言されている。このことは、シェーラーが共同感情になぜ位階を設けたのかということと関わる重要な事柄である。

（12）傍点を付した強調はシェーラーによる。

（13）この「場所」が、生の衝動、死の衝動、情熱、激情、衝迫、衝動の心的領域である。そして、これらの衝動が、それに帰属する意識の諸現象において、一体感を可能にするのである（WFS 45-46）。

（14）傍点を付した強調はシェーラーによる。

（15）ただし、シェーラーによれば、一体感の能力は、文明人において「知性」が肥大化するにつれて、ほとんど失われてしまった（WFS 43）。これは取りも直さず、「情緒的自然観」が損なわれたということにほかならない。そうした中で、わずかに「愛に満ちた性行為」のみが、あらゆる宇宙生命的一体感を開く鍵として、文明人に残されているのである（WFS 117-118）。

（16）傍点を付した強調はシェーラーによる。

（17）傍点を付した強調はシェーラーによる。ただし、ここで述べている「志向的」という語は、距離を設定した上で対象を志向性によって目指すという意味ではない。シェーラーは、愛においては、例えば尊敬の場合のように、対象に対する根源的距離は前提されず、また、価値が志向性に対してあらかじめ与えられるということもない、と述べている（WFS 152）。すなわち、愛は「価値内容そのものに対して、情緒的態度のもつ全く根源的かつ直接的なあり方であり、それゆえ、価値受容の機能は、その場合現象学的には決して与えられない」（*ibid.* 傍点を付した強調はシェーラーによる）。

（18）傍点を付した強調はシェーラーによる。

（19）傍点を付した強調はシェーラーによる。

(20) 傍点を付した強調はシェーラーによる。
(21) 傍点を付した強調はシェーラーによる。
(22) 傍点を付した強調はシェーラーによる。
(23) Michel Henry, *L'essence de la manifestation*, Presses Universitaires de France, 1963. 以下、この著作からの引用、参照個所については、EM の略号と共に頁数を記す。
(24) シェーラーの感情／情感性（Gefühl）に対するアンリの仏訳である。本章注(1)を参照のこと。
(25) Michel Henry, *Phénoménologie matérielle*, Presses Universitaires de France, 1990. 以下、この著作からの引用、参照個所については、PM の略号と共に頁数を記す（訳文は、中敬夫・野村直正・吉永和加訳『実質的現象学』法政大学出版局、二〇〇〇年における拙訳を使用する）。
(26) これは、Max Scheler, *Der Formalismus in der Ethik und die materiale Wertethik*, A. Francke AG・Verlag, 1966, S. 270 からの引用である。以下、この著作からの引用、参照個所については、FEW の略号と共に頁数を記す。
(27) FEW 271 からの引用。傍点を付した強調はシェーラーによる。アンリが示す仏訳によれば、「情感の知覚は、初めから〈自己の関係〉（relation de soi）と対象（objectal）に対する〈自己の方向決定〉（orientation de soi）を含んでいる」。肝心の感得（Fühlen）に関する仏訳が情感の知覚（perception affective）とされて、ニュアンスが変わっている。その上、シェーラー自身は感情（Gefühl）と感得（Fühlen）とをはっきりと区別して、後者を志向的関係があることによって特徴づけているが、アンリはそのことに触れずに、両者を矛盾すると述べている。その意味では、アンリの指摘は正確ではない。ただし、アンリのシェーラーに対する批判の本旨は、感情的なものに関しては、そこにはいかなる志向性をも認めるべきではない、ということである。また、『実質的現象学』でさらに明確に述べられるが、アンリによれば、自他の関係にはいかなる階層も認めるべきではない（PM 163）。それゆえ、アンリの論旨から言えば、ここでのシェーラーに対する批判は、妥当なものだと言える。第二部第二章第二節(1)参照。
(28) 傍点を付した強調はアンリによる。
(29) 傍点を付した強調はアンリによる。
(30) アンリの 'auto-affection' は、適宜、自己-触発もしくは自己-感受と訳出する。

(31) 傍点を付した強調はシェーラーによる。
(32) ベルクソンについては、第一部第三章を参照。
(33) 傍点を付した強調はシェーラーによる。
(34) なお、生がいかなるものかという問題については、第二部で詳しく論ずる。
(35) 傍点を付した強調はシェーラーによる。
(36) 傍点を付した強調はシェーラーによる。
(37) 傍点を付した強調はシェーラーによる。
(38) 傍点を付した強調はシェーラーによる。

第三章　ベルクソンにおける生の共同体

他者把握という問題をめぐり、どのようにして志向性による把握が批判され、それに代えて情感性による把握が提唱されるのかを、サルトル、シェーラーについて検討してきた。その中で明らかになったのは、志向性による他者把握を遂行することで、対象とした他者を事物と同等の存在に貶めてしまうこと、そして、情感性による把握を遂行することで、他者を人格として直接的に把握する可能性が開かれることであった。しかしながら、志向的把握を極限まで押し進めてみせたサルトルはともかく、情感的把握を前面に打ち出したシェーラーにおいても、アンリが指摘したように、その情感性の内にはいまだ志向性の残滓が含まれていた。志向性を徹底的に除去した、情感性による他者把握は、アンリの登場を待たなければならない。

だが、アンリの議論を見る前に、ベルクソンを取り上げて、その共同体論を検討しておきたい。ベルクソンは周知の通り、現象学とは一線を画した独自の生の哲学を提唱した哲学者である。しかし、フッサール後の現象学の重要な問題群が「生き生きした現在」というトピックをめぐって展開されたように、また、シェーラーもアンリも情感性の復権を主張する際に「生」という概念を必要としたように、「生」は現象学が内包する問題を打開する際に鍵となる概念の一つである。それゆえ、生／生命を根幹に据えて哲学を展開したベルクソンを経由して、他者把握の議論を進めることは意義のあることだと思われる。

もちろん、ベルクソンにおいて、他者把握の問題がそれ自体として主題に挙げられているわけではない。共同体論として読まれうる『道徳と宗教の二源泉』においてすら、他者という語の使用頻度は高くない。しかし、ベルクソンは、「生命の飛躍（élan vital）」と言われるものが、種や世代を貫いて、人間を人間たらしめ、ひいては社会を社会たらしめると考え、それを自己と他者に通底する原理として打ち出している。さらに、彼の社会論は、完全に自立した個人を起点とするのではないことから、志向的他者把握の際に批判された、自己から出発する他者把握という図式を逃れている。こうしたベルクソンの議論には、アンリが生の共同体と呼んだような明確な規定はないものの、アンリと近似した発想を見て取ることができる。それゆえ、ベルクソンの生命論における個体の生成とその心的活動を調べることを通して、アンリに通じる生の共同体の可能性を予備的に考察することができるはずである。

そこで本章では、ベルクソンの『創造的進化』の生命論を検討し、それを共同体論と捉え直した上で、彼が実際に共同体論を展開する『道徳と宗教の二源泉』への架橋を試みる。そして、ベルクソンにおける生の共同体がいかなるものかを考察し、その中から浮かび上がってくる自己と他者がどのような関係をもちうるのかを吟味する。それをもって、生の共同体に基づく他者把握の可能性を考究する端緒としたい。

第一節　生命における自己と他者

(1)個体の発生

『創造的進化』(1)で、ベルクソンが目指すのは、従来の知性認識が逃してきた生命の本性を捉え、人類に至る生命進化の道筋をつけることである。この問題構成の内には既に、我々の関心である、対象化によらずして生き生きした他者をいかにして把握しうるか、という問題への重要な手掛かりが含まれている。また、ベルクソンはその議論の中で、次のように述べている。「個体の生成には社会の形式がつきまとっている」（EC 260）。これは、個体が必ず何らかの共同性を備えて生成するということを意味している。そこで、『創造的進化』を生命に基づく共同体論と位置づけ、具体的には、生命進化の中から個体がいかにして発生するのか、また、その個体がいかなる共同性をもち、どのようにして互いの疎通を行いうるのか、という問題を考察したい。そのため、ベルクソンにおける生命進化の道筋を概観し、まずは個体の発生という問題について検討することにする。

ベルクソンによれば、我々が生きる世界には一つの中心があり、世界はそこから噴出する（EC 249）。この中心は噴出の連続にほかならない。これが、ベルクソンの言う「生命の飛躍」すなわち根源的な「内的衝力（poussée intérieure）」である（EC 103）。そしてそれは、進化と不断の変形を押し進めていくものであり、つまり「生命進化の前方には、未来の扉が大きく開けられたままになっている。それは最初の運動の力によって果てしなく続けられる創造なのである」（EC 106）。

このような見地から、ベルクソンは種の進化を方向づける。それは、植物と動物の区別から始まり、動物における頂点である節足動物と脊椎動物の区別を経て、人間へと至る。その際、ベルクソンは一貫して、生命の類においてそれらを区別する特徴はない、と考える。というのも、生命の発露したある形態は、それ以外の発露形態の本質的特徴を、顕在的であれ潜在的であれ含むからである（EC 107）。つまり、いかなる有機体も、生命によって貫かれているという点で、共通の根をもち、同じ衝力に推されている。したがって、類の差異は、ある特性をもつということによってではなく、その特性の割合の傾向によって定義されるにすぎない。まず植物と動物において、栄養の求め方の傾向によって、前者は固着性へ、後者は運動性へと導かれる。そして、「移動活動が意識を維持しており、この活動が消え去るや否や、意識はしぼむかあるいはむしろ眠ってしまう」（EC 112）から、ベルクソンは、植物を「眠った意識（conscience endormie）」、動物を「目覚めた意識（conscience éveillée）」とすることによって、両者に一応の定義を与える。

次に、動物界に目を向ければ、そこで遂げられた進歩は、運動性に伴う神経系統の発達だとされる（EC 127）。これは、大きく二つの方向に展開し、その頂点と目されるのが節足動物と脊椎動物である。前者では、移動活動は専業化した夥しい数の付属具に割り当てられ、後者では、活動は四肢に集中している。ここから、道具の必要性や、道具の製作にあたっての無生の物質に対する働きかけに、差異が生じる。ベルクソンは、その差異に対応する心的活動の傾向として、節足動物には本能（instinct）を、脊椎動物には知性（intelligence）を割り当てる。ただし、ここでも「知性と本能は、初め互いに浸透し合っていたので、それらに共通の起源を幾らか残している。どちらも純粋な状態では見出されない。……違うのは割合である」（EC 136）。その中でも特に、この知性を完全に我が物とするのが人間であるとされる（EC 143）。「意識が進化の運動原理として現れるばかりではなく、さらに意識をもつ存在そのものの中で、人間が特権的な地位を占めるに至る」（EC 183）。

注意しなければならないのは、ベルクソンは、こうした植物的生活、本能的生活、知性的生活を、発展段階としてではなく、一つの生命活動が成長しながら末広がりに分裂した三つの方向だと見なしていることである（EC 136）。生命の飛躍は、収斂ではなく発散する方向に進みつつ（EC 118）、ますます分岐する。さまざまな種は（源泉を共通とするがゆえに）補い合うと同時に、互いに競い、排除し合って、不調和を高めていく（EC 104-105）。そして、その飛躍に推されて、一つの傾向が発展しながら分解するときに、そこに生じた特殊な諸傾向は、主要傾向と両立できる限りにおいて、取り入れられて発展していくのである（EC 120）。

では、このような種の進化の過程で、いかにして個体が生じるのだろうか。ベルクソンによれば、生命の流れと同時に、世界を形作る物質の流れが存している。物質の流れは、自己解体の流れであり、生命の運動に逆らう運動である。[2] そして、「これらの二つの流れのうち、物質は生命に逆らうが、しかし同時に生命は物質から何かを取得する。そこから両者の間にある和解点（modus vivendi）が生じ、これがまさしく有機組織なのである」（EC 250）[3]。ベルクソンは、こうした有機体の発生を、生命を一つの「巨大な波（onde immense）」に準えることで説明している。すなわち、「巨大な波」は、一つの中心から広がっていき、そのほぼ全円周上で止まって同じ場所での振動に変わる（EC 266）。その際に、巨大な波を同じ場所での渦巻きに変える契機が、物質という障害なのである。「波が物質を押し流して、その隙間に入り込むときには、物質は波をはっきりとした個体（individualité distincte）に分けることができる」（EC 270）。つまり、ベルクソンにおいては、生命の流れが物質にせき止められるという形で、個体が成立するのである。

(2) 個体における心的差異

こうして、ベルクソンによる個体生成は、生命という全体から部分が分化していく、あるいは生命という地から個体が浮き上がるという様相をもっている。この説明は、有機体の生成すべてに関わるから、人間の個体もこの範疇に入れることができる。それゆえ、人間の個体は、生命の根源的飛躍を受けて、物質すなわち身体という形態の下で得られる、と解釈することができる。しかし、これだけでは、個体間の区別は単に身体の差異に帰されることになろう。ベルクソンも述べている。「個体化は、一部分は物質の仕業であり、一部分は生命が内包するものの結果である」（EC 259）。つまり、個体性は、物質によってのみ説明されるものではない。そしてまた、「霊魂（âme）とは、生命の大河が細流に分かれ、これらが人類の身体を流れるものにほかならない」（EC 270）のであり、そもそも「生命は、実際には心的な秩序のもの」（EC 258）なのである。だとすれば、生命の地の上に並存するさまざまな個体が自己であったり他者であったりするための霊魂の別、心的差異といったものは、生命の流れの内にこそ見出されなければならない。

ここで特に、人間の個体性を問題にするからには、生命進化において、人間が意識存在の中で特権的な地位を占めるとされていたことを想起する必要がある。「意識は……人間においてのみ自らを解放する」（EC 264）。こうした人間の特権の根拠は、人間が、本能と知性という生命意識の二つの方向のうち、知性を特化させえたからである。では、そのことによって、人間は、心的活動においてどのような特徴をもって、個体性をかち得ることができたのだろうか。人間における、心的活動の二つの方向性、本能と知性の詳細を追跡しよう。

ベルクソンは、この二つの心的活動をまず行動の側面から調べる。彼によれば、本能とは、有機的な道具を創作し、それを直接的に働かせるという、有機組織化の仕事そのものの延長もしくはその完成を遂行する能力である（EC 142-143）。他方、知性とは、無機物から道具を製作し、それを有機的道具の道具として間接的に働かせる能力である（*ibid.*）。したがって、本能が生命に向かうのに対して、知性は無生の物質に向かうことになる（EC 177）。次に、認識の側面においては、「知性と本能とは根元的に異なる二種の認識を含んでいると言おう」（EC 144）。すなわち、一方の本能は特定の事物の素材そのものについての直接的認識をなす（EC 149-150）。また、本能は、主題（対象）を感じることによって得るから（EC 173）、共感とも呼ばれる（EC 177）。ただし、この本能の共感は、自分の利害に関わる場合にしか働かないという限界をもつ。他方、こうした本能とは対照的に、知性は、事物の形式もしくは関係に関わる認識である（EC 149-150）。知性は、外的で中身のない認識しか有しない代わりに、利害から離れて対象を無限に設定しえ、形式の枠さえもっていれば、そこに無数の事物を入れ込むことができる（EC 150）。その際には、知性は、無生の物質を扱うという特性から、運動を不動なものに、あるいは新奇なものを既知のものに置き換えて、再構成することになる。それゆえ、知性は、新奇なものや流動的なもの、例えば生命を把握するには不向きである。すなわち、本能の「最も本質的なものは、実に、生命過程なのである」（EC 167）のに対して、知性は「生命に対する本性的な無理解によって特徴づけられる」（EC 166[4]）のである。

では、ベルクソンにおいては、上記のような本能が、肝心の生命を把握する能力たりうるのだろうか。ベルクソンは次のように述べている。「もしこの共感が対象を広げることができ、さらに自分自身の方に折り返す（**réfléchir sur elle-même**）ことができれば、それは、生命の諸作用の鍵を我々に与えてくれるだろう」（EC 177）。確かに、この叙述から言えば、生命を把握するのは、本能の共感が基盤になった能力であるらしい。だが、共感が本能のものであるとしても、自分自身に折り返すこと、すなわち反省をなしうるのは知性の働きである（EC 159）。というのも、知性は、自分自身に対して外に立つ生命として（EC 162）、自分の領分をどこまでも広げて、自分の内部に折れ返ることができるからである（EC 183）[5]。そこで、本能と知性の長所を生かした新たな働きが求められることになる。それを、ベルクソンは直観と呼び、次のように述べている。すなわち、直観とは「本能が利害から離れて、自己自身を意識し始め、対象について反省し、そしてその範囲を無限に拡大できるようになった、そのような本能」（EC 178）のことである。このような記述からすれば、直観は言わば、本能が知性の介入を経て発展したものだと言えよう。

このようにして、人間においては、新たに知性と直観が、意識作業の二つの方向となる。ベルクソンは述べている。「完全で充実した人間性とは、これら二つの形式の意識活動が十全な発達をなしたような人間性のことであろう」（EC 267）。つまり、完全な人間性とは、知性と直観が十全に発達した人間のことである。だが、実状は、人間において意識とはまず知性のことであり、「貴重な財（biens précieux）」（*ibid.*）である直観は犠牲にされている。そのことを踏まえて、ベルクソンはこう断言する。「もちろんこうした人間性と我々の人間性との間には、ありとあらゆる中間段階（intermédiaires）が考えられ、これらは想像可能なあらゆる度合いの知性や直観に対応している」（*ibid.*）。つまり、人間には、知性と直観の完全な所有を最高段階として、その所有のさまざまな割合によって幾多の中間段階が存すると言われるのである。

この中間段階の内に、身体の区別ではない、心的差異による個体間の差異を認めることができるのではないだろうか。事実、ベルクソンは、こうした心的差異を如実に表すものとして、哲学者の間に存する齟齬に言及している（EC 239）。ベルクソンによれば、もし直観が長続きするものであれば、真理は一つなのだから、哲学者相互の整合性は保証されるはずである。だが、それにもかかわらず、現実には哲学の中で異種のものがあふれるのは、直観が感じられにくく、しかも一度それが得られたとしても、ほどなく知性的な弁証法の自己整合性の円環に閉じ込められてしまうからである。こうして、直観の得がたさと知性の閉塞性とが、さまざまな哲学や哲学者を生み出す。そして、この説明を哲学者から人間種の全体に敷衍すれば、その中に存する多様な個体に関しても同様の事情が働いていると考えられるのである。

(3) 自己性の確立と他者把握の可能性

かくして、生命の流れにおける個体の生成は、物質（身体）による個体化という側面と、生命意識における二つの心的傾向である知性と直観の発展の度合いによる個体化という側面において見出されることになる。しかしながら、こうした個体性はどちらも、生命の流れという地の上に並列して見出される、いまだ非人称の個体性に留まっている。これは言わば、超越者の視点から見られた個体性である。したがって、それらの内のあるものを自己とし、あるものを他者とすることの根拠はまだ明らかになっていない(6)。つまり、こうした非人称の個体において、自己性あるいは他者性の確保がいかにしてなされるのか、という問題が解決されなければならないのである。

残念ながら、『創造的進化』の中に、他者が他者たるゆえん、すなわち他者性についての記述はない。だが、自己が自己たるゆえんである自己性については、自己の人格形成に関する記述から類推して考察することができる。ベルクソンはそれを、生命の進化と同様の仕方で説明している。すなわち、幼児期にはさまざまな人格が融合した状態が見られるが、成長するにつれてそれらの諸人格は並列不可能になる。つまり、「我々は一つの生涯しか生きられないのだから、どれかを選ぶように強いられる」（EC 101）。こうして、人格はある傾向に収斂する。とはいえ、それは、人格がある瞬間において一であったり多であったりする、という意味ではない。というのも、ベルクソンによれば、一か多かというのは、知性によって物質のカテゴリーを適合させられた把握にすぎないからである。彼の考えでは、本来は、さまざまな要素が相互に透入して、自己の底ではそれらの連続があるのみである。「私の内的生命とはそのようなものであり、生命一般もまたそのようなものなのである」（EC 259）。

それゆえ、自己性の確保のためには、この自己の連続としてある内的生命がどのようなものであり、また自己がそれをいかにして把握するのか、ということが問題となる。ベルクソンによれば、自己が自己自身に合致するには、心的活動の内で知性のなるべく染み込まないもの、すなわち直観へと意識を集中しなければならない。意識を直観へと集中させる様は、次のように述べられる。「自分の人格を激しく収縮させることによって、我々は逃げ去って行く過去を取り集め、これを緊密不可分なものにして現在へと突き進めるのだが、その現在は、過去がその中に入り込むことによって創造されていくのである」（EC 201）。このような、意識が極度に緊張し、自己が自己自身に合致した事態が「純粋持続（durée pure）」にほかならない。そして、この純粋持続において、自己性が確保されると考えてよいだろう。

では、次にこうした自己が他者を把握するのはどのようにしてだろうか。そのことについてベルクソンによる直接の言及はない。だが、上記の議論からその可能性を検討することはできる。それによれば、人間の心的活動とされたのは、知性および本能、そして直観であった。それらの働きを他者把握の可能性という観点から捉え直せば、以下のようになると考えられる。まず、物質を認識対象とする知性は、自他の区別を身体の差異によって知ることが可能ではあろう。だが、知性の認識は、肝心の生命とは無縁であるから、生きた他者を把握しえまい。他方、本能の共感は、生き生きした対象を把握しうる。しかし、本能の関心の対象は自らの利害の範囲に限定されており、それゆえ、自己にとって全く新奇な存在たる他者を対象としうるのかは疑問である。ベルクソンの次の叙述は、我々の考察にとって示唆に富んでいる。「知性しか探す（chercher）ことができず、しかし知性だけでは決して見出しえない事物がある。これらは、本能だけが見出すだろうが、本能は決してそれを探さないだろう」（EC 152）[7]。自己とは際立って異なるものとして現れる他者とは、このような事物に相当するのではないだろうか。そして、そうした事物を把握する資格をもつと考えられるのが、直観である。というのも、ベルクソンによれば、この直観は、本能の共感が知性の自己反省によって発展したものであり、それゆえ利害関心から離れて生命の内奥を直接的に把握できるからである。ここにおいて、他者を生き生きした新奇なものとして把握しうる可能性が見出されよう[8]。

　こうして、直観が、自己が自己性を得て、さらに自己が他者を把握する際に働く能力たりうることが明らかになる。ベルクソンにおいて、自己を自己として把握し、しかも他者を新奇な生きたものとして把握する能力がともに直観であり、その二つの直観が生命そのものを把握するという同一の根源的な働きだと考えられることは、偶然ではない。それは、直観自体が、「生命の飛躍」が推進する進化の一つの極であるからである。そして、ベルクソン自身が、生命論と認識論は不可分なものであると明言しているように（EC Introduction IX）、ここでは、直観が生命進化における発展形態の極であることが、直観が生命進化そのものを把握する究極の認識能力たることの証左となっているからである。つまり、「直観は精神そのものであり、ある意味では生命そのものである」（EC 268）。また、直観の元となる「生命の飛躍」は生きるものすべてに共有されるものである。だから、こうした直観の能力は、すべての人間が共有することができる。つまり、人間は生きるものである限りで、直観をもち、その直観によって自己性を獲得し、同時に生きた他者を把握する可能性をもつ。換言すれば、ベルクソンにおいて、人間は生きるものである限りで、自己性と共同性とをあわせもちうる。それが、「個体の生成には社会の形式がつきまとっている」

（EC 260）と言われるゆえんだと考えられるのである。

第二節　社会における自己と他者

以上のように、『創造的進化』での生命論に基づき、自己と他者の関係性について、個体がいかにして生成し、それがどのようにして自己性を得て、他者を把握しうるかについて考察してきた。便宜上このような順に従って他者把握の問題を論じたことは、一見したところ、フッサール流の議論の進め方と似てはいる。しかしながら、その内実がフッサール的な議論とは全く異なっていたことは明らかであろう。というのも、ベルクソンにおいては、個体を孤立した存在としてではなく、生命の飛躍に与って、生命を根底にもつ存在として捉えることから出発して、その生成が考えられていたからである。個体（身体）の生成は、生命の流れがそれに逆らう物体にせき止められることによって成立する。そして、特に人間の場合、その存在は生命全体の流れが本能と知性に分岐して発展していく中で、知性的発展の極と位置づけられることから、その個体間の心的差異は、知性と直観という二方向への発展の度合いの差異として見出されたのであった。こうして生命という大前提から導かれる個体性は、フッサールのようなモナド的な自己とは異なり、むしろ前章のシェーラーの体験流の分化によって得られる自己や他者と類似していると言える。

しかも、このようにベルクソンの生命論から導出された個体のあり方は、シェーラーの議論において考えられたような困難を乗り越える可能性を秘めている。シェーラーにおいては、体験流から生成する自他の区別と、内密な人格的区別との間には、断絶が存在することが指摘された。実は同様にして、ベルクソンの個体間の差異についても、生命進化の地の上に並列する個体間の差異を身体的差異と心的差異から説明した超越的な次元と、自己が自己性を得る内在的な純粋持続の次元との間には、見かけ上の断絶が存在する。そして、この見かけの断絶に呼応するかのように、ベルクソンの記述の内には、自己とは異なる他者が存在すること、また自己が他者にとっての他者たること（＝他者性）についての言及がすっぽりと抜け落ちている。だが、直観によって自己性が得られること、しかもまさに同じ直観によって、他者把握の可能性も開かれることから逆算すれば、この断絶は埋めることができると思われる。というのも、（超越的な視点から得られる）並列するさまざまな個体が、共通の生命進化の途上にあり、その根拠を共有して互いに互いの要素を含み合う限りで、自己を直観することがそのまま他の個体も一緒に直観することに繋がると考えられるからである。ベルクソンは、直観による純粋持続の把握において、自己自身に完全に一致すると、生命は「自己自身と共感する一つの全体」（EC 168）となり、自己の内的生命が根源的な生命全体に至りうると述べている。その際には、自己に向けられた直観が、そのまま自己の存在の地となっている生命進化そのものを直観しえ、さらに他者の存在とその内容を直観しうるだろう。つまり、ここでは、自己を自己として把握することと、他者を他者として把握することとは、同一のことだと考えられるのである。そして、その限りで、直観は、自己や他者を含む、生命進化の地の上に並存するさまざまな個体をも把握しうるだろう。ここにおいて、先の断絶は埋められると思われる。こうして、ベルクソンの議論は、シェーラーが抱えていたような問題を解消する可能性をもつ。それは、ベルクソンの認識論が生命論そのものから導かれていたことによる。

ただし、直観は、自己性の獲得と他者把握の双方を遂行する卓越した能力であるとはいえ、問題がないわけではない。なぜなら、人間においては、意識とはまず知性であって、直観はその犠牲となるのが通例だとされていたからである。事実、ベルクソン自身も、純粋持続における自己の自己自身への合致には程度の差があることを認めている（EC 201）。そうだとすれば、他者把握にも同じく程度の差があることになり、直観による他者把握は、最終的に望まれる理想にすぎなくなる。そして、ベルクソンが個体の区別を、知性と直観の発展の度合いに見出していたことを想起すれば、他者把握に関しても、こうした理想の極に至るまでにさまざまな段階が存在するはずである。

そこで、こうした生命論が社会論へと展開された『道徳と宗教の二源泉』に目を転じて、社会の中で、自己と他者とが具体的にいかなる位置づけを得て、互いを把握しうるのかを続いて検討する。その中では、これまでサルトル、シェーラーにおいて他者を把握する際に重視された情感性という契機が、生命において位置づけられることにも注意したい。

(1)「閉じた社会」と個人

ベルクソンは、『道徳と宗教の二源泉』[9]において、『創造的進化』で論じられた生命論を社会論へと展開している。その社会論の特色は、社会の結びつきを、本能や知性といった、生命の流れの中で進化した能力の関与から説明している点である。つまり、ベルクソンは、社会を形成する原動力として「生命の飛躍」を置いているのである。その意味で、彼の社会論は、確かにその生命論の延長線上にあると言える[10]。そして、生命が生きるものすべてに与えられている限りにおいて、望まれる社会とは全人類を包括する社会であることは間違いない。ベルクソンはそれを「開いた社会（société ouverte）」と呼ぶ。しかしながら、現実の社会は、決して全人類を包括するものではなく、ある一定数をその内部に含むに留まる。つまり、「文明社会も所詮は一定数の個人をその内に含んで、他の個人を締め出すことを本質としている」（DS 25）。こうした社会は、先の「開いた社会」に対して「閉じた社会（société close）」と呼ばれる。ではまず、この「閉じた社会」が生命の流れの中でどのように位置づけられ、またこの社会において個々人がいかなるステイタスを得て相互に関係をもちうるのかを考察しよう。

『創造的進化』で述べられたように、人間は、生命の流れの中で知性と本能が分岐していく際の知性的発達の頂点に位置している。ただし、ベルクソンによれば、「知性と本能は、初め互いに浸透し合っていたので、それらに共通の起源を幾らか残している。どちらも純粋な状態では見出されない。……違うのは割合である」（EC 136）[11]から、人間もまた本能をあわせもっている。そして、この本能がまず、社会をなして生きることを目指す。人間は、この本能によって、習慣という名の責務に拘束されて、社会的生を維持することになるのである。それゆえ、ベルクソンにとり、人間が社会をなして生活するということは「自然」の強制であり（DS 283）、したがって人間の社会的生は必然である（DS 296）。彼によれば、「人間のであれ、動物のであれ、社会は一個の有機組織である。つまり社会とは、要素相互の間の、対等なる協調（coordination）を意味しており、また概して相互の従属関係（subordination）をも意味するのである」（DS 22）。彼は、社会全体の成員たちが互いに支え合う様を、しばしば一個の有機体に属する細胞に準えている（DS 6）。ただし、「本能そのものは人類を目指すものではない」（DS 27）。その意味で、本能は「閉じた社会」を志向する。

無論、人間は、このような本能で事足りる他の動物とは異なって、「自然」の手を離れたばかりでも既に知性をもちあわせている。『創造的進化』では、（本能が生命の共感であるとすれば（EC 177））知性は反省を遂行しうるものであった（EC 159）[12]。ベルクソンによれば、反省的思考は、個人には発明を、社会には進歩を可能にする（DS 126）。それゆえ、知性をもつ人間の社会は、本能的な動物のそれと違って進歩をなしうる。しかし同時に、重要なことは、この知性の反省作用がエゴイズム（égoïsme）の源ともなることである。反省からエゴイズムが生じるのは、「反省を自分自身に向けかえ、社会的生命が自分に強いる束縛（gêne）や、共同体のために自分が払う犠牲（sacrifice）へと向けかえたとしたら」（DS 126）、ひたすら快適に生きることのみを考えるようになるだろうからである（*ibid.*）。その意味で、「実を言えば、知性が薦めるのはまずエゴイズムである。阻止するものがなければ、知性的存在は、この方向へと突進していくであろう」（*ibid.*）。つまり、エゴイズムは、人間における一つの「知性の代償（rançon）」（DS 216）なのである。当然、このような知性は、社会の連帯を緩めるばかりか、積極的に解体させるものともなりうる。

このようにして、緊密な社会を求める本能と、そのような社会の連帯を緩め解体する知性とは、社会の構成に関して全く反対の働きをすることになる。その意味で、社会の中の個人は、社会を構成せざるをえないと同時に、それを拒否しもするという両義的な存在であると言える。だが、こうして社会を解体に導く知性を防御し、個人の中の知性と本能との葛藤を緩和し、個人を再び社会に結びつけるために、自然はさらに策を講じている、とベルクソンは述べる。知性とは、知覚の残存物、すなわち表象に対して働くものである。そこで、この知性の特色を利用して、知性に一種の〈虚像〉(imaginaire)を与えて、知性そのものを手段としつつ、知性の作業をくじく働きが現れる(DS 124)。これが、自然が知性に対して講じた仮構機能(fonction fabulatrice)である。この機能は、具体的には、静的宗教と呼ばれる宗教を虚像として作り出して、社会の紐帯とする。こうした機能によって、知性が生み出した、社会の解体作用が緩和されると考えられるのである。

これが、「閉じた社会」の成立状況である。その社会の中では、個人は、第一義的には本能によって、また次には知性に対する防御としての仮構機能によって、二重に社会に縛られていると言える。このように、ベルクソンが社会存続のために「自然」がさまざまな方策を講じたと考える背景には、「……まずは生きなければならない。我々の心の構造も、個体と社会の生命を維持し、発展させる必要から生じていることに疑いはない」(DS 111)という確信がある。だから、「社会的なものは、生命の根底にある」(DS 123)と言われるのである。

しかしながら、このように描写された社会が「閉じた社会」と呼ばれる理由は、決してそれが人類全体という規模ではありえないからである。ベルクソンによれば、自然の社会的本能とは、一緒に暮らす人を愛するように仕向ける一方で、それ以外の人々に対抗するような精神状態を生み出す(DS 28)。それゆえ、人間の社会は幾つかの小社会から成るものとなり、それらの集団の間には潜在的な敵意(hostilité virtuelle)ばかりか、現実的な攻撃や防御の必要までもが生まれることになる（DS 55）。さらに、知性が、こうした本能的な敵意に拍車をかける。ベルクソンによれば、そもそも人間と動物の違いは、人間が知性によって道具を作ることにあるが、その道具が体から離れているために、他人に奪われる可能性が生じて、それが所有権を生み出し、闘いのもととなる（DS 302-303）。それゆえ、ベルクソンは人間におけるこうした闘争を自然なものと認める。つまり、「閉じた社会」の構成と、「閉じた社会」同士の闘争とは、知性的動物たる人間には不可避の事柄なのである。ベルクソンはこうした状態を称して、同じ集団に属する場合には、「人間は人間にとって神である」一方で、異なる集団に属する場合には、「人間は人間にとって狼である」（DS 305）と述べている。このような状態は、言わば集団的なエゴイズムの闘争とでも言うべきものであろう。

では、「閉じた社会」の内部で、個々人はどのような関係をもつのだろうか。個人同士もまた、知性によるエゴイズムを被っているものとして、闘争を余儀なくされるのだろうか。ところがこうした問いに対し、ベルクソン自身は、個人同士の闘争について特に述べてはいない。というのも、ベルクソンにおいては、あるエゴイズムに対して他のエゴイズムが対抗するという考え方は希薄であり、エゴイズムはむしろ社会全体の公共性との関係で論じられるからである。エゴイズムは、社会の公共性に反しない限りで容認されており、もし、エゴイズムが「利口」であれば、他のエゴイズムに対しても自分のそれに対するのと同じような配慮をなしうると言われる（DS 94）。それゆえ、個々人のエゴイズムの衝突は、ベルクソンにとって、さしたる問題とはならず、許容の範囲内にある。しかし問題は、こうした個人のエゴイズムが社会に反する場合である。その際、エゴイズムは容赦なく社会の犠牲にされる（DS 297）。例えば、ベルクソンは、受刑者が政治の介入によって死刑にされることを、無用になった雄蜂が働き蜂によって刺し殺されることに類比させて容認する（DS 298）。たとえその受刑者が無実であっても、である。また、ベルクソンは、「非道な」虐殺があったとしても、その責任は虐殺を行う人間だけではなく、自然にもあると述べて（DS 297）、虐殺する人間の罪を軽減させる。これが、「個人の責任という観念は、人が思っているほど単純な観念ではない」（DS 128）と言われることの内実である。このようにして、ベルクソンは、エゴイズムに基づく生き方を人間に特有のものと認めつつ、他方でそれが社会に反する限りでその犠牲となることを肯定する。つまり、人間の知性は、先の仮構機能による矯正と、究極的なこのエゴイズムの犠牲という二段構えで、自然の業によって社会全体の調和のために淘汰されるのである。換言すれば、個人と社会との間に齟齬が生じれば、自然はあの手この手で社会全体の側に勝利を与えるのである。

こうして、「閉じた社会」における個人のステイタスと、個々人の間の関係が明らかになる。個人は第一義的に社会の構成要素なのであり、それは社会の形成が生命の流れにおける必然であることから導かれる。そして、その社会において、個々人は社会の公共性に貢献する限りで、互いに何らかの関係をもちうると考えられよう。しかし、その関係は、独立した人間同士の責任を伴った関係とは言い切れない。なぜなら、人間は生命の「自然」に操られて、その手から離れられないからである。つまり、「自然は我々の自由意志に一切を任せることはできなかった」（DS 296）。ここに至って、個々人が、「閉じた社会」の調和に貢献するものとして、有機体の細胞に準えられることの意味が明らかになる。すなわち、細胞は有機体に依存し、その全体のために働く。そしてそれは、必要がなければ消去されるのである。

(2) 個人と情動

とはいえ、人間には同時にこうした事態を変革する可能性も与えられている。その可能性は、「閉じた社会」が「開いた社会」に変わることにおいて果たされる。では、「閉じた社会」はいかにして「開いた社会」となるのだろうか。その際、個人は何らかの関与をなしうるのだろうか。つまり、「自然」に対して、個人の自由意志はどこまで有効なのだろうか。これは、人間が、社会の中に位置づけられることで、単に生命の中に位置づけられていた場合と比べて、その精神性をどのように進展させうるか、と問うことでもある。

こうした問いに対する手掛かりは、「個人の中の社会」という節に見出される。ベルクソンは述べている。「我々各人は、自分自身に属しているのと同じくらい、社会にも属している」（DS 7）。その結果として、ベルクソンは、一人の人間の内には、社会的自我（moi social）と個人的自我（moi individuel）とが存在すると考える。そして、前者は意識の表層に、後者は意識の深層に位置づけられる（*ibid.*）。まず、意識の表層において自我は、人間たちが織りなす組織に取り込まれ、社会の連帯性において社会化されている（DS 8）。社会が個人に内在する程度はさまざまであるが、しかし「我々は誰も、社会から絶対的に孤立することはできない」（*ibid.*）。こうして、この表層では誰もが、自分以外の人々と連続している。それに対して、「深層で働いている各人の意識は、その深みに降りていくにつれて、ますます独自な、他人とは通約されえぬ、また名状しがたい個性を自分自身に開示する」（DS 7）。この「他人とは通約されえぬ個性」とは、『創造的進化』では十分に明らかにされなかった、他者との関係における自己性のことを指していよう。つまり、意識の深層において、人は、他者とは異なるという限定を容れた自己性を得ることができる。ただし、ベルクソンによれば、こうした自己の深層へと沈潜する努力は「例外的なこと」にすぎない（DS 8）。その意味で、現実の個人は、社会的自我と個人的自我とを混在させ、往々にして「名状しがたい個性」を自覚せずに生きていると言える。

社会的自我と個人的自我との混在は、具体的には、情動（émotion）や感情において明らかにされる。ベルクソンによれば、エゴイズムをはじめとして、自尊心、嫉妬、羨望、憎悪、虚栄心、同情、憐憫まで、それがいかに自己本位の様相を呈していようとも、すべて社会の内に生を営むということ、他者が存在するということをあらかじめ前提している（DS 92）。そして、社会的自我と個人的自我の混在する情動の内でも、特に社会的自我が個人的自我の優位に立つものとして、「自己敬重（respect de soi）」という感情が挙げられる。ベルクソンによれば、「尊敬する自我と尊敬される自我とは、決して同じ自我ではない」（DS 65）。そして、尊敬される側の自我とは、各人に内在する社会的自我の方である。こうした自己敬重は、社会的自我を多分に反映させた感情であるがゆえに、個人と集団との連帯感情に一致しており、社会的感情（DS 67）としてしばしば集団の自負心と一致しさえする。だが、他方で、社会を前提としつつも、自我の深層において働く感情もある。それは、他人の自尊心を傷つけた人間の悔恨の感情である。これは、他者の存在を契機とするものの、「ある種の良心（conscience）」にのみ強く働く大きな罪の感情である。この良心は、究極的には「社会から審判の尺度・道具・方法を借りていない」（DS 10）とされ、個人的自我に帰される。

しかし、個人的自我に帰される情動として最も重要なものは、創造の情動である。ベルクソンは、情動の発現形態を、先の社会的自我と個人的自我に対応させて、魂の表面的動揺と深部での震撼とに二分するが、この創造の情動こそが、魂の深部で働いてその全体を前方へと突き動かすものである（DS 40）。逆に言えば、「偉大な創造の起源には……新しい情動があることは間違いない」（*ibid.*）。そして、「新しい道徳、新しい形而上学の到来以前には情動があり、この情動が意志の側では飛躍となって進展し、知性の内では説明的な表象となって進展するのである」（DS 46）。

こうして、ベルクソンにおいて、人間の精神は、さまざまな情動という形で社会を自らの内に内在させている。人間の情動は、社会的自我と個人的自我のさまざまな混合として発現するのである。しかしながら、ベルクソンは、創造の情動という特別な情動を、社会的自我に侵されない意識の深層に置き、これを生命の飛躍の展開と見なしている。ここにこそ、ベルクソンが、情動、感情、感受性（sensibilité）を、人間を行動へと促す意志の力に対して直接働きかけるものとする理由がある（DS 35）。そして、生命の飛躍と繋がった、意識の深層に位置するこの創造の情動こそが、実は「閉じた社会」を「開いた社会」へともたらす鍵となって、社会の形成へと撥ね返るのである。

(3)神秘家という個性

さて、「閉じた社会」が、知性によって解体の危機に晒されており、その危機を防ぐために宗教という仮構が必要とされることは既に見た。しかし、これはあくまでも仮構であって、一定数の人間を結びつける紐帯となるにすぎない。それゆえ、この宗教は静的宗教と呼ばれたのである。これに対して、知性によって生じた、生命への密着の欠損を埋め合わせ、生命の根源と一致して、愛に満ちた人類全体の共同体、すなわち「開いた社会」を創出する宗教が存在する。それが動的宗教である。この宗教は神秘主義に与っており、そのことをベルクソンは次のように述べている。「神秘主義の成就は、生命が露わにしている創造的努力と接触すること、したがってまたこの努力と部分的に一致することにある。この努力は神自身ではないとしても、神に由来するものである」(DS 233)。ここにおいて、『創造的進化』における生命の創造的エネルギーは、神秘主義の神と結びつけられる。それと同時に、この神に由来する生命の創造的努力は、個々人の意識の深層に存するとされた創造の情動に結びつくであろう。こうして、生命の創造的エネルギーが、生命そのものにとり、神にとり、そして生きる個々人にとり、最も本質的で根源的なものとして通底するのである。さらに、「開いた社会」を創出するという動的宗教の文脈において、この創造的エネルギーは愛と言い換えられる(DS 272-273)。この愛は、神における被造物に対する万物創造の愛であると共に、人間において本能や知性、感受性を同時に含み、かつそれらを凌駕する、一切のものの根元にある情動なのである。

そこで、「開いた社会」という人類全体の共同体の創出のためには、この愛の神秘的な飛躍が人類全体に広げられることが求められるであろう。とはいえ、『創造的進化』において、生命の「純粋持続」に身を置いて創造的エネルギーを直観するのが困難であったこと、そして先に見たように、個々人が意識の深層へと掘り下がる努力が稀にしかありえなかったことからすれば、同じ次元の問題として、こうした愛が遍く行き渡るのが困難であることは明らかである（DS 250）。それゆえ、ベルクソンは、この困難を克服するための特別の人格を登場させる。それが、偉大な道徳的人格（grande personnalité morale）（DS 30）、神秘家（le mystique）と呼ばれる選ばれた少数の人々である。

では、この神秘家とは何者なのだろうか。ベルクソンによれば、神秘家とは、愛を神から与えられて、人類全体に刻みつける任を負う仲介者のことである（DS 249）。すなわち、神秘家は、神から発する生命の創造的努力と触れ合うことができ（DS 233）、人間種の物質性による制限を乗り越えて、神の働きを展開していく「個性（individualité）」として（*ibid.*）、その直観によって生命を導いて我々の存在の根底まで達せしめ、さらにまた生命全体の根源へまでも導いていく（DS 265）。「神秘家の愛の方向は、生命の飛躍の方向と一つ」（DS 249）であり、その「飛躍は特定の人間の仲介によって継続され、その各人は、一人の個人で一個の種を構成しているのである」（DS 285）。こうして、創造的努力の本質そのものと見られる愛は、神秘家それぞれの個性に従った独自の形態（forme originale）で表されるのである（DS 97）。

ここにおいて、我々は、初めてベルクソンが明確な形で語る「個性」に遭遇する。こうした神秘家こそが、魂の深層にある個人的自我へと降りていく類い稀な努力を遂行し、「他人とは通約されえぬ個性」を得た人間なのである。そして、こうした個性の獲得は、神との合一と表裏である。なぜなら、「創造的エネルギーとは愛であり、また、愛されるにふさわしい存在を自らの内から引き出そうと欲する……」（DS 272）ことから、神秘家とはまずもって神にとっての第一の愛の対象であり、同時に神秘家は神を愛の対象とするからである（DS 267）[13]。そしてさらに、「愛するものと愛されるものとの間には、もはや根本的な分離はない」（DS 244）からである。こうして、神秘家は、神の愛と「個性」を得るという二重の卓越において、それを十分に得られない大多数の人間にとって、際立った存在となる。換言すれば、神秘家は、人間種の中で程度の差としてしか存在しえないさまざまな個体（個人）群に対して、それ自体が一個の種であるという意味で、それらにとって「他なる者」たりうるのである。

(4)「開いた社会」における自己と他者

では、大多数の人間にとって際立った「他者」たる神秘家が、どのようにして愛を人類全体にまで刻印しうるのだろうか。しかも神秘家は、愛そのものを伝えるだけではない。神秘家は、同時に、愛という創造的エネルギーが産み出す新たな善や正義をも伝えようとするのである。ただでさえ際立った「他者」である神秘家が、どのようにして「新たなもの」を人々に伝達しえるのだろうか。そういった神秘家の所業は、「閉じた社会」の習慣的道徳に従って安穏としている人々を脅かすのではないだろうか。

ベルクソンによれば、そうではない。神秘家が愛や新たなものを伝える際、たとえ知性的表象や言語を通してであれ、それはまず周りの人々に歓喜を呼び起こす。神秘家の振る舞いは、人々にとっての魅力であり、招きなのである。それゆえ、周りの人々は、こぞって神秘家を模倣し、その化身になろうという熱望（aspiration）をもつ（DS 30）。ここにおいて、際立った「他者」であった神秘家と人々とが、愛と歓喜という感情を介して生命そのものとの一体化を果たすことになる（DS 48）。

しかし、なぜ、人々は神秘家を模倣したいという熱望をもつのだろうか。換言すれば、人々はなぜ、「他者」からの「新たなもの」を、熱望をもって自らのものとしようとするのか。ベルクソンの答えはこうである。「偉大な神秘家の言葉……が、我々の誰かの内に反響を見出すならば、それは我々自身の中にも神秘家が存在しえ、それが眠っていて、目覚める機会をひたすら待っているからではなかろうか」（DS 102）。あるいは、「人類が新しいものをよく理解するのは、その新しいものが古いものの引き続きである場合に限られる」（DS 252）。つまり、神秘家の招きが実効性をもつためには、実はその聴衆が「彼以外の神秘家たちによって既に彼の言葉を聞く素地のある人類」(DS 253)でなければならないのである。考えてみれば、人間は生きる限りにおいて、必ず生命の飛躍に与っているのだから、少なくとも、こうした素地はすべての人々にあると言えよう。だが、ベルクソンが再三注意するように、生命の飛躍を直観できるのは稀なことでしかない。それゆえにこそ、神秘家の伝達の方法は、長期的に少しずつ広げていくことだとされるのである。いずれにしても、神秘家による愛の伝達は、彼自身の努力のみでは果たされない。神秘家は特異な個性をもつということで、人々にとって絶対的な「他者」ではあるが、それにもかかわらず、その情動は聴衆との言わば地続きの生命の共鳴によって繋がっており、そのことによって神秘家が受けた神の愛と神秘家が創造した新たな質料とが人々に伝えられるのである。

もちろん、こうした「開いた社会」の創出において、神秘家という特異な個性が共同体の人々に受容される経緯をもって、ベルクソンにおける自己と他者の関係論と捉えることには慎重でなければならない。というのも、ここで取り上げられているのが神秘家という稀な「他者」であり、また、彼が働かせる情動が創造を行うという特殊な情動であるからである。このことをもう少し詳しく言い換えると、上記の議論をベルクソンの他者論とするためには、次の二つの点が問題になるということである。一つは、先にも少し触れたように、神秘家が個性をもった、いわゆる自己性を獲得した人間であるとしても、周囲の一般の人々については、「通約しがたい個性」を顕在的にもっているとは言えず、それゆえ彼らを神秘家と同列に置くことはできない、という点である。そして、それらの人々が「たいていの場合、一方では社会全体が、他方では人類の選ばれた人々が我々に代わって成し遂げた仕事を、無益に繰り返すにすぎまい」(DS 82)と言われるとすれば、神秘家と他の人々との疎通は、相方向に働くというよりも、神秘家という特異な少数者から一般大衆への一方向に働くという色彩が強い。またもう一つは、ここで語られる情動が、自我の深層で働いて創造を作り出すような特異な情動であるという点である。確かに、この情動は、他の情動を包括する根源的なものではある。しかし、現実には、社会的自我と個人的自我の混在したさまざまな情動が存在しているのは、先に見た通りである。そして、社会的自我と個人的自我をあわせもった個人がそうした情動の内に生きていることを考えると、この創造の情動のみを問題にして人間相互の関係を論じるのは難しいと言わざるをえない。そのことに呼応するように、「開いた社会」においても、神秘家以外の人々同士の関係は論じられていないのである[14]。

しかしながら、以上のような留保が付されるとはいえ、ベルクソンの議論は、自己と他者の関係を考える上で示唆に富んでいる。我々にとって最も重要なことは、実は、生命の創造的エネルギーが人間個体を個体たらしめ、さらに社会を形成するという、ベルクソンの議論の大前提の内にある。というのも、そこから、人間は、生きる者である限りにおいて、個体性をもち、しかも弧絶することなく必然的に社会の成員たることが導かれるからである。そしてまた、この生命の創造的エネルギーが愛と置き換えられ、それが人間の根源的な情動とされるからには、神秘家と周囲の人々という枠を取り払ったとしても、さまざまな人々の（すなわち自己と他者との）間にも、愛の疎通の可能性が開かれていると言ってよいからである。例えば、サルトルは、自己性の喪失を恐れるあまり、愛を認めることができず、シェーラーは逆に、愛や共感における自他の一致を強調したため、自己性を犠牲に晒すこととなった。だが、ベルクソンの「生命」の議論の中には、こうしたジレンマを解く鍵が見出される。そして、ベルクソンにおける愛が「愛されるにふさわしい存在を自らの内から引き出す」のだとすれば、他者という存在は、愛においてこそ、その対象として見出されると言えるだろう。ここに、知覚によらない他者把握の可能性が開かれる。さらに、今しがた問題としたさまざまな情動に関しても、それらは、意識の根底にあって生命と触れ合う個人的自我に与る限りにおいて、やはり生命の創造的エネルギーの片鱗をもつことから、さまざまなレヴェルでの共感の可能性を秘めていよう[15]。

こうした、ベルクソンの中に見出される、生命のエネルギーを大前提とした共同体論は、アンリがまさに「生の共同体」と呼ぶ議論において、より精緻な形で展開され、その可能性が画定されるであろう。

（1）Henri Bergson, *L'évolution créatrice*, Presses Universitaires de France, 1941. 以下、この著作からの引用、参照個所については、EC の略号と共に頁数を記す。

（2）「実際には、生命は運動であり、物質性はそれとは逆の運動であるが、この二つの運動のどちらも単一である」（EC 250）。

（3）傍点を付した強調はベルクソンによる。

（4）傍点を付した強調はベルクソンによる。

（5）なお別の個所には、知性の反省作用には、可動的な言語が関わるという記述がある（EC 159）。ただし、その場合でも、そもそも知性が自分の方に折れ返ることができるからこそ、反省作用がありうる、と記されている。別の個所では、回顧的に見る働きが知性の機能だとして、言語を介さずに、知性の反省作用が示唆されている（EC 238）。

（6）これは、シェーラーにおいて、体験流に生じた個体から人格的差異が導き出せなかった事情と近似のものである。第一部第二章第二節⑵五七―五八頁参照。

（7）傍点を付した強調はベルクソンによる。

（8）ベルクソンは、他者のみならず、他の生物との疎通すら、直観によって為しうると考えている。「直観は我々と他の生物との間に共感を成り立たせ、また我々の意識を拡張させるが、そのことによって、直観は我々を、相互透入が行われ、際限なく創造が続けられる生命固有の領域に導くことになるだろう」（EC 179）。

（9）Henri Bergson, *Les deux sources de la morale et de la religion*, Presses Universitaires de France, 1932. 以下、この著作からの引用、参照個所については、DS の略号と共に頁数を記す。

（10）この『道徳と宗教の二源泉』で、ベルクソンは「自然」という概念を用い、それを社会の背後にあって、社会を形成する原動力と見なしている（DS 5）。これは、広く生命の摂理という意味と考えてよいであろう。

（11）同じことは、『道徳と宗教の二源泉』においても述べられる。「……知性のまわりには本能の一部が残っており、また本能の底にも知性の光が消えずにある」（DS 122）。

（12）実は『道徳と宗教の二源泉』において、反省作用についてこれ以上の認識論上の言及はない。だが、ベルクソンは、反省作用を「知性の力の秘密」と称し（DS 191）、ほとんど知性の働きと同義に用いているので、知性をもつ人間の特色を反省作用の特徴に従って考察することにする。

（13）ただし、ここで言われている対象は、知覚における対象のことではなく、生きた経験において現れる存在のことである（DS 255）。

（14）正確に言えば、ベルクソンは、神秘家以外にも芸術や科学の天才などを例に挙げて、他の人々への伝播を論じている（DS 226）。しかしながら、そうした天才と人々との関係は、神秘家と人々との間に見られる関係と同種のものであり、一般人同士の疎通のことを問題にしたものではない。

（15）ベルクソンの議論の中で、自己と他者の関係に関して示唆を与えるものとして、神と神秘家の合一という最も根底的かつ高次のレヴェルでの共感における、自己性の確保について、指摘しておきたい。神秘家という個性は、その際立った個性ゆえに神の愛に与って生命の創造的エネルギーに触れ、神と合一に至ることは先に見た通りである。しかし、この合一にベルクソンは留保を設けるのである。すなわち、「神との合一が緊密であるとしても、それは全体的とならぬ限り、決定的なものではない」（DS 244）。つまり、神秘家が神の現前における限りない歓喜にあり、神の内に没入しているとしても、神秘家が人間である限りにおいて、その魂の一部は神の外に残されると言われるのである。この神の外に残されるものこそ、神秘家個人の「意志（volonté）」である（*ibid.*）。そして、この意志が神とのさらなる合一を目指して運動する、というのが、人間の魂のあり方にほかならない。この議論自体は、ベルクソンが真に意図する完全な神秘主義ではなく、キリスト教神秘主義における観照のあり方を記したものである。だが、ベルクソンにとっては不完全な神秘主義であるとはいえ、その捉え方は、不完全な人間にこそ当てはまるとも言えよう。そして、この捉え方は、共感や愛といった、自他の合一を指す事態における自己性の喪失の危機に関して、一石を投じる。ベルクソンのように愛を静的な状態ではなく動的な運動と捉えることで、自己と他者とが最大限に接近したとしても、自己性は失われず残る可能性が開かれるのである。

第二部

情感的他者把握の可能性

——アンリにおける生の共同体——

■第一部では，フッサールの他者論における他者の対象化という問題を批判する場合，それを回避する契機として感情や情感性がクローズアップされてくることを見た。無論，フッサール自身が，感情や情感性という契機を考察しなかったわけではない。現に彼は，それらを感情移入という他者把握の第二段階に位置づけている。しかし，サルトルやシェーラーは，フッサールの他者把握を踏まえながらも，むしろ感情や情感性こそが他者把握の一義的な契機であるとして注目したのである。そこには，フッサール的な他者把握の問題点を超える視点が見出される。だが，それでいて彼らは同時に，他者の対象化をもたらす志向性も是認し，その他者把握理論の中に組み込んでいた。その意味で，彼らはフッサールを超える視点を提供しつつも，やはりフッサールと同じ問題をその議論の中に残していたと言えるのである。それに対して，フッサールとは一線を画して生の哲学を提唱したベルクソンの議論は，志向性を容れない情感性を擁していた点で，他者論の新たな方向を示唆するものであった。

続いて第二部で論じるアンリは，フッサールの志向性の現象学に対して，生の内在性の現象学を打ち立てた哲学者である。アンリによれば，生の内在性とは，志向性をも基礎づける自己‐触発によって成り，これが情感性において体験される。こうした理論を提唱したアンリが他者について論じるようになったのは，1990年代に入ってからである。彼はまず，フッサールの前期の他者論を批判し，その上で情感性を中心に据えた自らの存在論を他者論にも援用し，独特の共同体論を展開した。そして彼は，志向的他者把握を徹底的に批判してそれを全面的に破棄し，その代わりに情感性を他者把握の唯一の契機であると主張したのである。その意味で，アンリの議論は，第一部で検討したサルトルやシェーラーの情感的な他者把握の議論を，そしてまたベルクソンの生の議論を，究極まで押し進めたものであると考えられる。

ここではまず，アンリの生の内在性の理論の生成を概観する。次いで，それがいかにして他者把握の議論へと展開するのか，そして，その他者論がどのような射程をもちうるのかを検討したい。

第一章

生の「内在性」と自己－触発

　第一部第二章でのシェーラー批判を通して、アンリの情感性についての概念が幾らか明らかにされた。その範囲で確認するならば、アンリにとり、情感性とは、不可視であり、原理的に対象化を拒むものである。したがって、情感性は、その内で関係を構成せず、諸対象と関係づけられることもなく、またそれ自身の内容を開示することもない。このような一切の超越性を拒否する情感性のあり方を、アンリは「内在性（immanence）」と呼んだのである。この内在性が、シェーラーでは曖昧とされた個体の絶対的内密性、すなわち自己性の原理となることは、想像に難くない。

　しかしながら、この内在性を他者把握の中心概念ともするところに、アンリの独創性と問題点とが凝縮されている。自己性の原理となり、同時に他者把握の原理ともなる内在性とは、一体いかなる概念なのか。この章では、アンリにおける内在性の概念の成立を知るために、二つの議論を通してその生成過程を辿ることにする。一つは、アンリの初期の主著『顕現の本質』における、ハイデガーの時間論への批判から導かれる内在性の議論である。そして、もう一つは、『精神分析の系譜』における、デカルトのコギト解釈についての議論である。この二つの議論から、アンリの内在性の概念が現象学的にいかなるステイタスをもちうるのかを詳らかにすることが、この章の目的である。

第一節　ハイデガーの時間論への批判と「内在性」の自己‐触発

アンリの最初の主著『顕現の本質』で問題にされたのは、一貫して「ものの現れ（apparaître）はいかにして現れたりうるのか」ということである。ここでは、その膨大な議論の中から、ハイデガーの時間論批判を取り上げて検討する。というのも、カント以来、時間こそが顕現を可能にする「顕現の本質」だと考えられてきたという経緯がある以上、これが言わば最も主題に即した議論の一つであり、そのことをアンリも強く意識しているからである。本節では、ハイデガーの議論に沿って時間の構造を検討する過程で、いかにして内在性の概念が導かれるのか、とりわけ、そこで遂行される自己‐触発がいかなるものかを見ていきたい。

さて、ハイデガーもまたカント以来の時間の観念を継承して、それこそが顕現の本質だと考える。すなわち、顕現の本質とは、本質が自分自身に対して地平を立ててそこで自らを対象化する存在論的過程であり、この存在論的過程が時間そのものだということである（EM 227）。根源的時間（temps originaire）が、未来と過去と現在を取り集める連続的な純粋時間（temps pur）という地平を自らの前に創出する（EM 230, 234）。そして、この地平が根源的時間を触発して、時間を形成する。「現在」という時間は、この地平としてのみ可能になるのである。こうした時間の形成には、外部の何ものも、例えば存在者さえも関与しない（EM 230）。それは、時間そのものによってなされる。その意味で、これは時間の「自己による触発（affection par soi）」である（EM 231）。こうした時間の超越論的構造が、あらゆる表象現象において遂行される対象化の本質である、というのがハイデガーのカント解釈である。つまり、時間は対象化という働きの内在的可能性だと考えられるのである（EM 229）。

しかし、この純粋時間の地平は、どのようにして可能なのか。根源的時間を触発するものは、なるほど純粋な地平である。だが、超越論的地平である純粋時間とは、それ自身によっては形成されず、顕現もされず、したがって実在もしない（EM 234）。地平が顕現するためには、超越論的構想力によって創出されたこの地平が、根源的時間を触発しなければならない。このとき、純粋時間地平は、地平が根源的時間を触発することによって成立している。それゆえ、純粋時間の顕現の問題は、純粋時間を受け取ることによって連続の地平を形成する根源的時間へと送り返される（*ibid.*）。つまり、超越論的地平を置いて受け取ることのできる根源的時間こそが、純粋時間としての時間を形成するのである（EM 230）。

だが、この時間地平による根源的時間の触発としての「自己による触発」が実効的であるためには、その地平の働きを受け取る根源的時間の働きが前提されていなければならない。つまり、根源的時間が地平を受け取るからこそ、地平による触発が可能になるのである。この触発は、地平が根源的時間を触発する「自己による触発」と区別されて、根源的時間が地平を受け取る「自己の触発（affection de soi）」と呼ばれる。そして、この自己の受容としてある自己の触発こそが、超越論的地平の受容を確保しつつ、その地平の顕現を基礎づける。それゆえ、次のように言われる。「自己による触発は、その根拠を、自己の触発の内に見出す」（EM 231）[1]。つまり、純粋時間の創出は、「超越をその最も深遠な本性において規定するような根源的時間が、その本質において自己の触発である限りにおいて」（EM 234）[2]可能なのである。

アンリはこのようにして、時間を顕現の本質に据えるというハイデガーの試みを追跡することを通じて、自己による触発と自己の触発とを区別し、後者が前者を基礎づけていることを示し、超越と受容性の問題を改めて重要なものとして提起する。その上で、次の問題は、本質が地平を立て、その形式の下で対象化されることによってのみ本質が顕現する、というテーゼ自体である。外在的な純粋地平の場は、超越論的構想力によって創造され、広げられるものである。だが、超越の働きによって産出されるものは、その働きにおいて、その働きによってしか現象学的な地位を獲得しない（EM 241）。それゆえ、存在の場の現象性を可能にするものを明らかにするためには、この現象学的規定を、超越の根源的な働きに帰さなければならない。つまり、地平の知覚可能性は、地平が根源的時間を触発するという超越の可能性の内に存しているのである（*ibid.*）。ハイデガーは、こうした超越の可能性、引いては顕現一般の可能性を直観に帰して、直観を「与えるものを受け取ることである」（EM 237）[3]と規定する。だが、問われるべきは、この直観がいかなるものかということである。アンリはハイデガーを解釈して述べている。「受容性がこの〔地平の〕知覚可能性を根拠づけ、さらには地平の本質を構成する限りで、実在性は、地平から分離された存在においてではなく、受容性においてこそ探求されなければならない」（EM 241-242）[4]。アンリによれば、地平の知覚可能性の条件は、地平を受け取る働きの実在性の内にこそ見出される。そして、そうした受容性が、超越そのものの内で考えられる超越の働きの本質を構成するのである。受容性は、本質それ自身が形成する地平を受け取ることによって、地平を自己の近くに保持する力であり、その限りで、超越の内的一貫性の可能性を得る（EM 242）。そして、アンリによれば、この働きが、超越論的な地平を広げる根源的な働きと同一なのである。こうして、超越、すなわち地平の実効的な開けは、地平を形成し地平を受け取る働きとして把握され、この働きが一つのものであることが示される。これが直観の内実である。そして、これは先に見た、触発する時間と触発される時間の自己－触発を意味しているのである。

　しかし、アンリはさらに、こうしたハイデガー解釈を踏まえて、この地平を広げる根源的な働き自体の顕現がどこに存するのかを問う（EM 244）。アンリによれば、現象性の実効的な出現が、本質が本質の前に地平を置く働きにおいて存在の現象学的場を創出するという超越に委ねられると、顕現するものとは、この働きそのものではなく、その働きが地平を与えることで作り上げる本源的な隔たり（lointain originel）にすぎなくなる。つまり、現象性は超越の実在性を前提しているが、実は、その前提自体は根拠づけられないままであることが露呈するのである。

アンリは指摘する。「地平の受容が、地平を前に置くことでそれを形成するという超越の運動の内にその根拠を見出す、というテーゼは、……その力をすべてその超越から借用しているのである」(EM 245)(5)。

こうして、アンリは、そもそも顕現の本質が、超越として、すなわち地平の形式を立ててその下で自らを提示するような存在論的過程として把握されること自体を問題視するに至る。このとき、根源的時間は、本質が受け取る純粋な存在論的内容を創出し、この超越的な内容を受け取っている。ここでの受容性の本質とは、自分が創出した外的内容を受容することを意味している。つまり、顕現の本質は、時間地平を介した表象の構造として理解されていることが明らかになるのである。だが、アンリに言わせれば、「こうした……帰結は、哲学的思惟に対して、次のような受容の観念そのものを不可解なものにする。受容の観念とは、本質的に、外的な内容の受容なのではなく、内容を内容として受容する力そのものなのである」(EM 293)(6)。

アンリによれば、受容性とは、自己自身を受け取ることにこそ存している。しかるに、本質が地平として対象化するものとは、本質そのものではなく、外的な内容にすぎない(EM 295)。換言すれば、存在の超越論的地平として顕現するものとは、本質ではなく、この地平そのものの現象学的内容なのである。つまり、超越論的な表象において「本質が自ら表象する純粋に存在論的な内容を受け取る場合に、本質が受け取っているのは、本質それ自身ではない」(EM 298)(7)。したがって、本質の顕現の可能性は、超越の表象の構造の内にはない。そうではなく、本質の顕現の可能性は、本質が本質を受け取るという、内在性の内に存するのである。

それゆえ、これまで受容性と呼ばれてきたものは、正確には二つのものに分けられることになる(EM 299)。一つは表象における受容性であり、もう一つは内在性における受容性である。第一の意味で受容するとは、受け取る内容を自分で創造し、それを自分で受容するということを意味している。この場合、受け取られる内容は、受け取る作用にとって外的なものである。他方で、第二の意味で受容するとは、受け取る作用が、受け取る内容そのものであることを意味している。この場合、内容は作用そのものと等しい。アンリにとっては、まさに、この第二の受容性、すなわち、受容性の形式と内容とが存在論的に同一であるような受容性が重要である。なぜなら、受容性の形式と内容との存在論的同一性は、受容性の根源的な形式においてしか実在化されないのだが、この根源的な形式が、本質にとって、自己自身を受け取る可能性を唯一確証するからである。「この形式こそが、自己の根源的受容（réception originaire）としての、本質の存在論的構築物を構成する」（EM 300）[8]。それゆえ、本質には二つの受容性があるとはいえ、究極的には、本質それ自身を受け取る受容性に収束する。つまり、本質が自己自身を受容することが可能であるような受容性の様態は唯一のものであることが明らかになるのである。

アンリにとり、本質が自己自身で自らを受け取る可能性とは、根源的時間が自分自身を受け取る、この根源的な自己‐触発のことを指す。そして、自己自身で自己‐触発する可能性とは、本質が自己自身を顕現する可能性であり、顕現の本質そのものであり、それは、受容性の根源的本質の内に、すなわち内在性の内に存する。アンリは、この内在性と超越性とをはっきりと区別して次のように言う。「この根源的な触発は地平を形成する作用とは無関係であり、そのことは同時に、根源的な触発が対象化の存在論的過程とは無関係であり、超越の根源的な触発が超越そのものに無関係である、ということである。触発の根源的な本質は内在性に存する」（EM 302）[9]。したがって、アンリが分析してきたハイデガーの自己‐触発とは、そもそも時間が対象化の働きの内在的可能性に含まれる限りで、時間を構成するものであり、したがって超越を意味している。そして、まさにこの理由で、ハイデガーの自己‐触発はアンリによって否定されるに至る。アンリは、ハイデガーの議論で生じているのは、対象化の働きである触発と、この働き自身による内在的な根源的触発との間の混同である、と結論するのである。

かくしてアンリにおいて、顕現の本質の探究は、時間の自己‐触発の検討を経由して、受容性の解明へと収斂し、最終的には、自己自身で自らを受容する可能性たる内在的な自己‐触発に帰着する。ここでは、自己の本質の内容を自己自身で受け取る限りにおいて、自己は自己を差異化することなく、同一のものに留まり続け、自己の内在性は堅固に保たれる。このことが、主観性としての自己の自己性に繋がってゆくことは、想像に難くない。自己‐触発がいかにして主観性を成立させ、それが自己性を確立させるかについては、第二部第二章で詳しく論じることにする。

第二節　コギトと「内在性」

次に、『精神分析の系譜』におけるアンリによるコギト解釈を取り上げて、そこから導かれる「内在性」の検討に移りたい。アンリはその議論の中で、内在性の概念がデカルトのコギトを根拠にもつと明言している。さらに、自身の提唱する「実質的現象学」の祖をもデカルトに帰している。アンリの最初の他者論が、まさにその主張を冠した著作『実質的現象学』に収録されたことを考えると、他者論のルーツを辿る意味でも、アンリのコギト解釈は検討しておく必要がある。また、このことは、フッサールのやはり初期の他者論が『デカルト的省察』に収められていたことと考え合わせると、興味深いものがある。両者は言わば同じ根から違う花を咲かせたわけだからである。そこで本節では、前節に引き続き、アンリの思想の中心概念である「内在性」がコギトの分析からどのように導かれるかを追跡する。

アンリは、デカルトの企てを〈始源〉（Commencement）の探求と位置づける。この始源とは存在（être）であり、始源開始は現出すること（apparaître）である。アンリによれば、現出することが開始点であるのは、現出することがまずそれ自身で、かつそれ自身において現出するからであり、この限りにおいて、それは存在と同等となり、これを基礎づける。(10)「それ自身で一つの現れを構成する力能における、現出することのその現象学的実効性こそが、すなわち、そのようなものとしてのこの純粋な現れこそが、存在なのである」（GP 18）。アンリによれば、実体性とは現象学的実効性、換言すれば現象の実質性そのものである（GP 20-21）。

そして、アンリは「……現れることの本質を問うことが、我々をデカルト哲学の核心へと導く」（GP 24）と断じ、コギトの定式を「見テイルト私ニ思ワレル（videre videor）」という命題に見出す。ここでデカルトは、「見られているものは、見ていると私が信じるようにあるのではない」として、「見ること」をエポケーするが、これは、アンリによれば、まなざしの前に置かれるものにまなざしを向けること、さらにはそれを条件づけている、外へ立ち出でること（脱‐自、ek-stasis）が失効させられることにほかならない（GP 26）。こうした還元によって残されるのは、デカルトにとり、「自分が見ていると私に思われる」ことである。これこそが、原初的な思われ（semblance）／思惟（pensée）、すなわち、現れて自らを与える本源的力能であり（GP 27）、その開示するという本源的本質は、存在論的差異の脱‐立には決して解消されない（*ibid.*）。アンリはデカルトの叙述を引用している。「私が見たり、聞いたり、暑かったりすると私に思われる、これがまさしく、私において感じる（sentir）と呼ばれるものであり、このように正確に理解されるなら、それは思うこと以外の何ものでもない」（GP 28）[11]。ここからアンリは、「私に思われる」という現出の本質は、デカルトの「感じる」ということに相当すると解し、次のように結論する。「……現れそれ自身とも存在とも同一のものであるこの純粋な現れこそが、存在を正しく定義する。我思うと感じる、ゆえに我在り。見ること、それは見ていると思うことである」（GP 29）。

こうして「感じること」、すなわち原初的な思惟は、「思惟を思惟自身に本源的に与え、思惟をそれがあるがままのものとする、自己自身を自ら感じること（se sentir soi-même）」（GP 31）とされる。確かに、「見ること」それ自体、あるいは認識とは、距離を開くこと、つまり脱‐自であり、この距離の内部で、認識や見ることが成立する（GP 32）。そして「物体の認識」は、この見ることとしての単に見ることとそのものである（GP 34）。だが、その

「見ること」は、まず内的覚知としての「見ること」が可能になっていなければ成立しない（GP 33）。そこで、そのような超越性を追放した思惟という「我々が直接的に意識しているという仕方で我々の内に在るもの」（GP 31）[12]が、意識の本質とその開示を構成し、このような根元的内面性（intériorité radicale）――「内在性」――において、「見ること」が可能になると考えられる（GP 33）。これが、「魂の認識」であり、こうして、「我々が自分の思惟についてもつ認識は、我々が物体についてもつ認識に先立つ」という『哲学原理』の命題が確保される（GP 35）[13]。

さらに、アンリは、デカルトの「我々の外部にある諸対象に関する諸知覚や、我々の身体の何らかの部分に関する諸知覚について誤ることは……ありうる。しかし……諸情念（passion）について同様に誤ることはありえない。諸情念は我々の魂にとってあまりに近くかつ内的なので、魂が感じているがままに実際にその諸情念があるのでなければ、それらを感じることは不可能だからである」（GP 38）[14]を引用して、内在性の概念を〈自身の考える〉思惟の情感性と結びつける。そしてアンリは、この思惟の情感性を、自己を自己自身に媒介なしに開示し、自己自身をあるがままに自己自身において感じる、「自己-感受（自己-触発）」と名づける。このとき、情念と呼ばれる思惟の情感性は、「現れることのそれ自身に対する乗り越えがたい受動性」（GP 41）である。だからアンリは、デカルトの「我々の魂から見れば、何かを意志することは能動ではあるが、自分が意志していると覚知することはまた魂における受動であるとも言いうる」（GP 40）[15]という叙述を引いて、絶対的な意味での受動（＝情念）という本源的概念が、〈能動〉と〈受動〉という表層的な対立を凌駕して、両者を共に基礎づけると述べる（GP 41）。

またアンリは、これらのことを踏まえて、知性の有限性と意志の無限性を説明する。知覚と同様、知性もまた、アンリによれば、本質上、超越論的な見ることを遂行し、すなわち脱-自によって開かれる地平の内部でそのまなざしを動かすものである。だが、知性の直観とは、何かを注視するとき、必ず闇の部分に見られないものを残す。これが、知性の有限性の理由である。だから、デカルトが直観から直観へと移行し、それ自体を一つの直観として、もろもろの直観を辿りうると考えても、アンリにとっては弥縫策にすぎない（GP 50）。他方で、無限な意志が開示される際には、意志が力（puissance）として捉えられる。というのも、力は、表象の下では、つまり「自己の外（hors de soi）」では把握されないからである。「力はただ自己自身を内的に自ら感受する（s'éprouver）だけであり、この無言の自己体験を通してのみ、情念においてのみ、力は自己の内に、すなわち自己自身の力の内に到達して、自身の力を把捉しそれを展開するのである」（GP 51）。

こうして、始源へと向かう遡行がコギトにおいて敢行されたのは、知性を通してではなく、力としてある意志の不可視の働きと、無限の受動（＝情念）とを通してである、ということが結論される（GP 52）。そして、アンリは、思惟がそうであるような、見ることに解消されない自己自身への無媒介な根元的主観性（subjectivité radicale）に、「魂」というデカルトのつけた名の他に、「生」という名を与えるのである（*ibid.*）。

（1）傍点を付した強調はアンリによる。
（2）傍点を付した強調はアンリによる。
（3）傍点を付した強調はアンリによる。
（4）〔 〕内の補足は引用者による。
（5）傍点を付した強調はアンリによる。
（6）傍点を付した強調はアンリによる。
（7）傍点を付した強調はアンリによる。
（8）傍点を付した強調はアンリによる。
（9）傍点を付した強調はアンリによる。
（10）Michel Henry, *Généalogie de la Psychanalyse*, Presses Universitaires de France, 1985, p.18. 以下、この著作からの引用、参照個所については、GP の略号と共に頁数を記す。

(11) Descartes, *Méditations*, Méditation Seconde, FA, II, 422 ; AT, IX, I, 23 からの引用。
(12) 傍点を付した強調はアンリによる。
(13) Descartes, *Les Principes de la Philosophie*, I, II ; FA, III, 97 ; AT, IX, II, 29 からの引用。
(14) Descartes, *Les Passions de L'âme*, FA, III, 973 ; AT, XI 349 からの引用。
(15) Descartes, *Les Passions de L'âme*, FA, III, 966 ; AT, XI 342 からの引用。傍点を付した強調はアンリによる。

第二章

情感的他者把握と生の共同体

アンリの「内在性」は以上のようにして導かれてきた。アンリは、現象学者として顕現の本質を探究する過程で、時間という観点とコギトという観点の双方から、超越によって成立する表象の構造を批判する。これは取りも直さず、現象学の基礎となる、意識の対象が志向性によるノエマ‐ノエシス構造の下で現れにもたらされる仕方を批判することにほかならない。そして、そうした仕方の代わりとして、アンリは、内在性における受容性を強調し、そこでの自己‐触発こそが、現れの根源に存すると考える。ところで、この内在性における自己‐触発が情念という現れ方をするとき、また、それがコギトのあり方とも重なるとき、これらは直ちに、主観性の問題に移行しうるであろう。事実、アンリは、そのような内在性における自己‐触発という主観性の運動が、あらゆる人間の活動に存すると考えるのである。

しかし、このような内在性を擁するアンリの主張は、例えば自我論において積極的に貢献する一方、主観の内在性がその外部といかなる関係をもつのか、という疑問を呼び起こす。事実、アンリ哲学に対するそういった疑問は、早くから提起されていた。この疑問は、本論の主題であるアンリにとって「他者」とはいかなるものか、という問題と重なり合うであろう。アンリ哲学にとって他者とは何か。この問いは、まさしくアンリ哲学の根幹を揺るがす問いである。しかしそれ以上に、現象学の内部でフッサールの「デカルト的第五省察」以降さまざまに論じられてきた他者問題に対して、生の情感性を擁する立場からのラディカルな切り口を求める問いでもある。

アンリがこの問題に正面から応答したのは、『実質的現象学』第三章「共‐パトス（Pathos-Avec）」においてである。ここでアンリは、フッサールの志向的他者把握との対決を通して、生の内在性を根拠とした共同体論を展開している。つまり、アンリは、一見すると他者への道を閉じる元凶とも思える内在性を、逆に他者把握の基盤に据えるのである。

こうした「内在性」をめぐる逆説は、従来の「内」と「外」という二分法を、あるいはさらに「自己」と「他者」という二項対立の概念そのものを、脱構築する可能性を孕んでいる。果たしてそのような転換がこの「他者論」を通して行われうるのかどうか。この章ではまず、アンリの他者論の基本線を辿るべく、「共‐パトス」を検討し、アンリの他者論がいかにして可能となるのかを考察する。「共‐パトス」は二つの部分で構成されており、前半は「フッサールのデカルト的省察に関する考察」、後半は「共同体の現象学のために」と題されている。本章ではそれらに沿って二つの節を設けて、順次検討していきたい。

第一節　フッサールの他者論への批判とその意義

さて、これまでも、フッサールの初期の論考「デカルト的第五省察」には、断片的に言及してきた。それは、この論考が現象学において他者の問題を喚起した端緒であり、その後の他者論が陰に陽にこの著作を参照してきたからである。アンリもまた、自身の他者論を構成する際、フッサールの議論を叩き台としている(1)。それゆえここでは、フッサールの他者論を整理しておく意味でも、アンリの論考に即して、フッサールの議論を概観しておく。その中から、アンリのフッサール批判がいかなる問題意識に根差しているのかを明らかにしたい。

(1)志向性による他者把握の失敗

アンリによれば、フッサールの理論は、次の三つの前提に支えられている。すなわち、第一に、他者は何らかの視点の下で与えられる場合にしか私にとって存在しないから、私は自らの生において他者を見出すということである。第二に、他者は志向性によって我々に与えられること、つまり、他者経験の可能性は志向的構成にあるということである。そして、第三に、他者は私の外で、私を超越している何かとして与えられるということである。いずれにしても、フッサールにおいて、他者は志向性によってのみ与えられるから、問題は、いかなる志向性が他者への接近を許すかである。それを調べるために、フッサールは、私の経験から、他者やそれに関わるもののすべてを捨象する。その後に残されるのが「エゴとしての私に特に固有のもの」である（PM 141）。これが、あらゆる他者とは異なる私の本源的身体が含まれる、私固有の帰属圏域（ma sphère d'appartenance）である。そして、他者の経験は、私のこの帰属圏域と、それに含まれる諸要素とから構成される（PM 143）。

では、他者経験は実際にはどのようにして構成されるのか。まず、他者は志向性に基づき、知覚によって与えられる。そのとき最初に認められるのは、物体としての他者の身体である。この物体としての身体は、私の固有の身体から、有機体という意味を、類比（analogie）による移し変えによって受け取る。これがいわゆる、フッサールの類似化する統覚（aperception assimilante）である。知覚の意味が移動することによって、自己と類比的な意味をもつ身体としての対象が構成される。そして、このように意識の統一において与えられた二つの内容が、対をなすものとして現れ、同じ意味によって覆われることが、対化（accouplement）と呼ばれる（PM 147）。

実はフッサールにおいて、このような対化の図式は、他者経験に限らず対象一般に適用される、言わば普遍性をもつものである。だが、アンリにとり、「他者」とは特別な存在であり、対象一般と同様に扱われてよいものではない。アンリは述べている。「〔フッサールのような把握の仕方は〕他者経験を言わば平凡なものにしてしまい、この経験からその謎めいた性格を取り去ってしまう、……その経験を炸裂させ、変造し、完全に変質させてしまおうとする」（PM 147-148）[2]。アンリにとって、他者経験とは「謎めいた（énigme）」性格をもち、またもたなければならないものである。しかるに、フッサールのように「他者は私の経験の変容」だと考えると、他者が私とは違う存在であるという「謎」が失われ、他者経験は私によって「変質させ」られてしまう。私の亜流となってしまった他者は「他者」とは言えないのである。

しかしながら、アンリのこの対化の図式に対する批判は、その図式の適用によって構成された他者が、本来の他者ではない、ということに留まらない。アンリの批判の真の矛先はむしろ、その図式の原型となっている、自己の捉え方に向けられる。というのも、この図式の一つの項とされたエゴとは、時間の距離を経て対象として「見られ」、構成されたエゴだからである。そうでなければ、そもそも他者構成の際に一つの項として働くこと自体が不可能であろう。そのようなわけで、対化において働いているエゴは、アンリの考える本源的なエゴではない。さらにアンリは、こうしたエゴの変容が、身体の変容をも招くことを指摘する。アンリによれば、他者経験をなすのは、私の感受性そのものであり、〈私はできる〉（Je Peux）という限りの〈本源的身体〉（Corps originel）であるはずである。しかし、対象化された他者の身体に有機体という意味を与える自己の身体は、他者の身体と同様、既に対象化されている。フッサール自身は、ここで対化の原型になる自己の身体を「私の感覚に対して直接現れている」（PM 149）と一応は述べており、これはアンリの〈本源的身体〉と似ているように見える。しかし、アンリにとり、自己の身体が他者の身体に意味を与えるという時点で、それは既に直接性を喪失している。だから、フッサールが「直接現れる」と称する身体は、アンリの考える〈本源的身体〉とは似て非なるものとして、やはり構成されたものでしかない。それゆえ、「他者経験を可能にするものとしてその経験の内で機能しているエゴと身体が、構成された身体と構成されたエゴである限りにおいて、そのような経験は実際のところ、完全に歪曲されている」（*ibid.*）。

のである。

こうして、対化の図式は、他者把握のみならず、自己（＝エゴ）の把握にとってこそ問題であることが指摘される

もっとも、対化の図式を批判しつつも、アンリは、フッサールが全く単純に他者経験をそうした図式に適合させているのではないことも承知していた。そこで、アンリはさらに、他者経験に固有な対化の問題点を整理し、次の三点を列挙する。

(i) 他者についての本源的な意味、すなわち有機体であるという意味を他者に付与するのは、私の感受性に常に現前している私の身体である。

(ii) 他者は対象として、ただ表-象（re-présenté）され、付帯現前化される（apprésenté）ものである。

(iii) 他者は決してそれ自身においては与えられないが、付帯現前化されて、その身体と同時に心理現象が与えられる。付帯現前化の存在妥当性（valeur existentielle）は、たえず変化する諸現前化と動機づけ連関することにある。

そして、アンリはこれらの三点の各々について批判を施す。すなわち、

(i)′ 身体のそれ自身への本源的現前や超越論的エゴのそれ自身への本源的現前のような、根元的で内在的な現前だけが、他者経験を可能にする超越論的生（vie transcendantale）の恒常性をもつ。だが、フッサールにおける、私の身体の、私の帰属圏域内部の感受性に対する現前は、恒常性を要求しえない。

(ii)′ フッサールが、他者は付帯現前化（apprésentation）によって与えられると考えるのは、他者の他者自身についての経験が、いつまでも私の直接的な知覚を逃れるからである。言い換えれば、彼もまた、他者の心的内容は付帯現前化されるだけで、それ自体としては知覚されないと認めていたのである。しかし、その不可能の理由は、フッサールの考えていたように、自己の帰属圏域とは異なっているために、他者に固有な経験が本人

にしか与えられないからではない。アンリによれば、それは他者が絶対的な主観性だからである。「〔志向的な他者把握が不可能であるのは〕他人が他人であるということから帰結するのではなくて、他人がエゴであり、絶対的な主観性であることから帰結する……。なぜなら、問題となっているのが他人の主観性であれ、私の主観性であれ、本源的な仕方で理解されるすべての主観性は、……原理的に志向性を免れ、したがってまたすべての知覚的現前化をも免れるからである」(PM 151)[(3)]。つまり、他者経験が真に問題なのは、他我(alter ego)が、他なるもの(alter)だからではなく、それ自身において捉えられないエゴ(ego)だからである。アンリによれば、エゴとは生きる者(vivant)であり、その生には、志向性が働くようないかなる〈隔たり〉(Ecart)も許されない。したがって、エゴ/生は、志向的に(intentionellement)ではなく、印象的に(impressionellement)自己自身に至るのである。こうしてアンリは、他者把握の問題をエゴないし主観性一般の把握の問題へと転換する。

(iii)′ フッサールは、付帯現前化の存在妥当性を主張するが、そもそもその存在妥当性が前提としている知覚が、他者の実在的存在を経験するのに失敗する。というのも、知覚とは、主観性にではなく、事物にふさわしい接近の仕方だからである。他者の経験に、事物にふさわしい接近の仕方を用いることで、「私が他人と共にあるような生けるパトス的相互‐主観性、一人称の相互‐主観性は、事物の経験に、死せる事物(chose morte)の経験に場所を譲」る(PM 152)。アンリによれば、他者経験において重要なのは、知覚的現前の諸法則ではなく、主観性のパトス(情念、pathos)の諸法則なのである。

アンリによるこれらの批判は、自己の経験にせよ、他者の経験にせよ、それらは志向性によっては与えられない、という主張で貫かれている。さらに彼は、フッサールの志向性による他者把握がもたらす難点を以下の二つの面から述べて、止めを刺そうとする。一つは、そのような把握は、他者を単なる非実在的な志向的思念の相関者

（corrélat d'une visée intentionnelle）にしてしまう、ということである（PM 156）。そして、もう一つは、フッサールは志向的把握の際に、モナドとしての私の帰属圏域の内に、対化、連合（association）、類比を可能にするすべての経験を見て取るが、そのとき彼が、常に帰属圏域の向こうに、あらかじめ他者と他の帰属圏域を前提している、ということである。だが、そのような存在を知覚が基礎づけることはできない。アンリの結論はこうである。「知覚が決して根拠づけることがなく、常に前提しているようなこの前提は、そこでエゴそれ自身が誕生するような超越論的生に根差していて、この生とこの生自身の〈基底〉（Fond）とから出発してのみ理解されうるのである」（PM 157）。

　だが、そもそもなぜ、アンリは、フッサールの他者論が、他者の具体的な生の様態を逃してしまうと考えるのか。言い換えれば、アンリが考えている、他者と共にある生の具体的な様態とは、一体どのようなものなのか。それは、取りも直さず、欲望や成就、喜びや悲しみ、好意や怨恨、愛や憎しみなどといった、感情的な様態を指している(4)。そしてアンリは、哲学がこれらの経験を可能にする超越論的次元に立つ限り、その実効的な内容に対して無縁であってはならない、と述べる（PM 140-141）。だから、パトス的（pathetique）で、具体的な相互 - 主観性の展開と発展を決定づけるのは、生の〈基底〉への共 - 属（co-appartenance）における、諸主観性のパトスの諸法則でなければならない（PM 153）。「他人への接近を根拠づけるのは、ノエマ的な現前化の仕方ではなく、それゆえノエシス的な現前化の仕方でもない。それは、超越論的な情感性（affectivité transcendantale）の内に、かくして生それ自身の内に存するような能与（donation）なのである。……他者経験の普遍的アプリオリは、決して志向性や構成の内にではなく、生および生の固有の本質の内にこそ存するのである」（PM 155）。

⑵自己の自己性の問題

このようにして、アンリは他者把握の方法として、志向性を否定し、生の情感性をその唯一のものと考えるに至った。これが、アンリにおける他者把握の理論の重要なポイントの一つである。しかし、それ以前にもう一つ重要な指摘があったことを忘れてはならない。それは、志向性による他者把握の失敗が、他者の把握の失敗というよりはむしろ主観性一般の把握の失敗である、と語られていたことである。アンリは述べていた。「私が他我（alter ego）をそれ自身において知覚できないのは、他我が一つの他（alter）だからではなく、それが一つのエゴ（ego）だからである」（PM 151）。つまり、アンリにおいて志向的な他者把握に代わって情感的な他者把握が提起されるとき、それは、他者の捉え方についてと言うよりもむしろ、自己すなわち主観性の捉え方一般について主張されていたのである。次節で扱う共同体における自己のステイタスがいかなるものかを確定するためにも、アンリがフッサールの自己の捉え方や自己性をなぜ問題にしたのかを、ぜひともはっきりさせておく必要がある。

アンリが自己の把握を検討する際に導きの糸とするのは、フッサールにおける固有のもの（le propre）についての議論である。フッサールは、他者に対して働く志向性がいかなるものかを調べるために、他者に関わるすべてのものを捨象して、「エゴとしての私に特に固有のもの」を得るに至る。ここでの問題は、「私の超越論的地平の内部において、私に‐固有のものを限定すること[5]」である。しかし、アンリはこれに対して疑問を投げかける。すなわち、「エゴに固有のものとしての固有のものとは、エゴそれ自身ではないだろうか」（PM 142）。アンリによる批判はこうである。独我論を回避するためには、エゴそれ自身の内に、エゴに固有のものについての経験だけでなく、他者についての経験もまた存在していなければならない。だが、そうすると、〈エゴ〉と〈エゴ〉に固有のものの間には亀裂が生じることになる。また、フッサールにおいては、固有のものの存在は地平の内部で把握されることが前提されており、その存在は超越論的反省に対して与えられる。だが、固有のものが、それ自身において、超越論的反省が繰り広げている地平の内で与えられるのかどうかは曖昧なままである。その曖昧さは、エゴとエゴに固有のものとがどのように根拠づけ合っているのか、ということを不可解にする（PM 142）。

フッサールに言わせれば、固有のものに還元された人間 - 自我（moi-homme）としての私は、〈超越論的エゴ〉〈Ego transcendantal〉によって構成される。つまり、世界現象の内にある固有のものは、〈超越論的エゴ〉に回帰するとされている（CM § 46）。しかしながら、アンリによれば、このことは、固有のものが属する客体的な圏域についての問いを〈超越論的エゴ〉に移動させ、固有のものの存在を〈超越論的エゴ〉の存在に帰すことになる。ところが、〈超越論的エゴ〉の自己 - 解明（auto-élucidation）は、常に構成された諸要素に直面させる自己 - 構成（auto-constitution）の過程に依拠するから、こうした固有のものの問いの移動自体の意義が消滅してしまう。というのも、〈エゴ〉に固有のものを読み取るべき超越論的帰属圏域は、その帰属に還元された人間 - 自我が示されるのと同じ構造をもつからである。その構造とは、対象の知覚的経験としてある世界の構造である（PM 143-144）。

そもそも、フッサールにおいて、超越論的還元が確立されるエゴについての反省から導かれる、〈超越論的エゴ〉の自己 - 明示化（auto-explicitation）のモデルは、この対象の知覚的経験にほかならない。その知覚的経験は、対象が現れて、それが注意によって特徴づけられていく、という同定を行う、同定的総合（synthèses identificatrices）の形で遂行される。だが、アンリにとり、それは「……事物の外的知覚の構造（structure）を、絶対的主観性の直接的な自己 - 開示（auto-révélation）の構造と、つまり生の内的本質（essence intérieure de la vie）と同一視しよう」（PM 144）[6]とすることである。アンリにおいて、超越論的エゴとは超越論的生のことである。そして、それは志向性が働くいかなる隔たりももたず、すべての知覚的現前化から逃れ去る（PM 151-152）。それでもなお、エゴの存在を知覚によって把握しようとするならば、記憶や潜在性に関わる部分が問題にならざるをえなくなるだろう（PM 145）。しかしながらそれはもはや、アンリの考えるエゴ、すなわち生そのものではない。したがって、超越論的エゴを知覚のモデルによって把握しようという企ては撤回されなければならない。もっとも、フッサール自身も、超越論的エゴは、「いまだ発見されない内的固有性の開放的で無際限の地平を伴って」（CM § 46）、明示化する把握に先立って、いつも既にそれ自身に与えられていることに気づいていた。だからこそ、アンリにとって重要なことは、ラディカルなやり方で、明示化する把握に先立つ能与を問題化し、そのような能与が、地平の脱‐自の内にあるのかどうか問うことである（PM 144）。フッサールはこの問題に直接は答えない。他方、アンリの答えはもちろん否である。アンリは、自他の帰属圏域が前提しているものとは生にほかならないと考えて（PM 157）、共同体の議論に進むのである。

第二節　アンリによる共同体論

(1) 生の自己‐触発における自己性と共同体

こうしてアンリは、フッサールに対する批判を通じて、他者の把握がまさしく自己の把握の仕方から考え直されなければならないこと、そして、それらの把握は志向性によってではなく、情感性によってなされるべきであることを示した。このフッサール批判に続いて、アンリ自身の他者論を展開する後半部は「共同体の現象学のために」と銘打たれている。このタイトルは、アンリが他者把握を問題にする際の立脚点を明らかにしている。つまり彼は、自己と他者との互いの把捉を論じる際、両者には何らかの共通の地盤がなければならない、という点から出発するのである。自己と他者に共通の地盤を設けて、そこから他者の把握を考えることで、少なくとも、（フッサールにおけるような）自己と他者との「構成する者」と「構成される者」という非対称は解消され、自己と他者とは同等の権利において互いを把握しうることになろう。まずもってアンリにとり、他者論とは共同体論でしかありえない。

さて、アンリはこの節の冒頭で、共同体の本質について次のように言明している。「共同体の本質は生であり、すべての共同体は生きる者たちの共同体である」（PM 161）。さらに彼は、共同体の成員たる条件について以下のように述べている。「共同体の成員が共有しているものとは、……これらの事物が成員たちに与えられるその仕方なのである。……それは生において、そして生によってである」（*ibid.*）。そして、共同体の成員が共有するあり方とは、アンリが顕現の本質と考える、生の自己‐触発のことにほかならない。だが、生の自己‐触発が共有されるとはいかなることか。

その問いに答えるには、まず生の自己‐触発がいかなるものかを確認しておかなければならない。アンリによれば、生は、生から決して分離されないような仕方で、生自身を自らに与える。生が自らに与えるものは生自身であり、与えられるものもまた生である。こうした自己‐能与（auto-donation）において我々が生に近づくのは、生においてのみである。アンリは述べている。「生においてはいかなる道も、生の外へ導くことがない――我々としてはこう言いたいのだが、生においてはいかなる道も、生きる者に、生きる者であることを止めさせたりはしない」（*ibid.*）。こうして生は外部へと漏れ出すことなく、生の内部で充足している。そして、生きる者は例外なく、その生を直接自己自身で感受する。つまり、我々は、生を与えられ、生を自己自身で受け取るという仕方で、生きる者たりえている。逆に言えば、我々が生きる者である限り、この体験から逃れることは不可能なのである。それゆえ、アンリは次のように結論する。「すべての可能的共同体の本質を構成するもの、共同であるもの、……それは、決して何らかの事物ではない。それは、自己‐能与である限りでの、この本源的な能与であり、生きる者すべてが、つまり自らについてなす体験においてまたこの体験によってのみ生きる者すべてが、自らについてなすところの内的体験（épreuve intérieure）なのである」（PM 162）。こうして、生きる者は、生きることにおいて不可避的に同じ仕方で自己‐触発を共有すると言えるのである。

しかも、このような生のあり方は、生きる者すべてに与えられて、生きる者に共同体の成員たる資格をもたらすだけではない。生の自己‐触発とは、生の内部で、生が隔たりなく自己自身を体験することである。そのとき、自己‐触発において、触発するものと触発されるものとは同一である。この自己‐触発が保つ同一性は、自己‐触発を行うすべてのものの上に個体性の刻印を置き、それらを根本的に個体化する。こうして、生きる者の宿命である生の自己‐触発は、共同体の条件であると同時に、個体化の原理、すなわち自己性の本質ともなるのである。「直接的に自己自身を体験する純粋な事柄としての絶対的主観性の本質は、自己性の本質と同一なのである」（PM 163）。

このようにして形成される自己性とは、自己‐触発において逐一自己自身と一致する体験である。この自己性の性質を、アンリは、〈ココ〉（*Hic*）にあるという絶対的此処性（hiccéité）と言い換えて、その性質を次のように整理している。

(a) まなざしの忍び込むようないかなる距離も隔たりもないから、この〈ココ〉は決して見られることができない。

(b) 絶対的なココは、変化しないし、任意のアソコ（*illic*）と交換されることもない。

(c) ココは世界に存在せず、〈存在〉の脱‐自において現れないので、この世界に帰属するカテゴリーの総体から——例えば志向性から——逃れ去る（PM 164）。

つまり、「生の主観性の自己性と絶対的此処性は、自己の内にいかなる外も担ってはいないから、外において覚知されることも不可能であり、原理的に、考えうるあらゆる志向性から逃れる」（PM 169）。それゆえ、自己も他者も生において把握されなければならない。

かくして、自己‐触発は、個体化の原理として、その都度自己を生ぜしめ、同時に、それが共同体の本質でもある限りにおいて、それは一つの共同体、すなわち生きる者の潜在的な総体を構成する（PM 163）。つまり、共同体と個人とは、生の本質によって必然的に関連づけられるのである。それゆえ、アンリによれば、それら共同体や個人を対立させる試みは無意味だということになる。すなわち、「共同体と〈個体〉とを互いに対置し、両者の間に階層的な関係を打ち立てようとする試みは、全く無意味である。そのような試みは、生の本質に、生の本質によって必然的に含意されるものを対置することに帰着する」（*ibid.*）。これは、フッサールが「やはり重要なことは、さまざまな段階を経て徐々に形成される共同体を解明することである」（CM § 55）として、まず自他がモナドとして存在し、その間での身体としての把握、次いで感情移入、という形で他者経験が順次進行していき、最後に共同体を獲得すると考えたこととは、全く反対の発想であると言えよう。また、こうした議論は、シェーラーにおける自己性の曖昧さを改めて浮き彫りにすると共に、彼が提唱した同情／共同感情の位階づけの試みを否定することにも繋がってゆくであろう。アンリにとり、「共同体は一つのアプリオリ」（PM 175）[7]なのである。

(2) 自己‐触発の受動性と〈基底〉

では、アンリにおいて、自己と他者とはどのようにして把握し合うのだろうか。まず、アンリが考える、自己と他者とが根本的に遭遇する場の例を検討してみよう。

アンリが挙げる例は四つある。それは、母と子の主客未分化の状態、催眠術をかける者とかけられる者の関係、栗鼠《りす》とそれを飲み込もうとする蛇の関係、精神分析者と被分析者の関係である[8]。これらはすべて、表象の世界には現れない関係として挙げられている。つまり、それらの関係において、自己と他者とはもはや区別されない非‐差異化（non-différenciation）の内にある。そしてアンリが挙げる例のうち、とりわけ、栗鼠と蛇の関係、精神分析者と被分析者の関係は、自己と他者との間に働く力（force）を鮮明に描き出す。すなわちアンリによれば、まず栗鼠と蛇の関係において、栗鼠は、自らを飲み込もうとする蛇を前にして、それを他なる脅威とも感じないし、自らを窮地に陥っているとも感じない。ここで栗鼠は、蛇との差異を感じることなく、魅入られ、呪縛されている。そして、こうした呪縛は、栗鼠自身がこの力そのものとなり、同時にこの力のなすがままになる、という仕方で、自身の内なる力と一致するときにのみ実現するのである（PM 172）。また、精神分析における転移の治療について、この分析がたえまなく反復されるのはなぜか、ということをアンリは問題にする。アンリによれば、転移が反復であるのは、取りも直さず、転移が生においてあり、生が反復であるからである。生は生がなすところのことをなし、それをなすことを止めない（PM 173）。

このような例を通して、生における力の一致と反復、という新たな概念がもたらされる。この力の働きが、自己と他者とを非‐差異化の内に結びつけるのである。だが、この力として振る舞うものは何なのだろうか。アンリによれば、それはアフェクト（affect）である。この力／アフェクトは、自己を所有して、距離を取らず、生において自己自身を感受するものである限りにおいて働く。つまり力／アフェクトとは、生の自己‐触発のことにほかならない。

こうして、自己‐触発の力／アフェクトは、自己と他者との差異を解消して互いを結びつけるように働く。アンリによれば、何人もこの体験から逃れることはできない。その限りで、確かに、自己と他者とは同じ仕方で生の自己‐触発を行っており、「共同体はアプリオリ」であると言える。だが、振り返ってみれば、自己‐触発とは、自己自身に個体性の刻印をもたらす自己性の原理ではなかったのだろうか。自己‐触発が自己性の原理でありながら、しかも力／アフェクトとしては、自己と他者との非‐差異化に働くとはいかなることであろうか。自己と他者とを差異化しつつ、非‐差異化する、これは矛盾ではないのか。

ところが、アンリにおいてこれは矛盾ではない。アンリは、この自己‐触発の体験の逃れようのなさに注目して、矛盾が解消される境地を導出する。すなわち、生きる者は、自己自身で生の自己‐触発を行っている。しかし、この生自体は、生きる者が選んだものでもなく、生み出したものでもない。生きる者は、そもそも不可避的に生きる者たらしめられたのであり、その限りで自己‐触発を行うのである。このことは情感性の体験からも確かめられる。アンリは述べている。「自己によって措定されたのではない自己への関係とは、その情感性におけるアフェクトである。すなわち、それは、その固有の存在によって圧倒され、浸されたものとして、自己に対するその根元的な受動性におけるアフェクトでもある」（PM 177）[9]。生きる者は、情感性をただ被るのであって、それを選んだり避けたりすることはできない。こうしてたえず自己自身を被り、しかもそこから逃れられないことを、アンリは「生の防御の不在」（PM 175）と述べる。この生の防御の不在、つまり絶対的な受動性こそが、生きる者の根元的なあり方なのである。このような絶対的な受動性は、翻って、生を与えるもの、生の起源となるものを暗示する。

この生の起源となるもの、それをアンリは〈基底〉と呼ぶ（PM 177）。すなわち、生はこの〈基底〉から到来する。〈基底〉は生そのものであり、生きる者すべてが共有するものである。生きる者はこの〈基底〉から決して離れることなく、自己‐触発を行い、自己自身と同一化すると共に、この〈基底〉と一体化している。その限りで、この〈基底〉において、自己は自己自身たりえ、しかも他の自己とその生のあり方を共有しうるのである。

アンリの他者経験はこの〈基底〉においてのみ成り立つ。それは、自己も他者も生きる者であること、そして、共に自己‐触発を行い、しかも絶対的な受動性を運命づけられていることから帰結する。自己も他者も、この〈基底〉から生を受け取って自己‐触発を行い、この〈基底〉と一体化している限りにおいて、互いが互いをこの〈基底〉において体験する。つまり、他者経験とは、自己自身の経験であり、この〈基底〉の経験でもあり、同時にこの〈基底〉と一体である限りでの他者の経験でもある。そしてこのとき、自己と他者とは〈基底〉と一体化しており、自己からも他者からも〈基底〉からも各々を区別しない。このことをアンリは、比喩を用いて次のように説明している。「共同体は情感的な地下層であり、各々はそこで、各人自身がそれであるこの泉やこの井戸から同じ水を飲む――しかし、各人はそのことを知らないし、自分自身からも、他人からも、〈基底〉からも自らを区別しない」（PM 178）。かくして、アンリが考えている他者経験は、他者を対象として定立してそれを構成するような、距離を取った仕方でなされる経験なのではない。そうではなく、他者経験とは、「主体なき、地平なき、意義なき、対象なき、一つの純粋な体験」（*ibid.*）なのである。ここにおいて、先に指摘した矛盾はひとまず解消される。この〈基底〉が、あらゆる表象的なあり方が成立する以前の、無‐世界的なあり方における自己と他者との関係を根拠づけているのである。

(3)〈基底〉の本質とアンリの共同体論の問題点

こうして見てくると、アンリの他者把握の可能性は、生の〈基底〉という概念に凝縮されていることがわかる。他者と自己の主観性の把握がどのようになされるか、という問いかけに対して、生の自己‐触発によって、というのがアンリの答えであったが、それは生の自己‐触発の起源であるこの〈基底〉へと収斂したのである。この〈基底〉において成立する他者論の特色は、それが共同体論として展開され、その中での自己と他者との互いの把握が徹頭徹尾内在的な仕方で遂行されるということにある。

しかし、こうした〈基底〉を他者把握の基盤とする立論は、二つの大きな問題を内包していると思われる。しかも、この二つの問題の検討は、アンリによっては明示的になされていない。それゆえ、我々は解釈の域に足を踏み入れざるをえない。

一つ目の問題は、〈基底〉の存在についてである。すなわち、〈基底〉はどのように知られるのか、そしてまた、なぜその〈基底〉が自己‐触発を行うと言えるのか、という問題である。この問題を検討するためにはまず、自己の自己‐触発が絶対的な受動性であることを想起しなければならない。アンリは、自己の自己‐触発自体は自己によって措定されたものではないとして、その受動性を強調していた。この受動性の体験が、自己‐触発を最初に与えたものを暗示し、さらには、その起源としての〈基底〉の存在の宣言へと裏返るのである。そして、この私は自己‐触発を行い、何ものをも自己自身から決して距離を取らない直接的な仕方で把握するが、そこから、〈基底〉もまた生の自己‐触発を行うものであることが帰結するであろう。つまり、この私が自己‐触発を行う限りで、この自己‐触発を与えた〈基底〉は、自己‐触発を行っていることが必然的に把捉されるのである。かくして、〈基底〉は、自己の受動性にその存在の根拠を置いている。そして、そのあり方は、自己の自己‐触発という事実から導かれるのである。

二つ目の問題は、他者の存在についてである。アンリにおいては、他者論がまずもって共同体論として設定されるという出発点から明らかなように、他者の存在は、自己の存在と同様、自明のものとして議論の中で前提されている。しかも、アンリにとり、「共同体は一つのアプリオリである」（PM 175）[10]。しかしながら、この共同体の中に存在する他者について、どのようにしてそれが存在するとわかるのか。そして、どのようにしてそれが自己と違うものであり、しかも自己と同様に自己‐触発を行うと言えるのか。この問いに答えることは困難である。アンリ自身が、この問題に正面から答えているとは言えないからである。しかし、共同体が生の自己‐触発を行う〈基底〉として設定されたこと、そして、自己の生の受動性が次のように把握されていることから、推論することはできる。アンリによれば、「アフェクトは、自己‐触発であり、……自己へと追いやられ、自己に押し潰され、自己自身の重みに打ちひしがれた生の原初的受苦（souffrir primitif）である。……この体験において、生の受苦がもはや自己自身に耐え切れず、耐えられない受苦（souffrance）となるときには、自らを逃れようとするこの生の運動が生まれる」（PM 174-175）[11]。この運動は、生の欲求もしくは欲動（pulsion）と呼ばれ、これもまたアフェクトである。もちろん、欲動がいかに自己を逃れようとする運動であろうとも、自ら自身を逃れることは不可能である。しかし、この欲動は、自分ではないものへ向かおうとする限りで、単なる自己‐触発よりも（何か）過剰な運動であり、他者へと向かう原動力となりうると考えられる。他方、この欲動の運動もやはり、自己‐触発を起源的に与える、より大きな〈基底〉に内属している。そして、こうした大きな〈基底〉を前提とすると、（不可能でありつつも自己を逃れようとする）この運動は、〈基底〉の「広さ」[12]に比して、自己自身の有限性、すなわちその「狭さ」を暗示するであろう。すると、この広い〈基底〉の上での自己自身の有限性は、他の有限的存在、すなわち他の自己‐触発を行う存在を想定させるであろう。そして、そのことを踏まえると、自己を逃れようとする過剰な自己‐触発（＝欲動）の先に、〈基底〉に内属する他者存在を見出すことが可能であろう。他者存在とは、このような仕方で、自己と同様に自己‐触発を行うものとして、〈基底〉の共同体の中に組み入れられていると考えられるのである。

かくして、アンリにおいては、共同体である〈基底〉の存在にせよ、他者の存在にせよ、自己が受動的に自己‐触発を行っているという一点から導き出されていることが明らかになる。議論の要となっているのは、自己自身の情感性の事実であり、情感性における生の自己‐触発の受動的なあり方である。そして、まさに自己の自己‐触発の受動性を梃子として、〈基底〉の存在と他者の存在とが導出される（このような、絶対的受動性もしくは自己の有限性の感情が〈基底〉の存在や他者の存在へと裏返るという論証は、同じ論理構造をもっている）。また、自己が、生から離れない自己‐触発を行い、その他の存在の仕方は不可能であるという理由から、〈基底〉も他者存在も自己‐触発を行うことが導かれる。そして、それゆえにこそ、自己自身と同様、〈基底〉も他者もまた、生の内在的な仕方で把握されうるのである。こうして見てくると、アンリにおいて他者論と共同体論が同時に論じられるのは必然的であることが明らかになる。なぜなら、自己存在と同様に、他者存在も共同体も生において不可分であり、生を離れては存続しえないからである。そしてそれはそもそも、自己が生の自己‐触発を行う限りで、自己‐触発を行うものしか把握しえないからである。アンリは、カフカを引用して、生の内的構造を次のように象徴的に説明している。「君がその上に立っている地面が、それを覆う二本の足よりも広いものではありえないという幸運」（PM 162）。地面とは、言うまでもなく、〈基底〉を指している。そして、それを覆う二本の足は、〈基底〉の上で自己‐触発を行う自己を示している。さらに、ここで暗示されている、地面の広さと（私の）二本の足が占める狭さは、他の足、すなわち他者が存在する余地を示唆しているのである。

しかしながら、これらの問いを立てて〈基底〉を考察した上でなお、アンリの議論全体を通して、その自己と他者の関係には、次の三つの問題が残されると思われる。

第一に、アンリが他者の志向的把握を批判するときの、そのスタンスの問題である。彼は次のように批判していた。「〔志向的把握は、他者経験から〕謎めいた性格を取り去ってしまう」（PM 147）。しかし、考えてみれば、我々が現実には多かれ少なかれ他者を距離をおいて把握し、志向的に解釈することもまた事実である。では、アンリの提唱する他者把握は、こうした事実とどのような関係にあるのか。それについては二つのことが考えられる。一つは、アンリの把握の仕方は、他者把握のあるべき方向を示すものである、ということである。つまり、正しいあり方の提唱であって、事実問題ではないということである。しかしながら、この考えはアンリの意図とは合致しないと思われる。というのも、〈基底〉とは、具体的な他者把握のラディカルな条件を示すとされるからである。そこで二つ目として、アンリは他者把握の真正かつ事実的なあり方を示そうとしたのだと考えざるをえない。だが、そうだとすれば、志向的把握が現実にあることを踏まえた上で、アンリの主張は、「誤った」志向的解釈がなぜ起こるのかをも説明しうるものであるべきだろう(13)。

第二に、アンリの〈基底〉における他者把握が、果たして他者の「謎めいた性格」を保持しうるのか、という問題である。なるほど、アンリが述べるように、志向的な他者把握が他者を自己の変容とする限りで、他者の他者性を奪い、他者の「謎めいた性格を取り去る」ことは確かである。だが、アンリが主張するように、〈基底〉において自己と他者が自己‐触発を通して互いを把握するとして、その経験がほかならぬ「他者から」発信された経験だという権限をもちうるだろうか。

そして、第三に指摘されるのは、さまざまな具体的な感情が共同体の内部でどのようにして存在しえるのか、という問題である。確かに、アンリの説明から、〈基底〉の上で自己と他者が何らかの情感性を力としてもち、それを共有するということまでは言えるだろう。だが、アンリ自身、他者経験とは「……孤独、愛、憎しみ、怨恨、倦怠、許し、高揚、悲しみ、喜び、感嘆、といった、他人と共にある生としての、共にあるパトス（共パトス、**pathos avec**）としての、……共‐感（**sym-pathie**）としての、我々の生の具体的諸様態」（PM 140）だと述べている。つまり、アンリ自身によって、情感性という大枠だけではなく、さまざまに名づけられた個別的な感情についてもまた、論議する必要性が示唆されているのである。さらにもし、さまざまな具体的な感情に着目するならば、互いに感情をもつということでは自他が一致したとしても、どのような感情をもつかにおいては互いに齟齬をきたすということも想定されうるだろう。ところが、アンリは、それらのさまざまな感情のありようやそれらに即応するような共同体について、何ら言及していない。この事実は、アンリにおいて個々の具体的な感情は捨象されて、共‐パトスに収束されてしまうということを意味しているのか。あるいは、この問題は、場を改めて展開されるのか。

アンリ自身も論文の最後部で断っているように、この論文は他者論の基礎もしくは出発点を示したものであり、他者に関するさまざまな問題を論じ尽くしたわけではなかった。したがって、この論文を通して提起されうる以上のような疑問群は、むしろその後の著作において追跡されなければならないと考えられる。

（1）アンリは、ここではフッサールの他者論として「デカルト的第五省察」のみを参照して批判しているが、フッサール後期の議論においては、「デカルト的第五省察」を乗り越える視点が示唆されていることも認めている（PM 158）。
（2）［ ］内の補足は引用者による。
（3）［ ］内の補足は引用者による。
（4）ヘルトやトイニッセンからもこのような考えは伺われる。また、この点に関しては、山形頼洋『感情の自然』法政大学出版局、一九九三年、第五章「時間と他者」の項を参照。
（5）Edmund Husserl, *Cartesianische Meditationen*, *Husserliana*, Band I, Martinus Nijhoff, 1963, § 46. 以下、この著作の参照個所については、CM の略号と共に節番号を指示する。傍点を付した強調はアンリによる。
（6）傍点を付した強調はアンリによる。
（7）傍点を付した強調はアンリによる。
（8）これらの例は、シェーラーが『同情の本質と諸形式』の中で完全な一体感の説明に用いた例と重なり合っている。ただし、アンリはそこからシェーラーとは異なる見解を導出している。
（9）傍点を付した強調は引用者による。
（10）傍点を付した強調はアンリによる。
（11）傍点を付した強調は引用者による。
（12）ここで筆者が〈基底〉の「広さ」と述べるのは、比喩であり、現象学的距離を示すものでは決してない。こうした比喩は、後に挙げるようなカフカの引用の中で、アンリ自身も用いている。〈基底〉の「広さ」と自己の「狭さ」は『我は真理なり』で、自己 - 触発の強い概念と弱い概念という区別に引き継がれ、明確にされる。第二部第三章第二節(2)一三九—一四一頁参照。
（13）この考察は、第二部第三章第二節(3)に引き継がれる。

第三章　共同体論の展開

ここまで、アンリの他者論について考察してきた。そしてその中で、生の自己‐触発が自己性と共同性の双方の原理になること、そしてその両立は〈基底〉において果たされることが見出された。アンリの他者把握の議論、すなわち共同体論は、この〈基底〉の概念に収斂したのである。だがそこには、前章の最後で指摘しように、三つの検討すべき問題が残された。また、アンリから離れて他者論一般を俯瞰した場合、それは言語、身体、時間等のさまざまな問題を内包し、さらには現実的な社会問題に答えるという要請をも担っている。つまり、アンリの「共‐パトス」における他者論は、その核心にいまだ不分明な部分を残すと共に、論じられなかったさまざまな問題群を今後の課題として抱えていたのである。

もちろんアンリ自身も、「共‐パトス」を執筆した頃から、他者経験の問題が近年の哲学とりわけ現象学の重要なトピックであることを十分に意識していた。彼が他者経験の問題を主題に据えたものは確かに「共‐パトス」のみではあるが、彼はその論文の前後の著作の中で、たびたびその問題に言及している。例えば「共‐パトス」の中でアンリは、しばしばカンディンスキーの例を引きつつ、絵画における共同体を分析する。これは、「共‐パトス」所収の『実質的現象学』に先立つ、『見えないものを見る』(1)におけるカンディンスキー論の成果を踏まえた議論である。したがって、『見えないものを見る』において既にアンリは、共同体の問題を考察する構えを有していたのである。また、『実質的現象学』以後に刊行された『我は真理なり』と『受肉』はキリスト教論という装いをもってはいるが、アンリはそのキリスト教の現象学的解釈の内に、他者論の新たな展開を託している。事実、二〇〇〇年刊行の著作『受肉』の最終部分は、他者についての論考に充てられており、そこでアンリはキリスト教解釈が他者論に貢献しうることを明言している。(2) したがって、キリスト教的な語彙が鏤《ちりば》められたこれらの著作の内に他者把握の問題の展開を読み取る作業は、アンリの意図に適うと言えるのである。

そこで、前章で取り上げた「共‐パトス」を下敷きにして、カンディンスキーに関する絵画論、キリスト教の現象学的解釈を試みた宗教論を検討し、その中で展開される他者論（共同体論）を追跡しようというのが、本章の目論見である。こうした議論を芸術における共同体論、宗教における共同体論として解釈することによって、「共‐パトス」の意図するところとその進展がより具体的かつ明確に理解されるはずである。その上で、前章で指摘された問題群の解決を図り、アンリの他者論（共同体論）の射程を明らかにしたい。

第一節　情感性と新たなもの
――芸術における共同体――

この節ではまず、「共‐パトス」でのカンディンスキーについての議論を手掛かりに、『見えないものを見る』の芸術における共同体を考察する。前にも述べたように、アンリは「共‐パトス」の中で、カンディンスキーに何度も言及し、自らの考える共同体の例として、芸術作品をめぐる共同体を挙げている。アンリによれば、絵画の鑑賞者たちは、面識がなく、したがって互いに知覚の対象でなくとも、共同体を形成することができる。このとき、鑑賞者たちを結びつけている共同のものとは、作品のパトスであり、決して客観的なもの、すなわち「目に見えるもの」ではない、とアンリは強調している（PM 153）。

だが、ここで直ちに一つの疑問が生じる。通常の意味から考えて、絵画自体はやはり見られるものではないのだろうか。もし、絵画がアンリの言う通り、「目に見えないもの」だとすれば、我々が目にしている絵画は何だというのか。また、アンリは「共‐パトス」の中で、自己と他者との関係に通常介在すると考えられている、身振り、表情、言葉等を「目に見える」表象として退けている。だが、もし、アンリの述べる通り、芸術作品という一見「目に見える」と思われるものが、実は「目に見えないもの」として共同体を創出しうるならば、こうした「目に見える」身振り、表情、言葉等も、何らかの変更を経れば「見えないもの」となりうるのではないだろうか。すると、それらもまた、共同体において何らかの役割を担いうるのではないか。そこで、芸術における共同体の考察で特に課題とすべきは、こうした日常的には「見えるもの」と遇されているものの、共同体におけるステイタスである。ここでは無論、絵画作品のステイタスこそが、この課題の突破口となる。本節では、こうした問題構成の下で、芸術における共同体のあり方を探究する。その際、芸術家はなぜ、またいかにして作品を創造するのか、そして、鑑賞者は作品の中に何を見出すのか、と問題を分節して、共同体における自己と他者の関係を明らかにしていきたい。

まず、アンリにとって、芸術作品（ここでは絵画）とは何か、ということについて考えよう。アンリがカンディンスキーにおいて見出した原理とは、「あらゆる絵画は抽象絵画である」（VI 225）ということである。このことの説明にあたって、カンディンスキー自身が、現象の出現の仕方に関わる、〈内部〉（Intérieur）と〈外部〉（Extérieur）という概念を提起している。アンリはこれを押し進め、〈内部〉を生の主観性に内在的な経験の仕方に、〈外部〉を対象の超越的な把握の仕方に照応させる。さらに、アンリは、前者の内在性（intériorité）に〈生〉（Vie）の不可視性を、後者の外在性（extériorité）に〈世界〉（Monde）の可視性を対応させて、前者に関して次のような等式を提示する。

〈内部〉＝内在性＝生＝目に見えないもの＝情念（パトス）＝抽象（VI 25）[3]

アンリにおける、抽象絵画の「抽象」という語句はまず、絵画が描くのがまさにこの目に見えない生、内部であることを指している。しかし、そうなると前述の疑問が繰り返される。絵画とは、その目に見えないものが、目に見えるものの世界において表現されたものではないのだろうか。こうした問いに対し、アンリも、生の抽象的な内容が作品となるためには、絵画の諸方法、すなわち具体的なフォルム（forme）を必要とすることは認める。次はカンディンスキーからの引用である。「フォルムは、抽象的な内容の具体的な表現である」（VI 43）。だが、この言葉は、通常考えられるように、根元的な目に見えない〈内部〉が、目に見える〈外部〉へ移動することを意味してはいない。というのも、カンディンスキーは、絵画の内容ばかりか、その内容を表現するフォルムまでもが目に見えないものである、という転換を行うことで、この〈内部〉から〈外部〉への移動の問題を突破するからである。より正確に言えば、フォルムを、具体的な〈外部〉をもちながら、抽象的な〈内部〉の内容によって決定される、という〈内部〉優位の二重性を帯びるものと解することによって、先の〈内部〉と〈外部〉の二元的対立を解消するのである。ただしこのとき、フォルムは、客観的な既存の環境への準拠を停止し、実用的な対象としての指示的な意味を喪失して、自由なものとなっていなくてはならない（VI 47）。したがって、「あらゆる絵画は抽象絵画である」という言葉は、絵画の表現すべき内容が抽象的であることばかりでなく、フォルムが抽象的であることをも含意しているのである。

次に、画家は生を描くとして、なぜそれを描くのだろうか。アンリはカンディンスキーの言葉を引用している。「魂の振動（vibration de l'âme）が……存在しなければならない。これが存在しなければ、作品はありえない」（VI 45）。この「魂の振動」を、アンリは別の言葉で、生の過剰、生の増大、生の高揚（VI 34）、感動（émotion）

あるいは生のより激しい様態（mode plus intense de la vie）（VI 37）と表現する。そして、アンリによれば、「芸術の内容とはこのような感動である。芸術の目的とは他者にそれを伝えることである」（*ibid.*）[4]。ところで、こうした感動を生のより激しい様態であると言い換える場合、その生の様態とは、自己‐触発のことを指していよう。そして、これまでも見たように、すべての生きる者は自己‐触発において、自己と一致し、自己の重みを受容して、そこから逃れることができない（VI 107）。すると、感動とは、生がさらにその重みを増して自己にのしかかってくる事態であると考えられよう。「共‐パトス」の議論を思い出すならば、その中でアンリは、こうした生の重みに耐えられない事態で働く生の運動を、欲動と呼んでいた。我々はこの欲動の内に、他者へと働きかける可能性を見出したのである[5]。こうした欲動の解釈は、ここでの感動についての叙述と重なり合うであろう。つまり、欲動と感動は共に、生のより激しい過剰な運動として、自己の重みに耐えつつ他者へと働きかける運動だと言えるのである。では、芸術作品を実際に創造する際、そういった感動（＝欲動）はどのような働きをなすのだろうか。

　アンリは、この感動を想像力に結びつけて、次のように説明する。すなわち、「芸術作品は想像力から生じる」（VI 185）。彼によれば、想像力は、生に属して、決して途切れず、自己から離れない内在的な情念という仕方で自らを感受して、生を提示する（VI 185-186）。そして、想像力が実際に創造するものとは、「〔存在の〕内部にいまだかつて場所（place）を得たことのないもの、すなわちこれまでに感受されたことのない音色、印象、情動、感情、力」（VI 186）[6]、あるいは、「まさに〔生の〕新たな様態」（VI 187）[7]なのである。したがって、芸術とは、感動という生の運動が想像力を伴って、新たな生を他者に提示するものと規定されよう。こうした芸術活動において、想像力は感動の内容を受けて、人間の全存在を全面的に揺り動かし、招集し、生の新たな様態を得て、自己の拡張（accroissement）を果たす（VI 214）。しかしながら、自己が生に内在的でありつつ新たなものを得るとは、生から離れずして生を拡張するとは、一体いかなる事態なのだろうか。この問いに対する直接的な答えは、『見えないものを見る』の中には見出されない。そこで想起されるのは、「共‐パトス」で見た、「情感的な地下層」（PM 178）と呼ばれる共同体の〈基底〉の存在である。この〈基底〉の存在を媒介すると、こうした想像力の仕業は、次のように考えられる。すなわち、〈基底〉において、自己は生を受けて、自己‐触発を行い、そのことによって自己性を得、また他者把握の可能性を得ている。自己は、通常はこの〈基底〉に内属した自己性において自己を感受し、充足している。しかし、この自己が、感動という過剰な自己‐触発の重みに耐えかねると、想像力の発動を伴って、この〈基底〉を強く触発する。そして、その触発は、〈基底〉を通して他者へと働きかけるであろう。つまり、想像の運動とは、自己の生とさらには〈基底〉をかつてなかったような仕方で強く触発し、生自身を豊かにすることにほかならないと考えられるのである。こうした解釈を経て、再び『見えないものを見る』の問題に戻るならば、アンリにとり、感じ取られることとそれを表現することは同値であるから（VI 98）、この過程において芸術作品が成立することになろう。そして、このとき、芸術家は自らの独自の生および全体的な〈生〉——〈基底〉——の実現の最高段階に達して、〈生〉の真理の肉（chair）となる（VI 38）、と言われるのである。

では最後に、こうして成立した芸術作品を受け取る他者、すなわち鑑賞者は、これをどのように受容するのだろうか。それは、アンリによれば、感受性を通して、つまり生の内在性を通してである（VI 141）。「作品と人々との間にコミュニケーションが成立するならば、それは感受性の次元においてであり、感受性に内在的な感動や変化によってである」（VI 128）。ところで、芸術家にとって創造する作品とは、自身の自己性の最大限の発露にして、生の新たな様態であった。では、鑑賞者にとってもまた、受け取られる作品は、自身にとって他なるもの、つまり未知で新たなものではないのだろうか。だとすれば、芸術家における、フォルムの二重性から、魂の振動、想像力に至る創造の過程は、そのまま鑑賞者へと返されることになる。つまり、鑑賞者が具体的な作品のフォルムから芸術家の描こうとした生の内容に触れ感動するというときには、鑑賞者の方もまた、想像力によって自らの自己‐触発を豊かにして〈基底〉においてこれを受容していると考えられるのである。アンリもカンディンスキーの言葉を引用して、そのことを象徴的に語っている。「きわめて敏感に振動する魂の弦は、軽く触れられてもそのたびに、他の弦を鳴り響かせるだろう」（VI 188）。

以上が、アンリが「共‐パトス」執筆の際に念頭に置いていたと思われる、芸術作品によって創出される共同体のあり方である。この共同体において、前章で「共‐パトス」について提起していた問題を検討するとどうなるであろうか。前章で提起した問題は三点あったが、ここで答えうると思われるのは、二番目と三番目に挙げた問題についてである。すなわち、一つは、他者経験が「他なるもの」からであるという権限を保ち、「謎めいた性格」をもちうるのかということ、もう一つは、さまざまな具体的な感情に関してアンリがどのように考え、自他の感情的な齟齬をそこからいかに説明するのかということであった。

一つ目の問題に対しては、先に見た「〔存在の〕内部にいまだかつて場所を得たことのないもの、すなわちこれまでに感受されたことのない」ものの感受についての考察を、手掛かりにすることができるだろう。このような新たなものは、厳密な意味で、他なるものとしての権限を備えている。また、それが「謎めいた性格」をもつことも、アンリが、その新たなものを創出する想像力を「魔術的な能力」（VI 186）と称することから、十分に示唆されると言える。したがって、残された問題は、その新たな経験が他なるものから得られたということを、自己がその自己‐触発の中でどのような形で知りえるか、ということである。アンリによれば、生の自己‐触発は絶対的な受動性にあって、原理的には自己を被る〈苦しみ〉（Souffrance）という感受性において受容される。だが、同時に生は、自己が〈自己自身の内のより多くのもの〉（le plus de soi-même）である〈過剰なもの〉（plus）に突き動かされて、拡張されるものであり（VI 209-210）、そしてこの自己の拡張の体験は〈喜び〉（Joie）なのである。したがって、新たな体験、ここでは他者からの体験を得るとき、それは〈喜び〉という情感性において受容されると考えられる。これは裏を返せば、自己は〈喜び〉において他者からの体験であることを知る、ということであろう。

二つ目の問題に移ろう。先程見たように、アンリは、生の自己の受容における情感性が〈苦しみ〉と〈喜び〉であり、この両者の揺れ動きが存在の基盤になっていると考えている（VI 144）。あるいはむしろ、〈苦しみ〉と〈喜び〉とは、生が自己に受容される同一の体験の表裏をなすものだと言ってよい。そして、「我々の生とは、まさしく我々の諸感情相互の絶え間なき往環である」（*ibid.*）。アンリによれば、生の主観性の本質は、このような情感性の往環であり、情感性は生の流れにあって境界をもたない（VI 154）。つまり、具体的で独立した感情は存在しないのである。したがって、前章で指摘した問い、さまざまな具体的な感情が、共同体の内部でどのようにして存在しえたのか、という問いに対する直接的な答えは、次のようになるだろう。すなわち、生の情感性は〈苦しみ〉と〈喜び〉の往還として存在する。だから、アンリが他者経験を「……悲しみ、喜び、感嘆、といった、他人と共にある生としての、共にあるパトスとしての、……共‐感としての、我々の生の具体的諸様態」（PM 140）だと述べる際の具体的な感情は、名前としてのみ存在し、現実にはそれらの調性が存在する。そうだとすればさらに、その調性が、自己と他者との間で微妙に色合いを変えつつ流動する限りで、自己と他者とは、実はもはや具体的な名前をもつ感情においてではなく、その生の流動的な調性において「共感する」のだと考えられるのである。

しかしながら、現実には、自他の感情的な齟齬が抜きがたく存在している。極端な例を挙げるならば、一方が相手を愛しており、他方がその相手を避けようとする場合がそうである。この場合、両者の間に何らかのパトスが働いていることは確かではあるが、それを共感や一致と称することには明らかに無理があろう。だが、こういったことがなぜ起こるのかという問いに、アンリはまだ十分に答えることはできない。その原因として考えられるのは、アンリがパトスを「力」であると語るとき、おそらくそれを自他の非‐差異化をもたらす引力としてのみ規定していることである。それは、アンリが「共‐パトス」で原初的な自他関係の例を挙げた際、蛇と蛇に飲み込まれようとする栗鼠《りす》との関係を、魅惑もしくは呪縛という形での力の一致（＝非‐差異化）として描いていたことからも示される。だが、自己と他者との関係をパトスという「力」において語る以上、それは引力だけでなく斥力でもありえるだろう。そして、斥力という可能性を考えた場合、自己と他者との間に、一方には引力が、他方には斥力が、というように反対方向の力が働くこともあるはずである。これが上で挙げた例に該当する。その場合、一方が引力を、他方が斥力を働かせることにおいて「力」が異なる点、また、両者が一致（＝非‐差異化）を目指さない点から、自己と他者とは二重の意味で「一致」しないのではないか、と考えられる。

ただし、こうした極端な例を別にすれば、これまでの議論の範囲内で、自他の感情的な齟齬の存在について示唆を得られないこともない。それは、フォルムの二重性の叙述から導出されうる。すなわち、フォルムは、その客観的な環境への対応を破棄されて抽象的で純粋なフォルムとなり、生の内的必然性に属するに至ったが、いずれにせよ、そこには〈内部〉と〈外部〉の二重性が存していた。そして、真にフォルムが純粋な〈内部〉であるためには、具体的なものから抽象的なものへ、目に見えるものから目に見えないものへと転換されることが要請される。したがって、フォルムを見る者が、この要請を完全に果たさなければ、生の内容は十全に受容されないであろう。また、アンリによれば、フォルムはそれ自体では良くも悪くもなく、作品という大きな目的との関係においてその良し悪しが決まる（VI 170）。つまり、フォルムは、それ自体の生の内容（情念）と、作品全体との関係における生の内容という二重性をも有している。この二重性ゆえに、あらゆるフォルムは、内的必然性について間違った示唆を与えうる（*ibid.*）。そこで、こうしたフォルムが孕む二つの二重性の内に、自他の齟齬の可能性を見出すことができるだろう。

さらに、こうしたフォルムの二重性は、本節の冒頭で提起した問題、すなわち自他の間に介在すると思われている身振り、表情、言葉等の意義にも示唆を与える。アンリは、抽象の成立原則を、「現象性のこのような〈内部〉

と〈外部〉をめぐる」二元論的構造化は可能なあらゆる顕現に関わっていること。……その結果、世界の実在性は芸術の実在性と同じであり、目に見えるものと目に見えないものとの断層のここかしこで消耗していること」（VI 233-234）[8]と述べている。したがって、身振り等の存在もまた、その二元性において芸術作品と同値であることが認められるだろう。つまり、身振り等が「見えるもの」ではなく、「見えないもの」であるという変換を受けるならば、すなわちそれらが距離をおいて見られて意味として解釈されるのではなく、パトスそのものであることが感じられるならば、それらは絵画と同様にパトスの「肉」となりうるのである。ただし、身振りや表情や言葉などは、絵画とは違い、いわゆる身体に張り付いたパトスである。したがって、これらにはアンリが「共-パトス」で触れた〈私はできる〉という限りでの本源的身体の問題が深く関与しているであろう。それゆえ、これらのステイタスについては、本章第三節で身体の問題を考察する際に改めて検討する必要がある。またそれ以前に、こうしたフォルムの二重性そのものがなぜ出来するのかも問われなければならない。

第二節　〈基底〉のキリスト教的展開
——宗教における共同体（1）——

本節と次節で取り上げる晩年のアンリの二つの著作は、共にキリスト教の現象学的解釈、それも独自の生の現象学による解釈に充てられている。この事実は、キリスト教世界に属さない読者を戸惑わせ、読者がその議論に踏み込むのを躊躇させる。だが、アンリは決して、こうした題材を偶然に選んだのではなかった。アンリは、既に『見えないものを見る』で、宗教を自らの生の哲学の内に位置づけている。「生のこの神聖な本質は、あらゆる真の芸術の内容を成しており、元来至る所で存在した芸術と宗教の結合を明白にする……」（VI 217）。さらに、「芸術がもたらす確信を、我々は自らのあるべき様として感受する」(VI 41)と述べて、このような芸術を救済(salut)と呼んでいる。こうして、アンリの生の現象学は、芸術を経由して最終的には宗教、とりわけキリスト教の本質の解明へと向かう。つまり、こうした宗教的著作は、アンリの生の現象学の必然的な帰結なのである。

だが、『我は真理なり』[9]、『受肉』と続く宗教的著作は、アンリ哲学の到達点を示すばかりではない。それらは、彼の他者論の展開を検討する上で、大きな意味を有している。アンリは『受肉』の中で、他者経験の問題は生を前提に据えることで従来の議論を覆しうると述べ(IN 340)、さらに次のように記している。「他の〈自己〉(Soi)という意味での他なるものへのこの関係こそが、人間精神によってはいまだ全く検討されてこなかった仕方で、原初的なキリスト教の通過儀礼的なテクストにおいて表現されているのが見出される」(IN 350)。つまり、アンリのキリスト教解釈が彼自身の生の現象学の到達を示すものである限りにおいて、それはすぐれて彼の他者論(共同体論)の展開とその射程を明らかにするものだと言えるのである。だが、どのようにして、一見懐古的とも映るキリスト教解釈の議論が、哲学史上でも新たな問題構成に属する他者論となり、共同体論となりうるのか。この問いに対し、アンリは、「神、キリスト、人間」の内に、生の共同体の原型を見出し、それらの互いの関係を自己と他者の関係と捉えて考察することで答える。そこでまず本節では、『我は真理なり』を繙き、これら三者の関係を「共 - パトス」の他者経験の議論の発展と位置づけて、その内実を解明したい。

(1)「世界の真理」と「生の真理」

最初に、アンリのキリスト教解釈の内に見出される、生の現象学そのものの到達点を確認しておこう。そもそもアンリによる生の現象学の提唱は、フッサールに代表される志向性の現象学への批判から出発していた。そして、アンリは『我は真理なり』に至って、志向性の現象学を「世界の真理」に、生の現象学を「生の真理」に寄与するものとして、それらを決定的な形で対比させることになる。それらの対比は、誕生（生起）、関係性、系譜、真理概念、個体性の問題等のトピックについて行われている。そこで、これらのトピックにおける対比を通して、「世界の真理」と「生の真理」の相違と、「生の真理」のあり方の特徴を探ることにする。

(i)誕生すること（naître）について。それは、通常の意味では、存在にもたらされること、存在の中に入ることである。そして、我々に現れるものだけが、我々にとって存在することから、「存在に至る（venir à l'être）」とは、それが現れに至ること、すなわち「世界の真理」において現れること、と言い表される。だが、アンリによれば、こうした把握は真の誕生を表してはいない。「……誕生するとは、世界において到来することではない。誕生するとは、生において到来することである。……つまり、それは生に到達すること、生の内に入ること、今後は生きる者となる、驚くべき神秘的なこの条件に達することである」（MV 79）。アンリにとり、生に到来するとは、生から出発して生に到達することである（*ibid.*）。そして、そのような生を生起させるとは、生が自分を生起させることであり、それはすなわち、神のなすことにほかならない（MV 100）。これが誕生における「生の真理」である。

(ii)二つもしくは複数の諸項を結びつける、関係（rapport）について。通常は、さまざまな関係は「自己の外部」に存するのものとして、外在性、すなわち「世界の真理」に帰される、とアンリは言う。それに対して、享受（jouissance）が享受それ自身を感受し、しかもそれが自己を享受するときには、享受を享受それ自身に結びつけている繋がり（lien）は、自己の外部にはなく、いかなる世界にも現れない。アンリによれば、生はこのようにして存在し、それ自身で固有の関係を生成するのである（MV 81）。こうした生に固有の関係は、具体的には神と子、すなわち父と子の関係において詳述され、自己と他者の関係のモデルとなる。

(iii)系譜について。これは、キリストの系譜に関する事柄である。すなわち、キリストが人間の系譜の中にありながら、しかも神の子である、という矛盾をいかに理解するのか、という古来の疑問にアンリが答えようとするものである。アンリによれば、「世界の真理」においては、すべての人間は、人間男性と人間女性の間の子である。だが、「生の真理」においては、すべての人間は、神の子である。というのも、真の意味での誕生とは、生に到来するところの生きる者の可能性だからである。それゆえ、現象学や生物学で採られる「世界の真理」においては、つまり「外部」の外在性においては、いかなる「生きること」も可能ではなく、いかなる生きる者も可能ではない（MV 92）。

(iv)真理概念について。「世界の真理」において、真理を見るための伝統的な概念は、光の概念である。それは、真であることが、見ることができるという可視性に帰されることを意味する。そして、可視性とは、人がまなざしの前にあるもの、すなわち「外部」に保たれるものしか見ない、ということである。その際、世界とはこの「外部」のことにほかならない。だが、ものを見えるようにさせる光が世界へ到来することを考えると、光／真理／世界の同等性は動揺させられることになる。なぜなら、光が世界に到来するということは、光そのものは世界には属していないことを意味するからである。つまり、「世界の真理」を照らすとされる光は、実は世界のものではない。このことを踏まえた上で、アンリは、世界のものではないこの「真理の光」を、「生の真理」におけるキリストの到来と結びつける。アンリによれば、キリストが到来するとき、彼は光において到来し、光によって照らされて、露わになる。このとき、この光は世界の光に対立せず、キリストの世界への到来によって作り出され、また、この到来と同一化される。こうして、「生の真理」において、世界の光が真理の光に転換されるのである（MV 110-111）。

(v)個体性について。「世界の真理」においては、事物あるいは人間が個体化されるのは、「そのものが、空間のこの場所に、時間のこの時に現れたということである」（MV 155）。換言すれば、「個体化の原理は、空間と時間である」（*ibid.*）。だが、アンリは、とりわけ人間における個体性が永遠で、かけがえがないことから、こういった個体性の概念を否定する。彼によれば、空間‐時間的な外的指標は、媒介変数にすぎず、人間のかけがえのなさを表すものではない。したがって、アンリは、個体化そのものは、決して世界に現れることなく、「生の真理」における生の自己‐触発に依拠すると考えるのである。このような個体化の構造は、実は、「共‐パトス」の項で見た、自己性の構造にほかならない。

かくして、「生の真理」が、「世界の真理」とは異なって、無世界的（acosmique）であり、無時間的（intemporel）であることが明らかになる。これは、これまでに見た、生は表象において現れない、というアンリの主張の別の表現である。そしてそうした「生の真理」の本質は、上で掲げた五つのトピックのうち、とりわけ第一のもの（またはそれと関連して第三のもの）、すなわち誕生（生起）の観念において際立っている。というのも、それらのことこそ、ものの現れの根本的な起源であり、それらは生物学をはじめとする諸科学においては決して解明しえない事柄だからである。その上で、アンリは次のように述べる。「キリスト教の内容が、……そのようなものとしての生成や誕生の関係の、体系的かつ驚嘆すべき解明をなす」（MV 82）。「生の真理」は、キリスト教によって、その構造を明らかにされるのである。

(2)〈生〉における共同体の構造

では次に、アンリにおいて他者とは何か、という本来の課題は、こうしたキリスト教解釈においていかなる展開を見るのだろうか。「共‐パトス」までの、生における他者経験の議論を振り返るならば、自己‐触発の解明が受容性の解明へと収斂し、それは自己自身で自らを受容する可能性たることに帰着した。自己の本質の内容を自己自身で受け取る限りにおいて、自己は自己を差異化することなく同一のものに留まり続け、したがって自己の内在性は堅固に保たれる。これが、アンリにおいて自己‐触発が自己性の起源となるゆえんである。ところが、アンリは、他者経験を問題にする際、このような自己‐触発を踏まえ、さらにこれを生の運動そのものと捉えた上で、その生の自己‐触発の起源を問うことへと向かった。そして、この生の自己‐触発そのものを与えたのは自己自身ではない、という事実に着目した結果、自己‐触発の絶対的受動性こそが問題となったのである。その受動性が言わば梃子となって、生を与える〈基底〉が導出されたことは、既に見た通りである。だが、この〈基底〉の自己‐触発と自己の自己‐触発との関係は、いまだ謎を残していた。この関係は、いかなる構造をもって、是とされるのであろうか。

実は、「共‐パトス」の他者論においてその中心概念であった〈基底〉は、『我は真理なり』でも、次の『受肉』でも、ほとんどその姿を消してしまう。それらの著作の中では、「基底」という語が使用されるにしても、それは共同体の基盤という意味をもった Fond ではなく、せいぜい一般的な基底という意味で fond と小文字で表記されるにすぎない。これは取りも直さず、自己‐触発の起源であった〈基底〉に代わる概念が出来したことを示している。それこそが、大文字で表記される〈生〉（Vie）である。そしてこの大文字の〈生〉は、無世界的で無時間的な「生の真理」における、「誕生」や「生起」の源泉たる、キリスト教の神にほかならない[10]。アンリによれば、生〈vie〉はこの神に由来し、生きる者が生きる者たりうるのは、それが〈神の子〉（Fils）である限りにおいてなのである。こうして、〈基底〉と人間との関係は、神と子との関係に移行する。

アンリは、ここで神と子の関係を論じるにあたり、神と子との絶対的な相違を示すために、自己‐触発について新たな概念を導入する。それは、「強い」自己‐触発と「弱い」自己‐触発という区別である。

強い自己‐触発とは神にふさわしいものである。強い自己‐触発の概念によれば、生は二重の仕方で自己‐触発している。二重の仕方とはすなわち、一方では、生は固有の触発からその内容を規定されるばかりでなく、自己自身でその内容を作り出すということを指している。つまり、強い自己‐触発においては、生は内容を生起させ、自らに対して自分自身であるところのこの内容を与えるのである。「この自己‐能与は自己‐開示のことであり、これが超越論的情感性である。そのパトスにおいてこそ、あらゆる自己自身の体験は、まさしくパトス的なものとして、その存在の最深部における情感的なものとしてありうる」（MV 135）。つまり、すべての自己 - 触発が存在の最深部でパトス的なものとして受け取られる限りで、生の自己 - 触発は受動的なのだが、この強い自己 - 触発では、その自己 - 触発が自己自身によって作り出されている。神における強い自己 - 触発とは、このような生の自己による生起、すなわち自己 - 生起（auto-génération）のことである。

他方、弱い自己 - 触発とは、人間にふさわしいものである。弱い自己 - 触発において、人間は、自らを触発するものであると共に自ら触発されるものでもあり、自身がこの触発の主体であり内容でもある。しかしながら、「……私はこの体験の源泉であることなしに、自己自身を感受する。私は、この能与がいかなる仕方でも私に属することなく、私自身に与えられるのである」（MV 136）。こうして人間の弱い自己 - 触発は、自己自身を受け取ってその本質を規定しつつ、しかもその起源を自己の内にもたないものなのである。

アンリがここで神と子の間に設けた自己 - 触発そのものの区別は、「共 - パトス」の時点ではいまだ不分明であった、〈基底〉の自己 - 触発と人間の自己 - 触発の区別を明確なものにする。では次に、〈生〉、すなわち強い自己 - 触発を遂行する神は、弱い自己 - 触発を遂行する人間に対して、いかなる形でその源泉となりうるのだろうか。これは無論、〈基底〉と人間との関係を改めて問うことにほかならない。

このことをアンリは、キリストという仲介者の存在を加えて、神とその最初の〈子〉であるキリストとの関係、キリストと人間との関係、という二段階で考察する。アンリによれば、神の強い自己 - 触発は、始源（commencement）である自己 - 生起であり、それは自己 - 開示の過程でもある。この絶対的な自己 - 触発において生成され、この絶対的な過程に共に属するものとして、最初の〈生きる者〉（Vivant）、〈原 - 子〉（Archi-Fils）すなわちキリストが生成する（MV 76-77）。このとき、この神とキリストとの関係は相互内在性（intériorité réciproque）においてあり、可逆的である（MV 81）。さらに、キリストすなわち〈原 - 子〉は、こうした生の自己 - 触発を神と共有し、本質的な〈自己性〉（Ipséité）を保持している限りで、その〈自己性〉において、他のすべての子（fils）の自己性（ipséité）の条件を保持している。そして、神と同等の始源をもつ、この〈原 - 子〉に内在的な仕方で、あらゆる生きる者（＝子）が生成する。そのとき、生きる者の個別の生は、〈生〉が自らの中に身を投じて、絶対的な自己 - 触発の永遠の過程において自己を享受するような運動の内部でのみ、自ら自身を感受するのである。すなわち、「〈自己〉（Soi）は、〈生〉がそれ自身で自己 - 触発する限りにおいてのみ、自己 - 触発する」（MV 136）。換言すれば、子は、神に等しい〈原 - 子〉の〈自己性〉において自己自身に到達し、生きる者たりえ、自己自身たりうるのである。こうして、神とキリスト、キリストと生きる者との関係がすべて相互内在的である限りにおいて、人間は〈神の子〉と言われる。しかしこのとき、神と子の関係は決して可逆的ではありえない（*ibid.*）。

　こうした関係の描写において、アンリが一貫して主張してきた、生の自己 - 触発の受動性の起源が明らかになる。自己 - 触発の受動性が特に重要視されたのは、それが〈基底〉や他者の存在を導出する梃子として、共同体論の要であったからである。ここに至って、その受動性の事実が、根源的な〈生〉としての神の本性から導出されることになったのである。そのことによって、〈基底〉の根拠と他者存在が〈生〉によって導かれ、さらには、自己と他者がこの〈生〉において把握し直されることになろう。つまり、〈生〉の強い自己 - 触発が、各々の生きる者の弱い自己 - 触発へと能与されることで、〈生〉と生きる者たちとが互いに共属し合って、内在的な関係を構成すると考えられるのである。これは、確かにキリスト教解釈を借りた共同体論だと言えるだろう。

(3)〈生〉の共同体における人間の位置

さらに、このように把握された共同体の構造は、〈生〉における人間の位置をもより明確にする。人間は、生起することを止めない〈生〉の自己‐触発の永遠の過程を受け取るという意味でも受動的であるが、加えて自己であるところの自己‐触発をたえず受け取るという意味でも受動的であるという、根源的な受動性をその本質にしている。換言すれば、人間は、神から生そのものを受容するという意味で、また、生の自己‐触発によって自己を受容するという意味で、二重の受動性を帯びているのである。アンリは、人間がこのような受動性において生きることの現象学的な証拠を、「私（moi）」という一人称の呼称の内に見出す（MV 171）。アンリの着眼点は、まず現れる「私」という呼称が、主格ではなく対格である、ということにある。そして、アンリによれば、この「私」はエゴと同じものではない。

自己に関するアンリの記述は、これまで以上に詳細になる。彼は、次のように述べる。「〈生〉の〈自己性〉において自己自身を体験しながら、「私」は、自身を所有し、同時に私を横切っていく力（pouvoir）の各々をも所有する」（*ibid.*）[11]。この力は、いわゆる身体の力と精神の力の双方を意味するが、いずれにしてもそれらはパトス的な体験において自己と一致している。これらの力を所有することが、自己を所有することにほかならない。そして、自己がこの力と一致してそれを意のままに行使しうるとき、つまり、〈私はできる〉（Je Peux）と言うとき、元来対格であった「私」が主格としての〈私〉（Je）に転換されるのである。この〈私はできる〉限りにおいて、エゴが成立し、さらには超越論的自我（moi transcendantal）が成立する（MV 172）。

こうして、〈私〉つまりエゴは、やはり絶対的〈生〉の自己‐能与に与ってではあるものの、力を所有し、この力の中心となり、これを行使しうるという自由を得る。しかし、この「私」から〈私〉への、つまり受動から能動への転換は、問題も孕んでいる。というのも、「エゴが力を働かせている間、……そのときエゴは自分をそれらの源泉とも、それらの起源とも思う」（MV 176）ことになるからである。無論、これは錯覚であり、アンリの言葉では、エゴの超越論的幻影（illusion transcendantale）である（MV 177）。だが、この超越論的幻影が、不可視の生を隠蔽して、エゴの前に世界を開き、世界の中の事物や他者をエゴ自身に関わる限りにおいてしか気遣わないエゴイズムの元凶となってしまう。そして、エゴはエゴイズムにあって、自らの真の起源、すなわち〈神の子〉から生じたという自らの生の条件を忘却するに至るのである。

したがって、人間は、絶対的〈生〉を起源とすることを自らの生の真の条件としてもつ一方で、超越論的幻影によるその条件の忘却をも運命づけられている。言い換えれば、人間は、神から力を与えられるが、その力を行使できるという〈私はできる〉にある限りにおいて、「生」と「世界」の双方に属するという二重性を帯びているのである。こうしたことから、人間の状況は正確には次のように把握されることになる。「〈神の子〉、それはまず、また何よりも、人間ではなく、人間がなるべきものである。人間が〈子〉になるべきなのは、まさしく、人間が〈子〉ではないからである」（MV 203）[12]。ここで求められるのは、もはや比喩ではない、本来の意味での回心であり救済である。「救済、それは第二の誕生であり、新たな〈生〉へ入ることである」（MV 210）。

では、〈神の子〉たる条件すなわち絶対的〈生〉を忘却した人間が、その忘却を乗り越え、それを再発見し、〈生〉に入ることはいかにしてできるのだろうか。これは、アンリの主張する「生の真理」がいかに可能であるのか、換言すれば、「世界の真理」から「生の真理」への回心はどのようにして行われるのか、というアンリ哲学の根幹に関わる問いでもある。そしてこれは、『我は真理なり』以前の文脈で言えば、アンリの主張する内在的現れがいかにして可能であるのか、すなわち、距離を置いた外在的現れから、内在的現れへの移行はいかにして可能か、という問いと同値である。他者把握という問題構成に沿ってもっと端的に言えば、これは、アンリが何度も批判し否定した志向性による把握が、いかにして生における真正な他者把握に転換されるのか、という問いなのである。

これは、まさしく前章の最後の部分で第一に挙げた問題である。この問いに答えるためには、絶対的〈生〉と〈世界〉との双方に向かって開かれている、〈私はできる〉限りでの人間の行為（faire）に焦点を当てる必要がある。この「行為」においてこそ、すなわち、見えないものである自己‐触発が実効化されてこそ、生自身の内部で遂行される変化（mutation）、つまり自己‐変換（auto-transformation）が果たされる、とアンリは述べるからである（MV 209）。ただし、この自己‐変換の原理もまた、自己自身には存しない。エゴがエゴイズムを脱して、本質的な〈自己性〉へと送り返されるのは、神の慈悲（miséricorde）の働きによる。この慈悲の働きによって初めて決定的な置換が起こり、行為の遂行は、生の運動と一つになり、絶対的〈生〉の自己‐遂行（auto-accomplissement）以外の何ものでもなくなる（MV 216）。そのときに働く身体を、アンリは目に見えない超越論的身体（corps transcendantal）と呼び、「行為する（faire）、行動する（agir）はまた、創造する（produire）の意味で用いられる」（MV 217）と述べる。これは、まさしく前節で見た、芸術家が作品を創造する過程と同値である。このようにして、人間における「生」と「世界」の二重性は、行為に引き継がれ、行為は、神の慈悲の働きによって生たることを取り戻す。そして、以上のようなキリスト教的な人間の把握に基づいてのみ、真の他者が立ち現れてくる、とアンリは主張するのである（MV 212）。

かくして、アンリのキリスト教解釈に従えば、共同体の条件は、人間が、自己‐生起する神（＝〈生〉）から生を能与されて自己‐触発する〈神の子〉であること、と表されるだろう。この絶対的〈生〉である神と〈神の子〉たる人間のあり方が、アンリが「共‐パトス」で述べた〈基底〉における共同体の発展的な表現となり、共同体の生の構造を明らかにしたのである。ただし、こうして共同体の構造と、その内での人間の位置づけは明らかになったとはいえ、アンリがここで述べた真の他者がいかなるものなのか、そしてその共同体における自己と他者との関係がいかなるものなのかは、次の『受肉』の議論を待たなくてはならない。

第三節　身体と他者
――宗教における共同体（2）――

続いて、同じくキリスト教論である『受肉』を見るわけであるが、アンリの他者論におけるこの著作の意義は大きい。その重要性は、次の三点において指摘できると考えられる。

まず、第一の意義は、アンリがこの『受肉』の中で、キリスト教の現象学的解釈が、他者経験の議論そのものであることを言明していることである。この言明は、アンリのキリスト教解釈の議論が、宗教的共同体の例として、共同体論のメタファーとして読まれうる、というよりももっと積極的に、それが他者経験の議論を言わば必然的な形で展開したものであることを示している。さらにこの言明は、『受肉』に先立つ、同じくキリスト教解釈である『我は真理なり』の議論もまた、他者論として読解されうるものであったことを確証するものである。

そして、第二の意義は、アンリの他者論が、『受肉』では、身体に関する議論の上で展開されることである。振り返るならば、アンリは、「共‐パトス」において、フッサールの対化的連合に用いられる対象的身体を批判するべく、〈私はできる〉限りでの本源的身体をそれに対置していた。しかしその場面で、本源的身体そのものについての詳述はなかった。さらにまた、『我は真理なり』では、なるほど「神、キリスト、人間」の相互内在的な関係を基盤として、〈私はできる〉限りでのエゴのあり方とその変容、さらにはその変容に関与する身体の行為にまで言及されていたとはいえ、そうした〈私はできる〉限りでのエゴが、他のエゴといかなる関係をもつのかは、いまだ明らかにされていなかった。ところが、この『受肉』において、アンリは、こうしてさまざまに示唆された〈私はできる〉限りでの私の身体の問題を、キリスト教解釈から得た〈生〉の共同体を踏まえて、主題的に論じているのである。それゆえ、ここで新たに、〈生〉の共同体において、〈私はできる〉限りの私の身体がいかにして他の身体と関係をもちうるかを考察することが可能になる。これが、『受肉』がアンリの他者論の展開として特記される点である。

しかし、さらに第三の意義として挙げなければならないのは、『受肉』での身体における他者の議論が、アンリの他者論に展開をもたらすだけでなく、第一部で見たような情感性による他者把握の理論一般に寄与することである。これまで、サルトルに始まって、情感性を軸とした他者把握を検討してきたが、そうした立論には、自他の間に共同感情という地盤を創出しうる代わりに、自己の自己性をどのように確保するのか、という問題がつきまとっていた[13]。換言すれば、情感性を共同体の基盤とすることで、感情的一致による他者把握が可能になる一方、そうした感情的一致は、自他の個体性を解消してしまうという問題を孕んでいた[14]。こうした問題に対処するため、自他の個体性としてしばしば持ち出されていたのが、身体における個体性である。だがその場合、その個体性は論証されることなく、事実的なものとして、議論の内に密かに導入されていることが多かった。このようなわけで、身体のステイタスを存在論的に確定することは、情感性を基盤にする他者論一般の弱点を克服するために不可避の課題だと言えるのである。こうした中、アンリが情感性を基盤にする他者論を推進しつつ身体を論じていることの意義は大きい。その議論を検討することで、情感性を擁した他者論の弱点を克服し、その新たな可能性を示しうると期待できるからである。

そこで、アンリの『受肉』における身体論の展開を概観し、それを踏まえて、その内で示されるアンリの他者論の可能性、引いては情感性による他者論そのものの射程を明らかにしたい。

(1)「肉」の生成

さて、我々は、『見えないものを見る』の中でフォルムが問題にされた際、通常「見えるもの」と規定されているフォルムが「見えないもの」と転換されることによって、生の情感性における絵画論が展開されるのを見た。同様の仕方で、アンリは『受肉』で身体を論じる際にも、生の自己‐触発の議論によって、「見えるもの」と把握されている身体を「見えないもの」へと転換する。そのために、アンリがまず着手するのは、伝統的な魂と身体との二元論の否定である。それが否定される理由をアンリは次のように述べている。「生きる者においては、この種のいかなる二元論も存在せず、ただ〈生〉と、この〈生〉において自己に与えられたものとしての生きる者自身だけが存在するからである」(IN 177)。アンリによれば、根源的な生ける人間において、魂と身体との間に区別はない。彼はこのような理解に基づいて、身体の概念を次のように転換する。「身体は、そのたびに開示されるものの内容を同時に触発する。すなわち、我々が、ずっと以前から外的身体として理解している身体ではなく、それとは全く違うもの、すなわち、まさしく肉、それも我々のものとして、生以外の場では決して生じないような肉を」(IN 173)。伝統的な身体の概念に対立するものとして、導入されるのはこの「肉(chair)」である。[15]

では、「肉」はどのように生成するのだろうか。アンリは、『我は真理なり』で展開された〈生〉の共同体の構造を踏まえて、この肉の生成を説明する。アンリによれば、まずキリストが、最初の〈生きる者〉、すなわち〈原‐自己〉(Archi-Soi)として、〈生〉の自己‐触発を受け取るという〈原‐受動性〉(Archi-passibilité)を有している。そして、このキリストの生において、その〈原‐受動性〉は、〈原‐開示〉(Archi-révélation)を遂行する。その限りで、この〈原‐自己〉は、自らの内に〈原‐肉〉(Archi-Chair)をもたらし、この〈原‐肉〉が、やはり〈原‐受動性〉を帯びたあらゆる生きる者の肉を可能にするのである。このことを、アンリは次のように述べている。「我々のものであるような肉の生起が可能になるのは、〈原‐自己〉の〈原‐肉〉の永遠の生起の関係においてのみ、すなわち……〈原‐受動性〉における自己‐開示としての絶対的〈生〉の生起においてのみである」（IN 177）。それゆえ、「すべての生きる者は、一つの肉をもち、もっと言えば、生きる者は肉そのものなのである」（*ibid.*）と言えるのである。これがアンリの言う、肉の生成、すなわち「受肉」の過程にほかならない。

こうした肉の生起の構造は、〈超越論的自己〉（Soi transcendantal）の生起の構造と同一である。[16] その意味で、「〈自我〉（Moi）と〈肉〉（Chair）は一つのものでしかない」（IN 178）。肉の生起の構造と超越論的自己の生起の構造が同一であることは、肉が現象学的条件として最も内的な可能性であることを示す。それゆえ、肉という概念を媒介することで、自己の諸相が明らかになり、さらには自己と他者との〈原‐理解可能性〉（Archi-intelligibilité）に新たな局面を開くことになる。

そして、アンリによれば、キリスト教の教父たちが創出したのは、まさしくこの肉の理論にほかならない。この見解に基づいて、アンリは、キリスト教解釈からこそ、この肉がいかなるものか、さらにこの肉がもたらす〈原‐理解可能性〉がいかなるものかを導出できると考える。だが、アンリにおいても教父たちにおいても躓きの石となるのは、〈原‐子〉たるキリストの肉が「死すべきもの」として与えられたことである。つまり、キリストが受難に遭遇したとするならば、その苦難が現実のものであるためには、キリストの肉は「死すべき」性質を帯びた「現実の肉」でなければならない。そこで問いは次のように定式化される。「肉の実在性は何によって構成されるのか。何が我々をして現実の肉、と言うことを可能にするのか」（IN 184）。[17]

アンリがこの問いに答えるための手掛かりにするのは、受苦である。これまでもしばしば論じられた受苦は、この『受肉』の文脈の中で、改めて次のように表される。「そこにおいてパトスと〈自己性〉とが共に根源的な現象学的実効化として生じるような、生きることの純粋な体験、そのような体験を示す原初的な受苦の可能性について言うならば、受苦は、それによって生がその固有の〈基底〉に触れるような根源的かつ情感的な調性の一つを規定するのである」(IN 186–187)。ここから、受苦とは、パトスを受け取る根源的体験であること、それゆえ自己性を構成するものであること、さらには一種のコギタチオであることが確認される。そして、アンリは、この受苦の実在性こそが、肉の実在性を打ち立てるものだと考えるのである。なぜなら、「肉とパトス、〈原‐肉〉と〈原‐パトス〉(**Archi-pathos**)は、いかなる場合にも、そこにおいてこの〈原‐開示〉が遂行されるような根源的な現象学的方法として、自己に到来する絶対的生の過程と同質だからである」(IN 187)。こうして、絶対的〈生〉の自己‐触発がパトスとして自己にもたらされ、それが受苦という仕方で受け取られ、肉の内で発現する。このような仕方で、アンリは、世界の内で現れる質量的かつ対象的な身体から、生のパトスにおいて現れる印象的かつ情感的な肉への転換を図るのである。そして、このような転換においてのみ、キリストの受難が可能なものとなる。つまり、こうした転換によって、キリストは、感覚することを得、したがって苦しむことを得、事実としての受難に耐えることができると考えられたのである。

　この結論は、「感覚される身体」から「感覚する身体」への転換をも含意している。そもそも、志向的な超越論的身体論によれば、身体は、「触る／触られる」という可逆性において把握される。しかしながら、アンリによれば、触ることの可能性は、触られるものに対する志向的関係の内には存在しない。少なくともその志向的関係が可能になるための、その根源的な可能性は、生におけるパトス的な自己‐触発に存するというのが、アンリの主張である。では、「感覚する身体」の「触ることが‐できる」は、生においてどのように可能となるのか。

　この問いかけに対して、アンリは次のように答える。「あらゆる力の可能性は、肉という形態の下での、生の自己への到来である。もし、身体性(**corporéité**)が我々の力の総体なのであれば、この身体性が可能であるのは、肉において、肉としてである」(IN 197)[18]。このような仕方で、あらゆる肉には〈生〉が内在し、さらにその肉におけるあらゆる力にも〈生〉が内在している。この力が実効的であるということは、自己が、パトス的な自己‐触発を受け取り、それを知り、行使するという事態にほかならない。そして、これらの力はまた、絶対的な〈生〉の自己‐能与に由来するがゆえに、無限に反復可能である（IN 206）。さらに、こうして絶対的な〈生〉から導かれた力と肉の規定は、〈情感性〉（Affectivité）との決定的な結合をも明らかにする。「もし〈生〉のパトス的な自己‐能与において自己に与えられることによってしか、力が存在しないのであれば、すべての力は、……その本質がパトス的なこの自己‐触発の内に留まるからこそ、情感的でありうるのである」（IN 204）。

(2)「肉」と世界

かくして、私の根源的な身体は、肉として〈生〉に内在して、あらゆる力を展開させるべき原理的な可能性となる（IN 207）。その限りで、肉としての身体は、外在的身体、すなわち世界内の身体であることを逃れる。だが他方で、肉における諸力は、アンリも認めるように、アプリオリに世界への接近を許されてもいる（*ibid.*）。では、この力と外在的世界とはいかなる関係をもちうるのか、という問いが当然生じてこよう。アンリ自身も、次のような形でこの疑問を表現している。「〔魂、意識、精神現象などといった名前が与えられる〕広がりのないものとしての主観的な契機が、どのようにして延長する物体（身体、corps）に働きかけることができ、それを動かすことができるのか」（IN 209）。この問いは、一見すると古典的な心身問題に属するものであるかに見える。だが、これは実は、〈生〉の肉の議論において、自己が他者という対象項に対していかに働きかけうるのかという問題への突破口となる、きわめて重要な問いである。そして、アンリがこの問いに答えるために参照するのは、メーヌ・ド・ビランの〈抵抗する連続体〉（continu résistant）の議論である。

では、この〈抵抗する連続体〉の概念を容れることで、〈生〉によって把握し直された身体は、どのように世界へと接近しうるのか。アンリによれば、根源的な我々の身体性において、その身体性の力の運動は、その身体性そのものにたえまなく抵抗する項に衝突する。この、我々の努力に対してたえず抵抗する連続体が、最初の対立、すなわち諸力の内的な展開において出会われる最初の外在性を規定する（IN 211）。しかし、注意しなければならないが、ここで出会われる外在性は、例えば空間的に表象されるような外在性ではない。それは、〈私はできる〉（je peux）に対して、すなわち力一般に対して出会われる外在性である。アンリによれば、我々の力が動くことに対立する抵抗する連続体は、「力の結果の下で折れ曲がったり、それによって押し返されていることがわかるような」（IN 213）[19]〈内的延長〉（étendue intérieure）の一種である。

そして、この抵抗する連続体が〈私はできる〉の内在的な自己‐運動に拮抗するとき、決定的な分化が起こるとアンリは言う。一方は、抵抗する連続体が、我々の根源的な身体性の諸力に絶対的な抵抗を対立させる場合である。その場合、この連続体は、〈実在的な〉宇宙を構成するような身体（物体）の実在性を規定する。他方は、抵抗する連続体が諸力に服従して〈私はできる〉に合致する場合である。その場合、この連続体は、我々の〈有機的身体〉（corps organique）として、我々に属するものとなるのである。「連続体が……これらの力に屈するときには、その内で開示されるのが、我々の有機的身体の実在性なのである」（*ibid.*）。このようにして、〈生〉の肉であるところの身体性が、有機的身体として実在性を得る。しかし、一方の宇宙の実在的な身体（物体）にせよ、他方の我々に固有の有機的身体にせよ、我々の身体性の内的諸力に対してしか与えられないのであるから、目に見える表象とは関係がない。つまり、これらの身体の実在性は、肉の実在性と同様、「目に見えない実在性」なのである（*ibid.*）。それゆえ、ここで展開される抵抗から作り出される連続体は、伝統的な「延長実体」とは区別されて、〈有機的延長〉（étendue organique）と呼ばれる（IN 214）。そしてそれは、我々の努力の境界（limite）であり、言い換えれば実践的な境界なのである。アンリは述べている。「［我々の有機的身体の諸器官は］総体で、我々の根源的身体性の〈私はできる〉によって無の外部で支えられたものとして維持されている」（IN 215）[20]。

こうした分化と、その境界である〈有機的延長〉は、何を意味しているのだろうか。実は、それらは他者の身体と我々の身体との分化のあり方と接点とを明らかにしているのである。他者の身体は、抵抗する連続体として私の内的諸力に絶対的に抵抗するという形で宇宙を構成する実在性を担う。また、私の有機的身体は、私自身の内的諸力に服従するという形で実在性を得ている。そして、これらは互いに内的諸力によって拮抗し、〈有機的延長〉で隔てられ、「目に見えない実在性」において保たれているのである。

だがさらに、この境界がいかなるものかに迫ろう。上記のようにして、我々の有機的身体の実在性は、「目に見えない実在性」である。しかし、それが努力の境界であり、実践的な境界である以上、有機的身体は、アンリが「生」の対立項とするいわゆる「世界」に接しているのではないか、という問いは依然として存続している。アンリも次のことを認めている。「我々の身体は、そこで決定的な仕方で、現れの二元論が保証されるような重要な経験を我々に提示する」（IN 216）[21]。この二元論とはもちろん、「生」の内在性におけるパトス的な仕方での現れと、「世界」の外在性における表象的な仕方での現れとの二元論のことを指す。そして、我々の身体は、そうした二元論に晒されているというのである。このことは、まず第一義的には、我々の身体それ自体が、現れの二重性の結果であり、その反論不可能な証拠であることを指している。しかし同時に、このことは、我々の身体が、この二重性を備えたものとしての他者の身体に対峙しているということを指してもいる。そこで次に、こうして共に二重性を備えた自己と他者がいかなる関係をもつかを検討するためにも、我々の身体がこのような二重性を被る理由を調べなくてはならない。

我々の身体が生と世界という二重性を被るのはなぜか、という問いに対して、アンリは、肉のもつ感受性の印象が、時間の最初の隔たりにおいて、自己から分たれてゆくという「脱‐自」の事態に着目する（IN 241）。直接的な肉の印象が自己から分かれてゆくということは、それが生の内在性から分離されて、外在的なものに堕すということである。そればかりか、このことは、我々の身体そのものが、外在的なものとなって、肉の実在性を失うことに繋がっている。しかも、アンリは、このような過程を生の運命そのものだと述べる。「〈外部〉の外在性においてその実体がなくなること、あらゆる把握可能な肉の固有性とは、そのようなものである」（IN 219）[22]。したがって、次のようにも言われる。「私の身体と全く同様に、他人の対象的な身体は、次のようなものである、すなわち、世界の現れにおける、またその現れによる、肉の非実在化」（*ibid.*）[23]。身体における生と世界の二重性の原因は、我々が時間の中で生きざるをえないことに求められるのである。それゆえ、生と世界の対立は、時間化を介した対立だと言うことができる。したがって、もし時間化の契機を捨象するならば、生と世界とは対立する二項ではない。むしろ、本来ならば次のようにして、世界は生に基づいて存在する。すなわち、「私の肉において、私は私の有機的身体の生であるから、私はまた、世界の生でもあるのだ。この本源的で根元的な意味においてこそ、世界は生-世界（monde-de-la-vie）なのであり、生活世界（Lebenswelt）なのである」（IN 216）[24]。しかし生きる者が絶対的〈生〉を原初的に受け取りつつ、時間の脱-自の構造において堕落する限りで、世界は生に対立するに至るのである。

　こうした議論はまた、これまで他者把握に関して特に問題にされ、第二章の最後で第一番目の問題にも掲げた、志向性のステイタスにも連動している[25]。アンリによれば、志向性の働きそのものは、志向性に由来するのではなく、それもまた自己の運動である限り、絶対的〈生〉の自己-能与においてのみ成立する（IN 218）。つまり、志向性もまた、絶対的〈生〉の自己-能与を受け取り、さらにそれを自己自身の働きにおいて受け取るという仕方で、生の自己-触発の過程の内に存するのである。しかし、その志向性の働きは、外在的な距離の内で遂行される。つまり、志向性は、自己自身の内に時間の脱-自が起こり、自己自身が外在性に堕したという条件下でのみ働くのである。もちろん、そうした志向性の働きが、生の内在性に決して到達しえないことは言うまでもない[26]。かくして、志向性は、〈生〉に依拠しつつ、しかも〈生〉から乖離した事態において働く、アンビヴァレントな能力であることになる。この能力は、時間という契機によって生からの乖離を運命づけられ、生と世界の二重性を被って生きる者の二重性に照応している。その意味で、この能力は、人間の有限性と堕落の象徴だと言えるのである[27]。

(3)「肉」における〈私はできる〉と他者の身体——エロス的関係の可能性——

以上のようにして、肉の存在論は、〈抵抗する連続体〉を媒介にして、肉の実在性から身体の実在性を導出し、さらにその二重性を明らかにした。そして今や、そうした二重性を帯びた我々の身体が、やはり二重性を帯びた他者といかなる関係をもちうるのかという問題へと逢着する。もちろん、「共‐パトス」から始めてこれまで見たように、アンリにおける自己と他者との関係は、一貫して生に内在的な情感性において把握される。こうした着想が、アンリの中で揺らぐことはない。しかし、先に見たように、人間は堕落に晒されており、その身体は生と世界の二重性を帯びてもいる。では、堕落に瀕した人間に固有の情感性はいかなるものであり、そこにおいて自他の関係はどのように描写されうるのか。

まず考えなければならないのは、そもそも肉の存在論における固有の情感性はいかなるものか、という根本的な問題である。アンリによれば、生きる者の肉とは、すなわち生きる自己である。そして、この肉は、絶対的〈生〉の自己‐能与を受け取る限りにおいて、あらゆる力とその可能性である〈私はできる〉を自らの内にもっている。これは、コギトの最初の理解であり、〈原‐理解可能性〉とも表現される。その意味で、「〈生〉がまず説明するのは、我々の肉についてである」(IN 242)。しかしながら、あらゆる力の源泉は、絶対的〈生〉であって自己自身ではないから、力の発現は常に自らの「非‐力(non-pouvoir)」との遭遇ともなる。「あらゆる力は、それ自身において、力がそれに対して何もできないもの、すなわち絶対的な非‐力に自らぶつかるのである」(IN 248)[28]。こうした非‐力において改めて明らかになる原初的な〈私はできる〉が自己へともたらされて実効化される際に、そのたびに問題になるのは、「行為の感情（sentiment de l'action）」である（IN 268）。そして、アンリの引用するメーヌ・ド・ビランにおいて、〈私はできる〉という本源的身体が、〈抵抗する連続体〉において実在化される限りで、この行為の感情とは、「努力の感情（sentiment d'effort）」にほかならない（*ibid.*）。努力の感情においてこそ、〈私はできる〉は、自らが自由に展開しうる力であることを見出す。つまり、努力の感情は、あらゆる力を解放し、力を与える根源的パトスなのである。この感情の情感性は、何らかの様態の情感性なのではない。そうではなく、超越論的情感性と力が交叉して生まれる生の情感性である。そして、その生の情感性は、受苦（souffrir）と享受（甘受、jouir）という二つの調性に従って自己‐触発しているのである（IN 269）[29]。

だが、こうした肉の努力は、限りなく世界に接しているところにその特色がある。つまり、〈私はできる〉限りの身体は、堕落に瀕して、生と世界の二重性を帯びているのである。では続いて、こうした二重性を帯びた身体に固有の情感性（パトス）とはいかなるものか。それをアンリは、不安（angoisse）であると述べる（IN 270）。この不安は、元来は、〈私はできる〉という力の可能性が〈目もくらむような自由〉（IN 276）にありつつ、その実自らに何ら根拠をもたないことに由来している。この不安の内で、生きる者は、力に先立つ絶対的な非‐力にぶつかるのである。これは、生きる者の肉の条件そのものに根差した不安である。しかしながら、さらにアンリは、堕落した生きる者特有の不安を、ここに付け加える。それは、対象的な現象としての性的差異において考えられる身体と、魂とが結合しているというパラドクスに由来する不安である（IN 305）[30]。対象的身体における性的差異は、偶然的に与えられるがゆえに不安であり、しかもそれに基づく欲望を増大させるがゆえに不安である。こうして、生きる者は、身体の二重性において、二重の不安を抱え込んでいる。そして、この〈私はできる〉において必然的である不安と、性的差異によって喚起される不安との双方に晒されつつ、自己と他者とが身体において遭遇するのが、エロス的関係という局面である。

言うまでもなく、エロス的関係は、他者論全般において特別な位置を占めている。それは、サルトルやシェーラーの章でも見た通りである。他方でアンリは、これまではあまりその問題を積極的に論じてはこなかった。わずかに言及していたのは、「共‐パトス」でのシェーラーに対する注釈においてである。そこにおいてアンリは、エロス的関係は表象関係として否定すべきものと捉えていた。それが、ここに至って初めて、そのエロス的関係が、外在化という〈罪〉の可能性をも孕んだ身体の議論の延長上で、他者経験の形而上学的な射程の内に存するものと位置づけられ（IN 297）、展開されることになる。

アンリによるエロス的関係の検討は、「触るもの（le touchant）」／「触られるもの（l'être touché）」という二項の分析から着手される。「触るもの」の源泉は、肉の内在性における〈私はできる〉である。それゆえ、この「触るもの」は、固有の有機的身体を展開している。ところが、この「触るもの」に対して、衝突するものが存在する。それは、この「触るもの」に対して絶対的に抵抗するもの、「触るもの」たる有機的身体にとって抵抗不可能なもの、有機的身体の努力の見えない限界で遭遇されるもの、すなわち「触られるもの」である。このような「触られるもの」は、一見、外的身体であり、世界の実在的な内容であるかに思われる。だが、アンリは、あくまでもこれが生の内在性における議論であることを強調する。「私の力に対するこの外的な内容は、まさしく、世界の外在性において示されるものという現象学的な意味では、外的な何ものでもない」（IN 298）[31]。その上で、こうして〈私はできる〉の限界に位置づけられた「触られるもの」は、次のように規定される。「私の〈私はできる〉のこの実践的な境界、すなわち私の〈私はできる〉によって内的に生きられ、〈私はできる〉と同様、目に見えないこの境界」（*ibid.*）。ここで「触るもの」が触れているのは、外的もしくは対象的な身体では決してない。そうではなく、目に見えない、内的な力に触れているのである。それは、私の〈私はできる〉の境界で、私の諸力に対する絶対的な抵抗として現れてくる他の有機的身体である。さらに、こうした規定は逆に、前述の「触るもの」を、「触られるもの」へと変換させることにもなる。それというのも、この「触られるもの」が、生きる他者の身体である限りにおいて、それもまた私の能動的運動に逆らって、反対運動や能動的圧迫となる〈抵抗する連続体〉だからである。このとき、他者は「触られるもの」から「触るもの」になりえ、そのことは自己を「触るもの」から「触られるもの」へと変換させる。こうして、「触るもの」と「触られるもの」とが、内的な力の衝突において互いに可逆的なものとなり、しかも互いが互いにとっての境界となる。

実のところ、ここで起こっていることこそ、先述した、内的諸力に拮抗する〈抵抗する連続体〉が一方で私の有機的身体の実在性を規定し、他方で宇宙を構成する実在的な物体、すなわち他者の有機的身体の実在性を規定する事態である。それに加えて、これは、まさに現れという観点において二重性を帯びて把握される事態でもある。それは、〈私はできる〉の境界が〈抵抗する連続体〉に拮抗して有機的身体として実在化されると同時に、その〈私はできる〉の境界が、世界の現れにおけるモノ的な身体（corps chosique）としても現れる、という二重性である。身体はその二重性において、言わば、我々の肉の夜において隠されつつ、世界の光に晒されているのである（IN 300）。この二重性を有する「触るもの」と「触られるもの」との境界、つまり受動と能動との境界を、アンリは「皮膚（peau）」と呼ぶ（IN 299）。言うまでもなく、この皮膚が帯びる二重性は、我々の身体が第一義的には有機的身体でありつつ、モノ的身体でもありうるという二重性に由来している。

こうした皮膚を介した自他関係として、アンリはエロス的関係において特権的な例である「愛撫」を取り上げて、次のように考察する。すなわち、男性が女性の手を取った際に、女性の手が男性の手に圧力を加えたとする。そのとき、女性の手とは、その固有の〈私はできる〉の内在性において、その遂行が体験されるような運動である。換言すれば、それは、その固有の超越論的自己のパトス的な自己‐能与において、つまり固有の生において維持されている運動である。ところで、この女性の手の運動は、男性の側が自己自身で体験するものとは、根源的諸印象の次元であれ、有機的身体またはモノ的身体の上で構成される諸印象の次元であれ、異なっている。なぜなら、見えない皮膚が両者の間の壁となって互いの融合を押し留めているからである。この事態を、アンリは次のように述べる。「したがってもし、欲望が、そこで他者の生が固有の根源的肉においてそれ自身に達するような他者の生そのものにおいて、他者の生に達したいというものならば、この欲望は目的に達しない」（IN 301）[32]。

エロス的関係に対する、こうしたアンリの否定的な態度は、その関係の極限状態である性的行為の分析において一層はっきりしたものになる。アンリによれば、性的行為においては、各々にとって、その身体を最も「感じうる」点にまで、他者を触る可能性が開かれている。だが、ここでは、不安もまた最大限のものとなり、欲望を伴って、他者をも巻き込む（IN 307）。なぜなら、性的行為の場面では、セクシュアリティが極度に露わになるからである（*ibid.*）。そして、セクシュアリティは、アンリにとって、結局はモノ的で対象的な身体に還元されてしまう（IN 310, 313）。本来ならば「実在的な肉、生きている肉だけが、実在的な欲望を生じさせ、実在的な不安を生じさせることができる」（IN 310）。しかし、対象的身体においては肉の実在性は示されない。換言すれば、性的である身体において〈生〉は見出されない（*ibid.*）。ここで、生に属するべきエロス的関係とモノ的身体に属するエロス的関係との間に亀裂が生じる。したがって、欲望は、肉の実在性と非実在性の双方に関わって、肉の実在性を希求するのであり、また希求せざるをえないことになる。このようにして、エロス的関係における自己と他者は、ラディカルな還元によって、二項の生の内在的領域に留まる（IN 300）。すなわち、「欲動の内在性においてこそ、欲望は、そこで欲望がそれ自身に達するところの他者の歓喜に達することに失敗するのであり、恋人たちの夜においてこそ、各人にとって他者は、永遠に恋人たちを引き裂く壁の外側に留まるのである」（IN 302）[33]。

こうして、アンリにおいて、本来〈生〉に属するものでありながら、その実、性差に依拠するエロス的関係は、偶然的でモノ的であるような身体のセクシュアリティに還元される限りにおいて、他者の生そのものには到達しえない。その意味で、アンリにとっては、メルロ＝ポンティが述べるように、「性とは、人間の大部分にとって、特別なものへの唯一の入口」なのではない（IN 297）。むしろそれは、アンリにおいては、人間の堕落の象徴なのである。それゆえ、エロス的関係は最終的には、対象的な諸現象として、サインの読み取りと意味の構成に堕し、つまりは志向性の領域に還元されてしまう。これが、アンリにおいて、性差に基づくエロス的関係では、自己と他者が互いの生に到達しえない理由である。

(4) 身体論における他者把握の可能性

エロス的関係について、このように導かれた結論は、「共‐パトス」のそれと変わらない[34]。いや、むしろ結論だけを取ってみれば、それは「共‐パトス」の議論の踏襲であるといってよい。しかしながら、アンリ自身がエロス的関係についてこうした否定的な結論を導くとしても、この結論に至るまでの議論のプロセスは、アンリの他者論全体において、重要な意義をもち、新たな局面を開く可能性をもつと思われる。なぜなら、エロス的関係における自他の関係は、そこで生の自己‐触発とその力が働く限りにおいて、アンリの生の哲学の延長上で解釈されることが可能だからである。もっと正確に言えば、エロス的関係が、〈抵抗する連続体〉を介した〈私はできる〉身体同士の力の関係として描写されうる限りで、そこで働く力をこれまでパトスやアフェクトとして把握されてきたものに読み替えて解釈することが可能だからである。既にアンリは、「共‐パトス」でも、力とはアフェクトであり、またパトスであると述べていた。だとすれば、「共‐パトス」では〈基底〉において、『我は真理なり』では〈生〉において成立した自他の関係が、今度は〈生〉の肉の上で、身体の二重性に鑑みて新たに導出された情感性の授受によって把握されるはずである。

このような観点からエロス的関係を把握し直すことで、アンリの他者論においてこれまで疑問として残されていた問題を検討することが可能になる。まず、肉と〈抵抗する連続体〉の遭遇における「触るもの」と「触られるもの」の転換が、パトスの上で起こるものだとすると、明らかになるのは、アンリが自己と他者とがパトスにおいて一致すると語っていたことの意味である。想起するならば、アンリは、「共 - パトス」において、原初的な他者経験の例として、母子の一致、催眠術をかける者とかけられる者の一致、蛇と栗鼠の一致、あるいは精神分析医と被分析者の一致を挙げていた。また、『見えないものを見る』では、絵画を介しての、自他の情感性の一致が説かれていた。確かにアンリは、別の個所では、自己と他者との一致を、自己 - 触発の仕方の一致だとして、自己と他者との個体性を確保しようとはする。だが、上記のような例によって語られる一致は、ともすれば個体性を喪失させるような、自他の融合ではないかという疑問を起させる。事実、アンリは、この一致を自他の非 - 差異化であると明言しているのである。こうした疑義は、力の一致と言う場合に引力のみを想定して斥力を考慮していないのではないかという、本章第一節で指摘した問題に連なるものである。

だが、アンリは、この『受肉』に至って初めて、ロマン主義的な自他の融合を明確に否定する。その否定の根拠を、我々は、自他の間に介在する「皮膚」に求めることができる。なるほど、「触るもの」と「触られるもの」が、互いを力によって圧迫し、互いを押し返す場合、両者は互いに「触るもの」でありかつ「触られるもの」であって、それは変換可能である。しかし、その変換自体は不可視であり、肉の内在性の内に留まっている。つまり、見えない皮膚に隔てられて、「肉は裂けない」(IN 208)のである。しかも、この皮膚を介した、身体間の抵抗のやり取りは、単なる引力同士のやり取りではなく、たえざる引力と斥力の変換でもありうる。だとすると、この力の授受をパトスにおいて把握し直した場合でも、互いが情感的に融解するということはなくなる。そうではなく、自己と他者は皮膚という接触面を介した内在性において、努力と抵抗という仕方で、距離をもたずに感受され把握されるのである。これは、自己と他者との間の自己‐触発の力が、努力の感情においてぴったりと接して、拮抗しつつ、しかも自己性を保つということにほかならない。しかも、この皮膚の接触面において自己と他者が互いに努力の感情を得るとき、両者は〈私はできる〉の極限で能動と受動とを同時に得ている。これは、享受のパトスにおいて体験され、同時にまた受苦のパトスにおいて体験される事態であろう。そして、そのパトスの調性はさまざまに変化しつつ、互いの内在性において体験されるであろう。そのときに感じられるパトスの調性は、享受と受苦を基調にしつつさまざまな感情の名前を帯びるであろう。その結果として、自他の感情の不一致が見出されることはありうる。しかしそうだとしても、それは互いが努力の感情において接しつつ内在性を保つ限りにおいて、十分にありうることとして是認されるであろう。このように考えれば、懸案であった、自他がパトスにおいて一致しつつ、感情における齟齬があるのはいかにしてか、という問題は解決される[35]。そしてまた、身体の議論を容れることによって、自己と他者とが、互いのパトスの源泉、パトスの働き方、パトスの接触面において一致しつつ、皮膚において隔てられて内在性を保ちうることが明らかになる。こうして、共同性と自己性の確保という〈基底〉の課題が同時に果たされることになる。

また、こうした考察から得られる自己と他者との自己性のありようが、〈基底〉で確保されていた自己性とはニュアンスを違えていることにも注目したい。アンリは、〈基底〉における自己と他者の成立のイメージを、次のような隠喩によって喚起していた。すなわち、カフカからの引用による、「君がその上に立っている地面が、それを覆う二本の足よりも広いものではありえない……」(PM 162)という隠喩、また、アンリ自身による、「共同体は情感的な地下層であり、各々はそこで、各人自身がそれであるこの泉やこの井戸から同じ水を飲む——しかし、各人はそのことを知らないし、自分自身からも、他人からも、〈基底〉からも自らを区別しない」(PM 178)という隠喩がそれである。しかし、第二章でも指摘したように[36]、このようなイメージで語られる〈基底〉の共同体論の内では、他者の存在があらかじめ曖昧な仕方で想定され、しかもその他者の他者性は、自己の自己性の類推からしか導かれなかった。つまり、自己の自己性は言われても、他者の他者性に関する記述は一切なかった。この限りでは、他者存在がいかにして確保され、その他者性はどのように保持されるのか、という疑問に対して十分に答えることはできない。

しかし、この肉の議論においては、皮膚で隔てられた互いの内在性が〈抵抗する連続体〉として努力の感情によって互いを把握するのであるから、自己と他者の関係はより詳細に分析されうる。つまり、両者が皮膚で接しつつ、相手から抵抗を受け、相手に抵抗を及ぼす限りにおいて、自己が自己であることと他者が他者であることとは同時に成立する。というのも、両者が共に自己‐触発を遂行するとき、一方の自己‐触発は皮膚の接触を介して、直接的に他方からの自己‐触発を受け取っているからである。ここにおいて、他者とは私が欲望に突き動かされて押し入ろうとして押し返されるもの、また反対に私に押し入ろうとして押し返されるもの、と描写することが可能になるであろう。そのとき、私のエゴは〈生〉の自己‐能与によって肉として成立するには違いないが、他方で、その肉は〈私はできる〉の自由の限界で私の内的諸力に対して絶対的に抵抗する他者によって、言わばその輪郭が形作られると言えるであろう。これと全く同じことが、他者についても言える。そうだとすれば、自己が自己であるために、また他者が他者であるためには、(〈生〉の自己‐能与と共に)互いの存在が必要であることになる。つまり、「共‐パトス」では単に、共同体論の内で前提されるにすぎなかった他者存在が、ここでは自己の自己性を成立させるもう一つの契機として浮上してくるのである。さらに、その他者の他者性もまた、ほかならぬ自己によって画定されうるのである。

加えて、エロス的関係の分析によって明らかになるのは、自己が他者へと働きかける際の動因である。なるほど、「共‐パトス」では、自己‐触発の耐えがたい受苦から生じる欲動において、また『見えないものを見る』では、過剰な自己‐触発である感動において、他者への働きかけの可能性が見出された。しかし、その働きかけの先にあるものが他者である必然性はなく、我々の解釈はあくまでも可能性の次元に留まっていた。しかし、ここではもっと積極的に他者への働きかけの必然性を見出しうると考えられる。それは、自他がエロス的関係に入る際に働く欲望が、二種の不安に由来することから導出される。アンリは、キルケゴールの不安の概念を分析した際、自己の不安には二つの根拠があると述べたが、その一つは自らが〈私はできる〉の原因になりえないということであり、もう一つは対象的身体をもつこと、すなわち性差をもつことであった。前者の不安は、人間の条件として本源的な不安である。だが、後者の不安もそれに劣らず本源的な不安である。なぜなら、人間は偶然とはいえ、男女どちらかの性に生まれつくからである。そして、この対象的身体における性差による不安は、実在と非実在の間で揺れ動き、他者へ向かう欲望となる。もちろん、アンリにとって、対象的身体に由来する性差は、「外在性に位置づけられるからこそ、にわかに不条理なものに見え、……精神にとって不安なもの」(IN 300)であり、そこから生じる欲望は他者に到達しようとしても果たしえない。他者の生を自らの生とすることはそもそも否定されており、その否定が自己性を保証するという積極的な意味をもつ限りにおいて、エロス的関係における他者への到達は不可能である。しかし、だからといって、その関係自体が単純に廃棄されるべきであるということにはならない。アンリも、性が他者に達する特別な契機であること自体は否定するが、性差に由来する特異な不安が、他者への欲望となって他者に働きかけることは認めている。そうであるならば、耐えがたい孤独から逃れようとして他者を求める(IN 298)、というよりは、性差による不安と欲望を梃子にして他者に働きかける、という方が、対象的身体に堕す可能性を常に抱えた肉(＝エゴ)が他者へと働きかけることについて、ふさわしい説明ではないだろうか。ここにおいては、他者への働きかけが、〈生〉の自己‐能与を受けて弱い自己‐触発を遂行しつつ世界に堕す可能性を秘めたあらゆる人間にとって、必然的なものだとされうるからである。

以上、アンリの共同体論を検討してきた。それは、生の現象学によって準備され、「共‐パトス」において素描され、芸術論や宗教論において展開された。アンリの他者把握の議論は、情感性を根底に置いてそれを唯一の契機とすることで一貫しており、その意味では、これまで第一部で見た諸議論の一つの完成体であると言える。ただし、アンリの関心は、共同体の存在論的な基礎づけにあり、現実の社会構築には向いてはいなかった。また、その共同体は情感性を基盤にしつつも、それが十全に展開されるには、神の慈悲に象徴されるような、特別な〈生〉の転換が要請されていた。こうした形而上学的な装置を必要としたことは、他者把握をめぐる問題の困難さを示すものではあろうが、同時に情感性における共同体論の危うさを想像させるものでもある。では、こうした共同体論は、現実の社会論にどのように適用されうるのか。また、情感性における他者把握は、それだけで充足しうるのかどうか。それを第三部で検討したいと思う。

（1） Michel Henry, *Voir l'invisible*, Éditions François Bourin, 1988. 以下、この著作からの引用、参照個所については、VI の略号と共に頁数を記す。
（2） Michel Henry, *Incarnation*, Éditions du Seuil, 2000, p.350. 以下、この著作からの引用、参照個所については、IN の略号と共に頁数を記す。
（3） 傍点を付した強調はアンリによる。
（4） 傍点を付した強調は引用者による。
（5） 第二部第二章第二節(3)一二〇―一二一頁参照。
（6） 傍点を付した強調は引用者による。
（7） 傍点を付した強調は引用者による。
（8） 傍点を付した強調および〔　〕内の補足は引用者による。

（9）Michel Henry, *C'est Moi la Vérité*, Éditions du Seuil, 1996. 以下、この著作からの引用、参照個所については、MV の略号と共に頁数を記す。
（10）『受肉』の中では、「私が他者に到達しうる場であり、他者が私に到達しうる場」が、絶対的な〈生〉である、と明言されている（IN 352）。
（11）傍点を付した強調はアンリによる。
（12）傍点を付した強調は引用者による。
（13）このことについては、シェーラーとベルクソンについての考察を参照のこと。第一部第二章第二節(2)五六―五八頁、第三章第一節(3)七二―七三頁、第二節(2)八二―八三頁。
（14）もっともサルトルは、こうした問題を強く意識したために、かえって情感性の権限を制限することになった。
（15）アンリは、『見えないものを見る』において、芸術家が芸術作品を創造するあり方を、「肉」という語を用いて表現している。「……〔芸術家の〕選択は、この真理の到来の場を自分自身で構成することであり、自己の固有の実体と自己の固有の肉を真理へと差し出して、真理―〈生〉であり、個人の固有の生以外の何ものでもなく、生の遂行の最高段階以外の何ものでもありえないところの真理―への肉（chair）となることである」（VI 38. 傍点を付した強調は引用者による）。もっとも、この時点では、この「肉」がいかなるものかは明らかにされていない。
（16）これは、『我は真理なり』で述べられていた超越論的自我（moi transcendantal）の生成とも重なる。本章第二節(3)一四二頁参照。
（17）傍点を付した強調はアンリによる。
（18）ここで、アンリは身体性という語を用いているが、それはもちろんこれまで批判してきた、外在的、対象的な意味の身体ではなく、そのような意味を払拭した、肉と同義もしくは肉を前提とする限りでの身体のことである（IN 195）。
（19）傍点を付した強調はアンリによる。
（20）傍点を付した強調および〔　〕内の補足は引用者による。
（21）傍点を付した強調はアンリによる。
（22）傍点を付した強調はアンリによる。

(23) 傍点を付した強調はアンリによる。
(24) 傍点を付した強調はアンリによる。
(25) 第二部第二章第二節(3)一二二頁。〈生〉の忘却については、本章第二節(3)一四二―一四三頁参照。
(26) それゆえ、志向性によって構成された構築物の過程から、その過程の産物として、生きた我々の身体を解釈しようとすることは、本末転倒の偽推理となる。フッサールで見たような対象的な身体が、志向性によって意味を付与されたとしても、それは本当のところ、意味を生きた肉から借用しているにすぎないのである（IN 220）。
(27) 『我は真理なり』における〈生〉の忘却は、ここではこのような形で表される。だが、この生の堕落、さらに生の忘却はまた、絶対的な〈生〉によって救済されるものでもある。その意味で、肉は堕落と救済の条件であるという両義性を帯びているのである（IN 245）。
(28) 傍点を付した強調はアンリによる。ただし、あらゆる力がそれ自身でこの非‐力と衝突するとき、そのたびに力を作り出す絶対的な〈生〉、すなわち神を受け取っている（IN 253）。これは、本章第二節(2)一四四頁で見た救済の一つでもあろう。
(29) 『見えないものを見る』でも、やはり〈苦しみ〉（Souffrance）と〈喜び〉（Joie）という情感性が基調となって、さまざまな情感性が生じるとされている。本章第一節一三一―一三二頁参照。
(30) アンリは、不安を論じる際に、キルケゴールを評価して参照するのだが、不安の二源泉を区別しないことについては批判している（IN 300）。
(31) 傍点を付した強調はアンリによる。
(32) 傍点を付した強調はアンリによる。
(33) 傍点を付した強調はアンリによる。
(34) アンリはシェーラーへの批判において、エロス的関係を否定していた。第一部第二章第二節(2)五九頁参照。
(35) これは、『見えないものを見る』の考察において得られた自他の齟齬の可能性を一層明確に示すものである。本章第一節一三二―一三三頁参照。
(36) 第二部第二章第二節(3)一一九―一二三頁参照。

第三部

情感的共同体論の展開と限界

——ルソーにおける共同体と自我——

■ここで，時代をはるかに遡り，ルソーを取り上げるからには，少し説明をしておかねばなるまい。ルソーは，周知の通り，思想家として，その出発点から一貫して文明を批判し，文明の落し子である人間の内面と外面の乖離の乗り越えを図り，情感性による自己と他者の「透明な関係」を志向し続けた人物である*。自己と他者との関係の基盤に情感性を置くというルソーの姿勢は，これまで見た現代の哲学者たちの議論を先取りしていると言える。とりわけ，最終章で詳しく分析するように，ルソーが終生，人間の情感性の基盤と見なした「存在の感情」は，第二部で検討したアンリの内在性と非常に近いものである。したがってまず，情感性の他者論という文脈からルソーの思想を照射することにより，現代における他者論（共同体論）の源泉を探ることが可能になるだろう。だがそればかりでなく，ルソーは少なくとも晩年を迎えるまでは，政治の変革にも深い関心を寄せ，その共同体論を現実の政治体の構築に生かしたいと考えていた。それゆえ，ルソーの議論には，これまでに検討した議論では欠如しがちであった，情感性を基盤としていかなる政治体が可能か，あるいは不可能か，という問題に対する示唆を期待しうるのである。

第三部では，こうした問題意識に基づき，ルソーの著作をほぼ年代順に取り上げて，ルソーにおける共同体論および自己と他者の関係論を考察していきたい。その際，注意しなければならないのは，ルソーが，自らの哲学を生きようとした思想家であることである。これは，彼の哲学の議論と自伝的著作とが，有機的に連関していることを意味する。それゆえ，著作を年代順に取り上げる際には，その推移を直線的に量るのではなく，ルソー自身の哲学の必然的な展開として，哲学的な議論と私的な述懐を連動させて検討しなければならない。つまり，ルソーが，理想の共同体を打ち立てるべく，現実の政治の革新に関心を寄せながら，それを適えられず，具体的な周囲の他者との軋轢を嵩じさせて遂には孤独に陥るとき，我々はその成り行きの中に，理想と現実との往還と，また他者への志向と自己への沈潜との往還が重層構造をなしているのを見て取るべきなのである。したがって，ルソーの共同体論の中からは，彼自身の生に基づく人間観，とりわけ自己と他者との関係の観念を，また逆に，彼の自伝的著作における他者との交流の失敗と孤独からは，理想の共同体論が破綻する萌芽を読み取らなければならない。その上で，我々は，ルソーの共同体論とその挫折とが，先の「存在の感情」における自我論と（こう言いうるならば）他者論に収斂するのを見出すのである。

このような認識を踏まえるならば，ルソーの情感性をめぐる議論の検討は，通常想定されるような自我論あるいは他者論から共同体論へ，という道筋ではなく，共同体論から自我論さらには他者論へ，という逆の道筋を辿ることになる。その過程の中で，ルソーの議論を現代の共同体論に擦り合わせること，また，そこにおいて現代の他者問題の源泉を見極め，そのさまざまな問題系の打開の可能性を探ることが，第三部の目的である。

* Jean Starobinski, *Jean-Jacques Rousseau, La transparence et l'obstacle*, Librairie Plon, 1957. 「透明な関係」とは，スタロバンスキーがルソーを読み解く際に用いた，鍵となる概念である。彼によれば，それは存在と外観の障壁が取り払われて，自他の心と心との直接的な交感が成立する状態である。

第一章　二つの共同体とその限界

ルソーはいかなる共同体を創出しようとしたのだろうか。この問題について、ここでは、社会の原初的状態に言及した『不平等起源論』、ルソーの理想の極である小さな共同体のモデルを示した小説『新エロイーズ』、また別の理想的共同体を提示した『社会契約論』を取り上げて考察することにする。まず第一節では、『不平等起源論』において、ルソーの基本的な人間観と社会に対する観念とを概観する。その中で、本書のテーマである情感性における共同体論という見地から、特に注目されるのが、ルソー自身が人間の原理と見なした憐憫の情（pitié）である。そこで第二節では、この憐憫の情が共同体の中でいかに機能するのかということを、『新エロイーズ』で描かれる共同体の中に見ていく。次いで第三節では、そのような『新エロイーズ』の共同体と、それとは別の原理をもつ『社会契約論』の共同体とを比較し、ルソーにおける共同体の特徴と限界を明らかにしたい。

第一節　『不平等起源論』に見る人間本性

ここではまず『不平等起源論』を取り上げる。この著作の目的は、不平等の起源を人間の本性から説き、その上で「問題を明らかにして、真の状態へと至らしめること」(1)である。その際に設定される自然状態（état de Nature）もしくは原始状態とは、人間の本性を探るためのルソーの仮構であり（OI 132-133）、そこでの平等が現在の不平等に至った過程は、真の状態へ遡る逆コースを示唆するための思考実験である。未来のあるべき真の状態についてては、社会契約の必要性を指摘するに留まるものの、この仮想の歴史は、共同体の発生論的な説明の試みであり、人間の自我の確立と他者との関係の構築を道徳の変移との関連で論じるものである。その意味で、この著作はルソーの共同体論の原点とするにふさわしい。そこで本節では、ルソーが考える人間本性とその変容を整理し、彼が主張する自由や平等の根拠を調べて、次節以降で見る共同体論の端緒としたい。

では、ルソーが設定する自然状態を簡単に概観しよう。彼が描く自然状態に特徴的なことは、それがホッブズの述べるような戦争状態ではなく、自由かつ平等な平和状態であるということである。このような違いは、ルソーがホッブズには気づかれなかった憐憫の情を挙げて、これを人間の原理として自己保存（propre conservation）と同列に置いたこととの帰結であり、ルソー自身もこのことに十分自覚的であった（OI 154）。ルソーの憐憫の情についての定義は次の通りである。「あらゆる感性的な存在、とりわけ我々の同朋たちが、滅びたり苦しんだりするのを見て、自然の嫌悪を我々に起こさせるもの」（OI 126）。この原理の設定と定義は、二つのことを教えてくれる。一つは、憐憫の情が理性や反省にも先立つ限りにおいて（OI 125-126, 154-155）、人間を第一義的に感情的なものであると規定していることである。もう一つは、自己保存の感情が自己自身へのベクトルをもつのに対して、それと同じ比重で憐憫の情が他者へのベクトルを有していることである。ルソーの自然状態が平和である理由は、自己保存と憐憫の情という相反するベクトルが人間の中で釣り合いを保っているからにほかならない。

これらの二つの原理は、人間の他の能力や外的な原因を伴ってさまざまな性質に変容し、人間の社会の形成に密接に連関していく。特に、憐憫の情は、「できるだけ他人の不幸を少なくしつつ、汝の幸福を図るべし」（OI 156）という格率を引き出すような、自分と他人との共存を志向するものであり、巨視的には種の保存の支柱となるべきものである（*ibid.*）。事実、ルソーは、この憐憫の情からすべての社会的な美徳が発生するとさえ言う（OI 155）。

だが、自然状態から社会状態へと移行するにつれて、自己保存の感情の方が肥大化し、憐憫の情の方は圧殺されていく、とルソーは述べる（OI 176）。ではなぜ、そのようなことが起こるのか。そして、こうした原理の変容は社会と個々の人間のあり方にどのような影響を及ぼすのか。それが次の問題である。

ルソーによれば、自然状態における自己保存の感情は、もとを正せば道徳的には悪でも善でもない、中立的なものである。しかし、人間がその感情に基づき、自己完成能力（faculté de se perfectionner）（OI 142）を伴って、自然の生活の困難を克服していく中で、自分自身に向けた最初のまなざしが、最初の高慢な心の動きを生み出す（OI 166）。この人間という種に属する漠然とした優越感は（OI 165）、家族単位での土地や家屋の私有が確立され、家族間での交渉が始まると、比較考量、価値と美の観念の形成、選り好みの感情の生成という過程を経て、個人の優越感へと変移していく（OI 169）。つまり、「自尊心（amour propre）を生み出すのは理性であり、それを強固にするのは反省である」（OI 156）。また、この自尊心が社会の中に位置づけられると、「各人が他人を眺め、自分も眺められたいと思い始め、そうして世間の尊敬というものが一つの価値をもった」（OI 169）。そして、この尊敬という価値の出現が「不平等への、そして同時に悪徳への第一歩であった」（*ibid*.）。こうして、自己保存の感情は、私有の確立によって自尊心へと変容し、利益の欲求と相乗して社会の不平等の根拠となってしまう。このような状態でたとえ他人と助け合ったとしても、それが利益を求めて、究極的には富による他人の支配を目指している限りにおいて、もはや憐憫の情とは相容れない。こうして憐憫の情という歯止めは失われ、「誕生したばかりの社会は、この上なく恐ろしい戦争状態に取って代わった」（OI 176）のである。

かくして、自己保存に基づく素朴な自愛心（amour de soi）（OI 219）をもっていた人間は、私有が作り出す社会が進展するに伴って、自己の内に他人からの評価を侵入させ、その評価を求める自尊心をもつに至る。そして、特に、他人の上に立ちたいという欲求、支配するという快楽（plaisir de dominer）（OI 175）によって、ますます利益を求めることになる。ここで描かれる自我は、他人からのまなざしに侵食されて存在している。そして、利益を求めれば求めるほど、その人間は他人の求めるような自己を示す必要に迫られることになる。ただし、別に自分が実際にそのような自己である必要まではない。他人は「眺めている」だけなのだから。それゆえ、外観を装えばよい。そこで人間においては、「存在（être）と外観（paraître）とは全く異なる二つのもの」（OI 174）となってしまう。そうした事態をルソーは次のように述べている。「未開人は自分自身の中で生きている。それに対し、常に自分の外にある社会の人間は、他人の意見の中でしか生きることができないのであり、そして言わば彼は自分自身の存在の感情（sentiment de sa propre existence）を、他人の判断のみから引き出すのである」（OI 193）[2]。

これが『不平等起源論』で提示される自然状態と社会状態の認識である。理想の自然状態は社会において損なわれ、腐敗する。しかし、だからといって人間が既存の社会を脱して自然状態への回帰を目指すべきなのかと言えばそうではない。そもそもルソーの考えでは、自然状態の人間の原理である、自己保存の感情にせよ、憐憫の情にせよ、実は人間に固有のものではない。知覚することや、その感覚、観念をもつこと、その観念を組み合わせることについても、ルソーは人間と動物の間には程度の差しかないと言う（OI 141）。では、人間と動物は何によって区別されるのか。これは人間が自由な動因（agent libre）をもつことによってである（*ibid.*）。ルソーはこう主張している。「この自由の意識の中に、人間の魂の霊性が現れる。なぜなら、物理学はある意味で感覚の構造と観念の形成を説明するが、しかし意志する、あるいはむしろ選択するという力の中に、そしてこの力の感情の中には、力学の法則によっては何一つ説明のつかない純粋に霊的な行為だけが見出されるからである」（OI 142）。この自由こそ、生命と並列されるほど、人間にとって根源的で価値のある、自然からの贈り物なのである（OI 184）。だから、ある人間が他の人間の意のままになり、一方の自由が損なわれることは、人間と人間の間に起こりうる最悪の事態となる（OI 181）。隷属の関係は、被支配者の自由な意志を阻害するばかりでなく、その隷属が習慣化されると、人間の自由に対する興味を失わせ、半永久的な奴隷状態を招き、自由で平等な社会の存立を不可能にする。ルソーが、『不平等起源論』全体を通して、不平等の起源を私有に求め、それが社会の形成によって拡大し、制度によって固定されるのを糾弾するのは、その不平等が人間による人間の支配を容認し、人間の自由を阻害するものだからである。これは、『社会契約論』で述べられる、「自由は平等が無ければ存在しえない」(3)という基本理念に繋がってゆくだろう。人間が人間であるためには、不平等と自由の阻害の連鎖をこそ断ち切らなければならない。したがって、待ち望まれるのは、自然状態への単なる回帰ではなく、その自然状態に基づく自由で平等な新たな社会の構築である。

ただし、ルソーの自由と平等の概念には留保を付しておく必要がある。まず自由についてである。ルソーは『不平等起源論』の冒頭で、自由を「法の尊敬すべき束縛にあって生きること」と見なし、その状態を「この有益で快い束縛」(OI 112)と述べている。このように束縛と共に語られる自由とはいかなるものなのだろうか。また平等について、ルソーは父子の関係を例に取り、一方で両者は平等ではあるとしつつも、他方では父による子に対する支配を是認している(OI 182)。その理由をルソーは、父の息子への支配は子供の利益を第一に考えているから、と述べている。だが、これ以外の人間関係に、これと同じ理由に基づく支配を敷衍させるならば、平等とは幾らかの限定(すなわち支配)を伴ったものとなるだろう。これらのことも念頭に置き、以後ルソーにおける自由と平等については慎重に検討しなくてはならない。

第二節　『新エロイーズ』における共同体

ルソーは『不平等起源論』において、仮想的な歴史批判の延長上に理想の社会を描き出そうとしたが、具体的な共同体像を示すには至らなかった。その課題は『社会契約論』の共同体論に引き継がれたと考えられる。[4]だが、その前に、『社会契約論』に先立って書かれた『新エロイーズ』におけるクラランの共同体について考察することにしたい。共同体論という観点からこの小説に注目するのは、ここで描かれる共同体が、まさしく憐憫の情を基盤とした共同体であり、（次節で見る）『社会契約論』における、自己保存を原理とする共同体とは対照をなしているからである。つまり、『新エロイーズ』と『社会契約論』は、『不平等起源論』で人間の原理とされた、憐憫の情と自己保存のそれぞれを基盤に据えた共同体のモデルを提供していると考えられるからである。それゆえ、この双方を比較検討すれば、ルソーの理想とする情感性に基づく共同体の全体像を把握することが可能になるであろう。

さて、このクラランの共同体で、その要となるのは主人公のジュリである。『不平等起源論』では、社会で失われてしまった憐憫の情は「もはや……人類全体をその慈愛の中に包み込むような、幾人かの偉大な博愛主義者の魂（grande Âme Cosmopolite）の中にしか存在しなくなった」（OI 178）と記されているが、彼女こそ、その博愛主義者の如き人物である。ジュリを中心に展開される物語は、前半は彼女と家庭教師サン＝プルーとの恋愛を、後半は彼女と夫ヴォルマールの結婚生活と彼らによる共同体の経営を話題として、さまざまな人間性への思索、とりわけ感情についての思索を交えた書簡の形式で綴られる。そこで、憐憫の情（あるいは愛）というルソーの根源的な情感性がいかなる共同体像を結ぶかを検討し、同時にそこにおける自由と平等の扱いを通して、共同体を織りなしている自己と他者の関係を浮き彫りにするのが、本節の目標である。

(1) 共同体における自他の関係

そのために、まずこの小説において主軸となる人間関係を物語に沿って抽出し、各々の場合について検討していくことにする。ここで取り上げて分析する関係は三つ、すなわち、①ジュリと恋人サン＝プルーの関係、②ジュリ、サン＝プルーと夫ヴォルマールの関係、③ジュリ夫婦とクランの従業者や召使たちとの関係、である。

ジュリとその家庭教師サン＝プルーの恋愛（①）は、ジュリの父の反対にあって事実上破綻するまで、主に物語の前半部で展開される。二人の間に起こったことはそのまま、内面と外面の乖離を乗り越えて結びつく人間の心のあり方を明らかにする。まず、二人は心に深い刻印を受け、理性を動揺させられて、それよりも内奥にある愛に至って互いに対となり、完全な合一の感情を共有することになる。愛は、人を導く感情の中でも最も深部にあってすべての能力のエネルギーとなる感情として、（それを得た人間の）他の感情を豊かで崇高にし、それらを生き生きと働かせる。(5) サン＝プルーからジュリに宛てた手紙にある以下の叙述は、この愛がもたらす自他の関係を端的に表現している。「この瞬間から生涯、私の意志の支配権（empire）をあなたに託します。私を、もはや自分自身にとっては何者でもない、全存在があなたにのみ関わっている人間として、意のままになさって下さい」（NH 56）。「あなたは、私が想像だにしなかった新しい感情の汲み尽くせない泉です」（NH 115）。こうして人は、愛する相手を新鮮なものと受け止め、その相手からの「支配」を自ら進んで受け入れる。そして、愛し合う二人においてはこの「支配」は一方通行ではなく、サン＝プルーもまたジュリの心情（affection）に対して「支配力（ascendant）」をもつとされるのである（NH 221）。さらに、こうした「支配」の下で、サン＝プルーは、愛するジュリと彼女の従妹クレールに対して次のようにも言う。「私はあなた方によってまさにあるべき自己になるでしょう」（NH 220）。

ここでは何が起こっているのだろうか。ルソーにとり、『不平等起源論』での自由な意志、この小説での個人の偉大な内面は、人間の尊厳の根拠であったはずである。それが、ここでは進んで他者の支配下に置かれ、そのことが是認されるばかりか、自己の確立をなすものとして称揚されている。このことから明らかになるのは、内奥の愛において一致して、相手に自らの意志を委ねることが、かえって自己を確立させることになる、という逆転の構造である。この構造において、ジュリとサン＝プルーの間には、心の内面と外面の乖離もなく、心の内奥からすべてが相手に向かって開かれ、透徹した、いわゆる「透明な関係」が成立しているのである。

物語の上では、この恋愛は、ジュリの父が身分の差を理由にこれに反対し、またそれを嘆いた母が死去するに及んで破綻する。そして、ジュリは、親に対する子供の愛情と母に対する憐憫の情から、この破綻を受け入れ、父の勧める理性的なヴォルマールとの結婚を承諾する。ただ、この成り行きを別の側面から見れば、父の偏見に代表される世間体という外面に関する事柄が内面の愛に勝利したものだとも言える。このことは留意しておく必要がある。

次に、ジュリの夫となったヴォルマールと、元恋人同士であるジュリとサン＝プルーの三人の関係（②）について見てみよう。『不平等起源論』では、「嫉妬心が愛と共に目覚める。不和の女神が勝利して、最も穏やかな情念までが人の血の犠牲を受ける」（OI 169）と述べられるが、この指摘を持ち出すまでもなく、この三人の関係は、通俗的な意味で十分に波乱を予測させる。しかし、当然予測される波乱が起こらず、不和が回避されるところに、この関係の特異性がある。もちろん、この奇妙な関係が平和に保たれる背後には、綱渡りのような努力がある。例えば、ジュリは夫に自分の過去の恋を包み隠さず告白しようとし（NH 374）、サン＝プルーも彼に対して「自分の心を常に彼〔ヴォルマール〕から見られている状態に保とうと決意」している（NH 425）。[6] つまり、元恋人の二人は自ら強いて、ヴォルマールと「透明な関係」をもとうとし、そうすることによって関係の不安定を乗り越えようとしている。だが、この関係で主導権を握り、「演出」しているのは、実はヴォルマールである。

ヴォルマールという人物は、ジュリとは全く対照的に造形されており、彼女を愛と感情の人だとすれば、彼は理性と観察の人である。すなわち、彼は、理性が許す限りにおいて人を愛し、同情や憐憫の情をもつ代わりに、人の心を読んで観察することを旨としている。そして、「観察者になるために演技者になったのです」（NH 492）と言うように、彼は言わば身をもって、もしくは他人を使って、感情を実験しそれを観察するのである。

ヴォルマールの二人に対する対応は、冷静な計算に基づいている。彼は、妻の元の恋人を家に迎え入れ、二人に次のように言いさえする。「お二人の内のどちらも、相手を忘れるならば、必ずその方の価値の多くを失ってしまうだろうことを理解しました。……あなた方、……どうぞありのままのご自分でいて下さい」（NH 495-496）。だがその一方で、彼はかつてジュリが恋人に宛てた手紙を掌握して安心の縁《よすが》とし（NH 497）、他方でサン＝プルーのことを「気性は激しいが、弱くて与しやすい人物」と看破して、「私は彼の想像力をだますことによってこの優位に乗じています。……一つの情景を他の情景によって忘れさせ、過去を現在で覆うのです」（NH 510-511）と、クレールにその操縦法を打ち明けている。象徴的なのは、妻と元の恋人を故意に家に残して、彼が一人で出掛けるというエピソードである。サン＝プルーは彼の狙い通り、恋人の夫の不在に、かえって束縛を感じ、犯しもしない罪の不安と恐怖に苛まれる（NH 512）。また、ジュリも、この仕打ちを「惨いなさりようで妻の貞淑を享受しておられます」（NH 514）と非難しながらも、その意図に従わざるをえない。二人とも、ヴォルマールの思う壺である。もっとも、ルソーは、このようなヴォルマールの振る舞いの隠れた意図をクレールには見抜かせて、「おそらく老いの近づくのをお感じになって、ふつう若い妻が年老いた夫に抱かせる嫉妬深い不安を、彼に安心できるような試練によって前もって封じたいのでしょう」（NH 504）と語らせている。

ヴォルマールが行っていることは、二人が開示する心の内奥を読み取り、それを自分の理性によって操作するということである。このとき、ヴォルマールの理性は言わば両者の間でやり取りされる感情の領域の背後に退いており、決して相手に向かって開示されることなく隠蔽されている。したがって、ヴォルマールと二人との間には、①でそうであったような、心の内奥を共有し合い、相互に支配し合うという関係はない。ジュリとサン＝プルーからすれば、ヴォルマールの理性的操作の領域を彼と共有する可能性はないのだから、彼らの方には心の内奥を開示する用意がある分だけ、ヴォルマールの地歩との間には常に不均衡がある。支配という語を用いるならば、この関係は一方的なヴォルマールの支配に終わっている。その結果、二人ともヴォルマールの隠れた筋書きの通りに動かされて、あまつさえサン＝プルーは、「……私は自分をこの家の子供だと見なす方がいっそう嬉しく感じられます……私の心は……次第にお二人の心に合致してゆきます」（NH 527）と言うに至るのである。かくして、嫉妬が現れることはなく、不和は回避される。だが、果たしてこのような関係が平等だと言えるだろうか。元恋人たちの状況を指して自由だと言えるだろうか。これらの疑問が残される。

最後に、クラランの共同体（③）に目を移そう。この共同体は、ジュリとヴォルマールの夫婦と、彼らの所有する土地を耕作して葡萄や麦を収穫する従業者たち、夫婦の身辺の世話をする召使たちから成っている。ルソーは、この共同体のありさまをサン＝プルーに語らせ、彼の口から共同体の秩序正しさ、快適さ、幸福が伝えられる。彼は感嘆して言う、「すべてが愛情（attachement）によってなされています」（NH 470）。

夫妻は、「……二人の間にただ一つの魂を作って、そのうち彼が悟性であり、私がその意志である、と運命づけられているように思われます」（NH 374）というジュリの言葉のままに、役割分担をして共同体を経営している。ただ、「みんなヴォルマール氏の厳しい叱責よりも、ジュリさんの心を打つお咎めの方を恐れているのです」（NH 465）と言われるように、召使たちに圧倒的な影響力をもっているのはジュリである。そこで、ジュリの人となりと、その共同体への影響力を検討しよう。

ルソーは、ジュリについてさまざまな登場人物に語らせているが、一貫しているのは、この女性の内的感情（sentiment intérieur）の確かな規範、その心情の普遍性、感受性の鋭さ、憐憫の情の細やかさである。そして、彼女は愛するという類い稀な能力に恵まれて人を愛し、いかなる冷静な魂をも揺さぶって、すべての人から愛され、さらには人々を自分と同じ魂に作り変えてしまう（NH 204, 585）。従妹のクレールがジュリに言う。「あなたは支配する（régner）ように作られているのね。あなたの支配力は私の知る中で、最も絶対的なものです。人の意志にまで行き渡ります……」（NH 409）。ルソーが造形したこの人物は、第一部で見た、ベルクソンにおける神秘家を髣

鼎とさせる。(7)

このようなジュリが、クラランの共同体で、「この善良な人々に愛情（affection）を与えることによって、彼らの愛情を得る」（NH 444）という仕方で、使用人たちを掌握する。そして、彼らの方はそのことによって皆が言わば彼女の子供となり、一家の一員となる。この共同体の成員たちは、都会の人々のように、共通の利益を考えず自分の利益を追求したり、それに都合のいいように外面を装ったりはしない。彼らはジュリを介して、内奥の愛によって結びつき、心の内外の乖離を突破して利益を共有し、「すべてのことがただ一人によってなされているかのように」働くのである（*ibid.*）。この共同体は外部をもたず、自己完結の様相を呈している（NH 466）。

では、ジュリと共同体の各成員との間には、①で見たような「透明な関係」、もしくは双方向の支配関係が成立しているのだろうか。否、そうとは言い切れまい。確かに、ジュリと使用人たちとの互いの内奥は、愛によって繋がってはいる。しかし、雇われる従業者や召使たちは誠意のあること、主人を愛すること、主人の意志通りに仕えること、という三つの基準に従ってあらかじめ選抜されている。つまり、共同体の成員たることの発端は、愛の授受ではなく、主人の愛にふさわしいかどうかという審査をパスすることなのである。

さらに、両者の関係で注意を引くのは、主人側が召使たちを互いに愛し合うように仕向ける一方で、特定の男女の間には交流が生じないように気を配ることである。問題は、そのような配慮自体と、その配慮のために採られる方法の是非である。まず、そのような配慮をする理由は、男女の親密すぎる関係が「密かな独り占め（secret monopole）」を生み、無秩序をもたらすからだと説明されている（NH 449）。そして、これとほぼ同じ指摘は、①の関係におけるジュリの言葉の中にも見られるから（NH 138）、これはルソー自身の見解だと思われる。だが、ジュリの恋愛に関しては、そのような関係はむしろ称賛されていたはずである。それが、召使に関しては、その全く同じ関係が正反対の評価を得て、忌避されているのである。この矛盾は何を意味しているのだろうか。少なくとも言えるのは、①は有産階級同士[8]、③は召使同士というように、関係を結ぶ男女の階級が異なっていることであろう。では次に、そうした配慮のために採られる方法とは、いかなるものか。それは、掟という明示的な仕方で拘束して彼らが反抗心を募らせることのないよう、「そんな配慮があるとは見えないようにして、権威そのものよりももっと有効な慣習を作り上げ」（NH 449）、男女が会うという「機会も気持ちももたないようにする」（*ibid.*）というものである。つまり「主人の技術とは、この拘束を快楽（plaisir）もしくは利益（intérêt）のヴェール（voile）の下に隠して、彼らに強制されているすべてのことを自ら望んでいると思わせることです」（NH 453）。かくして召使たちは、主人の隠れた意志を「自分自身でこれが最も善い、最も自然だと考えて」（NH 450）、その実、主人の意のままに振舞うことになるのである。

これが、「信頼と愛情に基づいている」（NH 452）と言われる、ジュリ夫婦と召使たちとの関係に潜む支配である。この支配は、召使たちのことを本気で思いやっているからという理由で正当化されている（NH 446）。だが、主人が支配の意志を故意に隠蔽した上で、言わば召使たちの内奥の背後に回って、彼らの快楽や利益の追求を利用し、その意志を操縦するという仕方が、彼らの自由や平等を侵していないのかどうか。

以上、自他関係の三つの様態を見てきたが、そこにおいてルソーが望む自由と平等は果たされているのか、改めて問いたい。①の関係では、ジュリとサン＝プルーは過不足のない内奥の「透明な関係」をもちえている。愛において、両者が互いによる支配を歓迎し、そのことによって自己を確立するというあり方を、自由と呼ぶか否かの判断はできかねるが、少なくとも両者の心のあり方は同値であり、不均衡はない。②の関係では、ヴォルマールが理性的支配の意図を隠蔽する限りにおいて、彼と元恋人の二人との関係は不均衡である。これをルソーが是としているのかどうかは不明である。ただ、夫婦における男女の関係については、クレールの言葉が示唆を与える。「我々女性は、隷属すること（esclavage）によってのみ自由を手に入れるのであって、いつか自分の主人となるためには下婢（servante）になることから始めなければなりません」（NH 407）。ここで確認できるのは、ルソーが隷属／服従と自由とを矛盾する概念だとは考えていないこと、そして、夫婦間での男女の序列を肯定することを通じて、身分差を容認していることである。③の関係は、①と②の関係が複合した形で成立している。ここでは、ある意味では、ジュリと従業者や召使たちの間には、愛による「透明な関係」が成立している。だが、使用人たちは互いに愛し合うことが勧められるとはいっても、その愛が男女の結びつきのように過度のものにならぬよう、操作されている。つまり、ジュリが共同体の中心となって、使用人たちを言わばその同心円上で等距離に配して愛し、彼らはその限りで距離をもって互いに愛し合う、という形態が注意深く守られているのである。また、主人夫妻と彼らとの身分の差も決して乗り越えられることはない。すなわち、「彼女とご夫君がどんなにしばしば召使たちの方に降りて彼らと同列になっても、召使の方では言葉を真に受けたりご主人方と同列になったりする気にはならない……」（NH 458）。他にも、ジュリとサン＝プルーが結婚しえず、友人エドワード卿が娼婦との結婚に至らないなど、物語の中で、社会的な既存の秩序が覆されることはない。

(2)共同体の崩壊

しかし実は、このような状況は、物語の最後に訪れるジュリの死によって一変する。彼女の死の予兆は、この人物があたかも神秘家のごとき卓抜した人格を担いながら、決して幸せな人物として描かれていないことに表れている。ヴォルマールは次のように指摘する。「賢慮と貞潔のヴェールが彼女の心をそれほどたたみ込んでいるので、その心の中に入り込むことは、人間の目には、いや彼女自身の目にも、もはや不可能なのです」（NH 509）。だが、そのヴェールが死に際して取り去られ、ジュリは、錯誤だと退けてきたサン＝プルーへの愛を確認するのである。「私を生かしめた最初の感情は、私が押し殺そうとしてもむだで、心の中に集束したのでした。それは、もはや恐れる必要がなくなったとき、心の中に目覚めました。……思いもよらず残りましたこの感情は、意志をも凌ぐものでした」（NH 741）。他方、ヴォルマールも、死の床にあるジュリに対して初めて、「あなたは死ぬことを喜んでいる。私と別れることが嬉しくてならないのだ」（NH 719）と我にもあらず口走る。

ここに至って、①での深い心の刻印に始まった恋人の「透明な関係」が回復される。また、ヴォルマールが初めて嫉妬の感情を吐露することで、②での彼の理性の作為と隠蔽が取り払われ、彼はジュリと同じ地歩に立つ。見方を変えるなら、この事態は、①の関係の成就を妨げていた、身分の差という社会の外面的な要素が突破され、その結果、②の関係において主導権を握っていたヴォルマールの存在が、①の関係に対する障害として現れてきて、その関係の外部に置かれかねなくなる、ということを意味している。さらには、③の共同体を成立させている、ジュリ夫妻という具体的な基盤も失われるであろう。それだけでなく、①において身分の秩序が取り払われたことは、③で慎重に保持されていた支配の仕組みの崩壊を招くであろう。こうして、完全な「透明な関係」の成立は、皮肉なことに、社会の秩序を破壊することになる。完全な「透明な関係」は、彼岸でしか成就しえない。それゆえにこそ、ジュリは死なな̇け̇れ̇ばなかったのである。そして、そもそも③の共同体の端緒となるジュリの結婚が、彼女の両親への憐憫の情から始まったことを考えれば、共同体の解体の遠因もまた憐憫の情であると言える。こうして、憐憫の情を共同体の支柱とすることの危うさが示されるのである。

第三節　『社会契約論』における共同体

次に、『社会契約論』における共同体について検討することにしたい。この共同体論を要請する事態とは、『不平等起源論』で見た通り、自己保存と憐憫の情という二つの原理が相補的に働く平和な自然状態が失われた事態、すなわち各人が自己の利益を求めるに至った戦争状態である（CS 358）。そして、その戦争状態の元凶である利益追求の態度は、もとは自己保存の原理であったものが私有を経て生じたのであった。ルソーは、そうした経緯と実状を踏まえた上で、社会契約に基づく国家を構築しようとする。それゆえ、この共同体は、自己保存の原理の延長上にあると言える。その意味で、ここで構想される共同体は、憐憫の情や愛に基盤を築く「クラランの共同体」と対極をなすと言ってよい。

さて、ルソーが社会契約に基づく共同体に求めるのは自由と平等の回復であるが、ルソーにおける自己と他者の関係の考察という本章の課題は、まさしくその自由と平等とがいかに規定されるのかということによって照射されよう。したがって本節では、『新エロイーズ』では仮説を立てるに留まった、ルソーの自由と平等の観念を確定することが一つの目標である。そして、「クラランの共同体」のような憐憫の情に基づく共同体を創出したルソーが、他方で自己保存を基盤にいかなる政治体を提起しえたのかということを、「クラランの共同体」のあり方と比較しつつ検討したい。

(1) 社会契約による共同体の成立

まず、ルソーが共同体の唯一正当な根拠とする社会契約（pacte social）がどのようなものかを見てみよう。ルソーの出発点は、社会の真の基礎には、少なくとも一度だけは全員一致が必要だということである。その一致点を、ルソーは各人の自己保存に求める（CS 372）[9]。そして、一致の目的は次のように定式化される。「共同の総力で、各構成員の身体と財産を防御し、保護するような結合形態、そして、それによって各構成員が全体に結合しつつ、自分自身にしか服従せず、結合前と同じように自由であるような結合形態を見出すこと」（CS 360）。これを満たすのが社会契約であり、それは各構成員が自己自身をそのあらゆる権利と共に共同体全体へと譲渡することによって成立する（*ibid.*）。その社会契約の本質は次のように定義される。「我々の各人は、自分の身体とあらゆる力を共同のものとして、一般意志（volonté générale）の最高の指揮下に置く。そして、我々はその団体の中で、各構成員を全体の不可分の部分として受け取る」（CS 361）[10]。自己がすべての権利や自由を譲渡するのは、その社会の構成員全員から成る非人格的な集合的存在に対してであるから、自己は誰か特定の個人に対して従属するわけではない（*ibid.*）。また、集合的存在は、自分もその成員であるような不可分の全体なのだから、譲渡したものが自分から分離されることもない。「……各人は自分が喪失したすべてのものと同等のものを手に入れ、さらには、自分がもつものを保存するためのより多くの力を獲得する」（*ibid.*）。こうして、個人は自然状態における自由と平等を放棄する代わりに、合法的な自由と平等を得ることになる。その上、個人は社会契約によって道徳的な人間になり、その魂を高められる（CS 364）。これらのことを踏まえて、ルソーは、社会契約をなすことを、「自己の存在を基礎づける行為（acte par lequel il existe）」（CS 363）と述べるのである。

　では次に、社会契約において個々人が「一般意志の最高の指揮」の下に置かれる、という場合の、一般意志とは何であろうか。ルソーはそれをこう規定する。「ただ一般意志のみが、公共の利益（bien commun）という国家設立の目的に従って、国家の諸力を指導しうる」（CS 368）。あるいは、「一般意志は常に正しく、常に公的な利益（utilité publique）を目指す」（CS 371）。一般意志は共同体全体の意志であり、その本質、対象共に一般的であって、個別的な対象には向かわない（CS 373）。このような一般意志の行使が法である（CS 379）。そして、この法を作成するという側面から、先の抽象的な集合体は主権者（Souverain）と呼ばれ、構成員の各人は市民（citoyen）と呼ばれる（CS 362）[11]。

　ところが、個人の特殊意志（volonté particulière）は、このような一般意志にたえず逆らって私的な利益を目指す（CS 368-369, 421）。この特殊意志を共同体の成員たちの分だけ集めたとしても、それは私的利益の総和でしかない全体意志（volonté de tous）であり、一般意志とはなりえない（CS 371）。こうして、一般意志は共同体（主権者）のものであると共に個人（市民）のものでもあるが、特殊意志は個人にのみ属している。換言すれば、個人は相反する二つの意志、すなわち公的な利益を志向する一般意志と、それに反して自分自身の私的な利益を志向する特殊意志とをあわせもつのである。

しかし、法の作成の際に、個々人にとって、相反するはずの一般意志と特殊意志の区別が実は自明ではないことが露呈する（CS 438）。個々人における一般意志と特殊意志との混同は、次のような事情によって起こるとされる。そもそも一般意志とは、「それ自体であるか、別のものであるかであり、その中間ではありえず」（CS 429）、また一般意志は必ず個人に内在している（CS 438）。ただし、一般意志による法の正しさの根拠は「何人も自分自身に対しては公正であるから」（CS 379）と語られるように、一般意志の正当性は自己保存の原理に依拠している。他方で、特殊意志もまた、自己保存の原理の上に位置づけられている。この限りで、人間は往々にして、同じ自己保存に基づく利益のうち、目の前にある特殊利益は理解できても、あまりに一般的で目先の利益に関係のないような法の利益は認めることができない、ということが起こる（CS 383）。つまり、「一般意志は常に正しいが、それを導く判断が常に賢明だとは限らない」（CS 380）。こうして人間は、二つの意志に縛られて、しかもそれを見定めることができない。だが、こうした混迷にある人間を描く一方で、ルソーは、一般意志による法の下にあって、法に服従することが自分自身に服従することと同義であり、そのとき人は自由である、と語っている（CS 365）。人間は、どのようにして一般意志を見分け、それに服従することができるのか。

この問題に対して、ルソーは立法者（législateur）という非凡な人間を設定して、個人の一般意志を導出する任を負わせる。その人物は、暴力にも理屈にも頼らず、「神々の口を借りて理性の決定を下し、神の権威よって、人間的な賢慮を働かせることのできない人々を納得させる」（CS 384）(12)。この類い稀な偉大な魂の持ち主は、一般意志にのみ拘束されるべき個々人からまさにその一般意志を抽出して、彼らをそれに従うように仕向けるのである（*ibid.*）。このように他の人々の意志に直接働きかける立法者のあり方は、「クランの共同体」のジュリと同様、ベルクソンの神秘家を想起させる。ただ、立法者がジュリと異なるのは、立法者自身は何らの権威ももたず、国家の構成の中に位置づけられもせず、言わばその存在そのものが隠蔽されていることである（CS 382）。いずれにせよ、このようにして各構成員は、自己の特殊利益よりも一般意志を取り、その発現である法に自ら従うに至る。ルソーの言う自由とは、まさにここに存する（CS 365, 440-441）。またこのとき、人々は、立法者の介入を得て一般意志において互いに一致する。そして、この一般意志の一致がある限りで、主権者、すなわち不可分な全体と言われる抽象的な虚構の内部での、成員たちのいわゆる「透明な関係」が成立するのである[13]。

だが、ルソーはこの事態に満足することなく、共同体を現実的に運営するために、その内部にさまざまな中間項を設ける。ルソーによれば、政治体の原動力とは、立法権と執行権である。先に見たように、前者は人民全体に属する、一般意志の行使である。それに対して、後者は「臣民（sujet）と主権者との間に、それら相互の連絡のために設定され、法の執行と社会的・政治的自由の維持を担う中間的団体」と位置づけられている（CS 396）。執行権は、公的人格をもって、主権者が託した権力を主権者の名において行使する一方で、その主権者によって権力を管理されている[14]。その意味で、執行権もまた、一般意志の下に置かれている。だが、この執行権を司る執政体は、国家の一般意志を支配的意志としつつも、それとは別の執政体固有の「団体意志（volonté commune）」[15]をもあわせもっている。さらに、執政者は、これに加えて個人的な私的利益を目指す特殊意志をも有している（CS 400）。この執政者個人において占める「一般意志」、「団体意志」、「特殊意志」の割合が、執政体の民主政、貴族政、君主政といった形態や規模と不可分に結びついている。つまり、執政体は、その内部の個と全体の割合に対応して変容するのである（CS 401-403）。こうしてルソーは、執政体の内部で、さまざまな段階の意志が重層構造をなし、その様相が共同体全体の形成に関わっていることを明らかにした上で、それぞれの特殊利益が肥大化せぬよう、執政体の中に幾つかの中間項を設けて均衡を図る。例えば、護民府という機関は、立法権をもつ主権者と執政権をもつ政府の均衡を保つために設定されている。ただし、機関は両者より大きな権力をもつ反面、両者からの権力奪取を防ぐため常設にはされず、国家構造の一部ともされず、法の下にあって法を遵守することのみを義務づけられている（CS 455）。

以上のようにして、ルソーは、一般意志という「透明な関係」を創出する根本的な装置を設け、社会契約によって成立する抽象的共同体の全体（主権者）と個人（市民）との間に、それを通底させている。だが他方で、彼は、具体的な人間が携わる執政体については、執政体の団体意志、執政者個人の特殊意志を考慮して、それらが一般意志を凌がぬよう、さらに市民間の平等を破壊せぬよう、[16]さまざまな中間的団体を設定し、権力のバランスを取ろうとする。さらに、この中間的団体同士もまた、一般意志における「透明な関係」をもつ一方で、「透明」ではありえない私的な部分をもあわせもつから、互いに牽制し合うことが求められている。つまり、一般意志と、それに反する意志へのさまざまな抑止によって、具体的な共同体が成立するのである。もっとも、ルソーは、このように細かい規定を設けながらも、この種の共同体に完全な形態があるとは思っていなかった。「あらゆる統治形態があらゆる国に適しているわけではない」（CS 414）として、彼は、自己保存に基づく共同体には、敢えて相対的な位置づけしか与えないのである。

(2) 自己保存に基づく共同体／憐憫の情に基づく共同体——その特徴と限界——

以上、社会契約に基づく共同体を概観した。続いて、この共同体と、先に見た「クラランの共同体」とを比較しなければならない。社会契約による共同体で、共同体の成員同士を結びつけているのは、自己保存に基づく一般意志である。それに対して、「クラランの共同体」で構成員を結びつけているのは憐憫の情もしくは愛であった。その意味で、二つの共同体はその成立の原理を違えている。しかし、次の三点でこの二つの共同体の仕組みは重なり合っており、その重複はルソーの理想とする共同体のモデルを明らかにする。第一に、憐憫の情や愛といった感情にせよ、一般意志にせよ、他者を志向するベクトルがあらかじめ人間の本性に与えられて、それが共同体の支柱となる点で、二つの共同体は互いに一致している。その上で、社会契約による共同体について、まず共同体の構成員が社会契約において一致し、共同体に自己のすべてを譲渡することによって、その共同体から力と自由を得て、自己の確立がなされる、という論理構造は、前節の①で見たジュリと恋人が、愛において一致し、相手に自己の意志をすべて与えることによって、相手から豊かな感情を得て、自己が確立される、[17]という構造と基本的に同じであると言える。このとき、社会契約の下で一般意志に従うことが、ルソーによって自由と呼ばれるのであれば、①の関係も支配関係というよりは自由を互いに保証する関係だと言えるだろう。第二に、社会契約による共同体の場合、主権者という全体において、立法者なる非凡な媒介者によって、一般意志が顕在化され、個々人同士が「透明な関係」で繋がるが、そのあり方は、③でのクラランの共同体における、ジュリという類い稀な人格を通じて召使同士が親しく交わるというあり方と重なっている。第三に、「どんな人民も自己を保存してゆけるのは、至る所で圧力をほとんど等しくするような、自らと他のすべての人民との一種の均衡の内にある場合のみである」(CS 388)という、社会契約下での平等は、クラランの共同体では、主人の愛を召使が等しく受け、召使同士の愛が主人への愛を凌がぬよう制御されるという仕方で果たされている。かくして、二つの共同体は、論理構造の大枠と、その枠内での指導者と個々人の位置づけにおいて、相似形をなすと言える。

しかし、二つの共同体には決定的な違いも存在する。[18]それはまず、双方の共同体の原理そのものである。確かに、自己保存と憐憫の情は、人間の原理として並列に置かれていた。だが、自己保存に基づく一般意志が、他者への通路を開き、共同体の成員を結びつけるものであるとして、それが憐憫の情に代わりうるだろうか。この問いに対する答えは、否、であろう。なぜなら、憐憫の情が、（その定義上）感情をもつ存在すべてに働く可能性をもつのに対して、一般意志は、社会の中に部分や身分差がある場合にはうまく機能しないと言われ（CS 372, 439）、限界が明示されているからである。[19] また、「国家においては、廃止されえないようないかなる基本法もなく、社会契約ですらその例外ではない」（CS 436）[20] と言われるように、一般意志が働く大前提である社会契約そのものが破棄される可能性を秘めていること自体、一般意志の限界を明らかにしているからである。

さらに、二つの共同体は、その規模、すなわち含みうる構成員の数という観点を容れて考えると、その相違が際立って明らかになる。[21] まず、クラランの共同体では、愛が機能するために、ジュリという非凡な具体的人格を必要としており、また構成員は彼女に愛されるにふさわしいよう、具体的な関わりの中で人格を試され、異質な者はあらかじめ排除されていたのであった。したがって、構成員を結びつける憐憫の情や愛は、その可能性としてはすべての感情的存在を包括するものであるが、現実に共同体を形成する際には、構成員の具体的な人格を問うために、逆にその構成員の数を限定せざるをえない。つまり、憐憫の情や愛を原理とする以上、大規模な共同体はありえない。また、共同体の維持そのものは、第二節の②や③の関係で見たように、[22] 決して憐憫の情や愛によってのみ果たされていたのではなく、それらとは異質で、「透明な関係」の希求からすればむしろ夾雑物と言ってよいような、さまざまな意志の介入を密かに必要としていたのであった。さらに、ジュリの死の状況が露わにしたのは、憐憫の情や愛が究極的に要請するような完全な「透明な関係」の達成はかえって、さまざまな要素がバランスを保って成立している共同体を崩壊に導きかねない、ということである。つまりこれは、憐憫の情や愛は、それだけで共同体を構成するには不安定な原理である、ということにほかならない。

他方で、社会契約において成立する共同体は、第一義的には自己保存を目的とする抽象的な全体である。それゆえ、それが国家という具体性をもって現れたとしても、例えば構成員が国家に対して抱きうる愛着は、社会構成に絶対に必要とされるものではない。また、究極的には虚構であるようなその共同体においては、各構成員が知己同士でなくとも、共同体全体は一般意志の一致がある限り成り立っていける。つまり、社会契約に基づく共同体は、その抽象性からいって、一旦成立してしまえば、個々の人間の人格にほとんど依拠せず[23]、少なくとも理論上は多くの構成員をその内に含みうる。そしてまた、この共同体は、憐憫の情を基盤とするクランの共同体と大枠の構造を同じくしながらも、その内部にさまざまな機構をもって均衡が図られることが明示されている。これは、ルソーがこの共同体においては、「透明な関係」を創出する一般意志だけでなく、それに反する特殊意志に常に留意していたことの帰結である。つまり、彼が共同体の内部に中間項を設定し、その均衡を図るとき、彼は共同体に属する個人の一般意志と特殊意志の割合の変化に臨機応変に対応しようとしているのである。共同体内部における個人の意志の割合は、共同体の紐帯の強弱と表裏をなしている。こうしたことを踏まえた上で、ルソーが「唯一かつ絶対の政府の構造などというものは存在しない」（CS 398）と言うとき、それは、完全な「透明な関係」を求めず、言わば「透明性」の濃淡を認めるということである。この共同体のもつ抽象性と明晰性、柔軟性は、クランの共同体ではありえなかったものである。

だが、この共同体の中にも問題はある。それをここでは、ルソーが言う悪人（罪人）の存在を手掛かりに考えてみたい。悪人とは、共同体という全体に対する「他なるもの」である。悪人の存在は、共同体の境界領域に属しているために、その存在をいかに遇するかということは、この共同体の限界を浮き彫りにするだろう。

ルソーが悪人と呼ぶのは、社会の法を攻撃する者のことである。そもそも、ルソーの考えでは、共同体に属する人間は「国家の構成員全員の変わらぬ意志」（CS 440）たる一般意志をもつのだから、その一般意志によって成立した法に反するはずはない。それにもかかわらず、現に法に反する悪人は存在する。ルソーもそのことは認めた上で、彼らに対する次のような処遇を指示する。すなわち、悪人はその国に居住するということで国家の一員たることを自認していたのだから、法を攻撃することで、社会契約に違反する反逆者、謀反人となる。その結果、その人間は共同体の構成員の資格を失い、敵として追放されるか処刑されるかして、共同体から排除されなければならない（CS 377）。このとき、ルソーは悪人を断罪するだけで、一般意志自体の妥当性については全く言及しない[24]。彼はただ、「一般意志は常に確実で不変かつ純粋であり」（CS 438）、「意志は一般的であるか、一般的でないかどちらかである」（CS 369）と述べるにすぎない[25]。これは、ルソーの一般意志が、その正しさを社会契約と理性に依拠するばかりで、決定的な検証の機会をもたないということにほかならない[26]。

しかも、こうした事態は、一般意志のみならず、社会契約そのものにもあてはまる。つまり、社会契約の妥当性を検証する機会はないのである。そのことは、社会契約の要件たる全員一致が、何によって保証されるのかを調べることで明らかになる。「……もし、社会契約の際に、反対者が見出されるとしても、その反対は契約を無効にするものではなく、単に反対者たちが契約の内に含まれることを拒むにすぎない。……国家が設立されれば、同意はそこに居住することにおいて示される」（CS 440）。この記述からも、また、悪人に関する記述からも明らかなように、ルソーは、自己保存が人間本性の共通の原理であること、さらに、国家成立後はその領域内に住んでいることから、全員一致を導出しようとしている。しかし、こうした条件は、ホッブズが規定した自然状態と変わるところがあるだろうか。この疑義に対して、ルソーが全員一致を導くためには、憐憫の情のような原理を必要とするであろうが、彼は『社会契約論』では、それについて何も語っていないのである。結局のところ、社会契約に基づく共同体とは、社会契約があったと見なすことによって成立する仮構にすぎないのではないか、という疑問が残されるのである。

(3) 共同体から自我へ

こうして、クラランの共同体と社会契約による共同体とは、論理構造を同じくしつつも、その成立原理を違えることを皮切りに、さまざまな相違点をもつことが明らかになった。最後に、この二つの共同体が、いかなる宗教的境地に至るのかを見ておきたい。実は、この宗教的境地こそ、二つの共同体の目指すものの相違を顕著に映し出す。さらに、それは、共同体論の先にルソーが求める心の状態がいかなるものかを示すであろう。

まず、クラランの共同体において、宗教がどのように描かれていたのかを思い出そう。ジュリにとって、夫ヴォルマールの不信心は、彼の理性的な振る舞いに劣らず、悩みの種であった。ヴォルマールは宗教を阿片であると見なしており、ジュリによれば、「神は、ご自分でご自分のお顔にヴェールをおかけになったのです。夫が真理を避けているのではなく、真理の方が彼を避けているのです」（NH 699）。こうした主人夫婦における信仰心の有無は、ジュリという憐憫の情の原理かヴォルマールという理性の原理かというジレンマ以上に、またジュリとサン＝プルーとの恋愛関係かジュリとヴォルマールとの夫婦関係かというジレンマ以上に、クラランの共同体における象徴的な二律背反である。そして、こうした矛盾を孕んだ共同体の設定を一気に解決するのが、ジュリの死という結末なのであった。ジュリは死に臨んで、牧師に、「私は聖書と理性から唯一の規範を引き出す新教徒の一員として生きて参りましたし、死んでゆくつもりでございます」（NH 714）と述べて、信仰の内に最期を迎えるのである。

ジュリの死によって、クラランの共同体は支柱を失う。これがクラランの共同体の死を暗示することは前にも述べた。現にジュリを看取ったクレールは、ジュリの死の後、誰とも会わずに茫然と日々を送り、「……信頼、友情、美徳、快楽、陽気な戯れ、すべてを地が呑み込んでしまいました……私は自分が引き摺り込まれるのを感じます」（NH 745）と述べている。しかしながら、ジュリ自身がキリスト教徒たることを真の人間のあり方だと見なしていたことからすれば、逆に、ジュリの目指した理想の共同体はキリスト教の言う彼岸すなわち死においてこそ完成されるという見方もできよう。

さて、『新エロイーズ』がキリスト教への賛美の内に閉じられたのと同様、『社会契約論』の結語直前の最終章が「市民的宗教について」と題されているのは偶然ではあるまい。我々はここに、ルソーが共同体の成立と宗教とが不可分のものだと考えていたことを見て取ることができる。この章においてルソーは、宗教と政治体さらには共同体との関係を論じている。彼は、宗教を三種のものに分類し、第一の「人間の宗教（Religion de l'homme）」として、内的な信仰である福音書のキリスト教を、第二の「市民の宗教（Religion du Citoyen）」として、神権政治に結びついて外的な礼拝を重視する宗教を、第三の「聖職者の宗教（religion du Prêtre）」として、二つの法体系や二人の首長、二つの祖国をもつ矛盾を孕んだラマ教などの宗教を挙げている（CS 464）。そして、ルソーは、第二の宗教を形式にとらわれた排他的で不寛容なものであるとして、また第三の宗教を社会的統一を破るものとして批判する。こうして、ルソーにとり、第一の宗教、すなわち福音書のキリスト教こそが、真の有神論、自然的神法として残される。この宗教によってこそ、人は純粋で内的な信仰と不滅の道徳義務に与るのである。しかしながら、ルソーは、この宗教が、政治体との関係で見る限り、いかなる政治体とも関係をもたないばかりか、その内部の紐帯を緩めるように働くことも指摘する。「この宗教は、市民の心を国家に結びつけるどころか、市民の心をこの世のすべての事柄から引き離してしまうのと同様に、国家から引き離してしまう。私は、これほど社会的精神に反するものを何も知らない」（CS 465）。それゆえ、真のキリスト教の社会とは、想像しうる限りで最も完全な社会を形成するものであろうが、それはもはや人間の社会ではなく、天上のものとなるしかない。あるいは、仮にこの社会がありうるとしても、それが平和を保つためには、社会の構成員がすべて善良なキリスト教徒でなければならない。これは、ジュリがキリスト教徒として亡くなることによってしか、共同体の抱える矛盾が止揚されなかったことと符合する。(27)

こうしたことから、ルソーが社会契約を擁した社会において妥当だと考えるのは、天上においてのみ果たされるような無制限の愛を説く宗教ではなく、ある国家に属する市民にその適応範囲を限定する市民的宗教（Religion civile）であることになる。つまり、ルソーは、社会契約による社会において市民が公的な利益を追求し、義務を愛するようになるためには、宗教をもつことが必要だと認めるが、それはあくまでも彼岸の問題ではなく此岸の問題だと考えているのである。それゆえ、彼の主張する市民的宗教は、既存の宗教の不寛容という欠点を補って、勧善懲悪の精神、社会契約と法律の神聖性を人々に教えるものとして、共同体の紐帯とならなければならないのである(28)。

ルソーがここで述べた、第一の「人間の宗教」と第二の「市民の宗教」とはそれぞれ、第一部の第三章で見た、ベルクソンの説く動的宗教と静的宗教にほぼ一致している。そして、クランの共同体におけるキリスト教(29)が動的宗教に、社会契約の共同体における市民的宗教（=「市民の宗教」の改訂版）が静的宗教に相当すると考えられるであろう。ここにおいて、ルソーが各々の共同体に求めたものの相違が明らかになる。ルソーは、クランの共同体には、成員がすべて愛で結ばれるような霊的共同体を、社会契約による共同体には、国家に対する愛と公的な利益を重んじるような現実の共同体を想定していたのである。あるいはベルクソンの言葉を借りれば、クランの共同体は「開いた社会」を、社会契約の共同体は「閉じた社会」を志向していたと言えよう。しかも、ベルクソンが「閉じた社会」は「開いた社会」へと移行すべきだと考えたのとは違い、ルソーは社会契約による共同体をあくまでも「閉じた社会」に留まるべきだと考えていた。先に指摘したように、社会契約による社会がある意味では根拠を欠く、中途半端なステイタスに留まる理由は、その社会が敢えてこうした限界内に据え置かれていたことに存するであろう。

しかし、社会契約による共同体では、第一の宗教、すなわち福音書によるキリスト教は退けられていたとはいえ、ルソー自身がそれを評価していなかったわけではない。それは、クラランの共同体が示す通りである。さらにそのことは、『エミール』で論じられる真なる宗教が、ただ一つ、ベルクソンが「動的宗教」と呼んだような、福音書によるキリスト教のみであることからも明らかである。では、ルソーはいかなる態度でその信仰に臨んだのか。『エミール』からそれを読み取ろう。

ルソーによれば、神は、宇宙の観照と自己自身への反省から導かれる。そして、神は、宇宙の存在に秩序を与え、自己自身を創造した存在として、感じられ、信じられるのである（E 580-581）[30]。ルソーは、サヴォワ助任司祭の信仰告白を借りて次のように述べている。「私には、誰かからこうした信仰を教えてもらう必要はない。それは自然そのものから私に示唆されるのである」（E 583）。そして、ルソーは、この神に、英知と力と意志の観念を結びつけ、さらにその必然的な結果として、善性の観念を結びつける（E 581）。ルソーによれば、人間の自由意志（それは悪をなす自由をもつことでもある）は、それを正しく善く選択して用いるようにとの神の意志を反映しているのである（E 587）。

では、自由な人間において、善はどのようにして選択されるのか。「善は、ある無限な力と、自己自身を感じるあらゆる存在に本質的な自愛心との必然的な結果である」（E 588）。つまり、善は神と自愛心において見出される。しかも、人間の善とは取りも直さず自分と同じ人間に対する愛のことであることから、この自愛心はそのまま他者への愛に連動している（E 593）。ここに、我々は、自愛心と憐憫の情とが善において結びつけられるのを見るであろう。さらに、ルソーは、人間をこうして善に導くものを端的に良心と呼び、次のように定義している。「魂の底には正義と美徳の生得的な原理があり、我々自身の格律に反してでも、我々はこの原理に基づいて自分の行動と他人の行動を、良いものあるいは悪いものとして判断している、この原理にこそ私は良心という名を与える」（E 598）。

この良心の源泉は神である。このことは、善の観念のみならずその実現もまた、神に由来していることを意味している。また、さらに言えば、これは、善の具現であるべき共同体が神によって支えられているということでもあるだろう。この限りで、ルソーが目指す社会は、究極的には、「動的宗教」において神の共働によって成立するような「開いた社会」に近似のものだと言えるだろう[31]。しかしながら、ルソーの議論は、神よりもむしろ自己自身に力点が置かれるところに特徴がある。というのも、ルソーは、この神が良心という形で自己自身に内在していることから、人間はこの良心に導かれている限り、善をなしえ、幸福を得ることができ、「最高の喜びは自己自身に満足することに存する」（E 587）と考えるからである。つまり、良心は自己の内的感情において知られ、その実現は「自己自身に満足する」という幸福の感情によって確認される。ここに、ベルクソンとルソーとのニュアンスの差が存在する。ルソーは助任司祭の口を借りて述べている。「私はこの世でももう幸福なのだ。……この世から引き出せる真に良いものはすべて、私次第で自分のものになるからだ」（E 605）[32]。これがおそらく、クラランの共同体や社会契約による共同体を補完する、ルソーおいて最も望ましい境地であろう。そしてこのとき、自己は自己自身で充足し、神はもはやその背後に退いてしまっているのである。

かくして、自己自身への反省から得られた神の存在は、善と幸福を経由して、再び人間を自己自身の内省へと向かわせる。さらに言えば、自己自身における生得的な自愛心や憐憫の情もしくは良心は、それらによる共同体の成立を経由して、再び自己自身の享受へと回帰する。「我々自身の内に立ち返ろう」（E 596）とは、こうした文脈で正当な要請とされるのである。

（1） Jean-Jacques Rousseau, *Discours sur l'origine et les fondements de l'inégalité*, *Œuvres complètes*, III, Éditions Gallimard, 1964, p. 123. 以下、この著作からの引用、参照個所については、OI の略号と共に頁数を記す。

（2）このような自己の存在と外観との乖離は、他の著作の中でも繰り返し糾弾される。また、まなざしを隠喩とする自他の関係は、第一部で見たサルトルの他者論を先取りしているとも言える。もっとも、愛を是認するか否かで両者は決定的に異なっている。

（3）Jean-Jacques Rousseau, *Du Contrat social, Œuvres completes,* Ⅲ, Éditions Gallimard, 1964, p. 391. 以下、この著作からの引用、参照個所については、CS の略号と共に頁数を記す。

（4）『不平等起源論』の中で、ルソーは全員一致の同意の必要性を説いた上で（OI 176-177）、「すべての政府の基本的な契約の本性について」言及しており、そこで、「人民は社会的な関係について、そのすべての意志をたった一つの意志の中に統一」する、という契約に基づく政治体を構想している（OI 184-185）。

（5）Jean-Jacques Rousseau, *Julie, ou La Nouvelle Héloïse, Œuvres complètes,* Ⅱ, Éditions Gallimard, 1964, p.149, 226. 以下、この著作からの引用、参照個所については、NH の略号と共に頁数を記す。

（6）〔　〕内の補足は引用者による。

（7）第一部第三章第二節⑶⑷八五―八七頁を参照。

（8）ジュリの父は、サン＝プルーとジュリとの結婚を身分差を理由に反対するが、それでもサン＝プルーは有産階級である。

（9）ここで言われている自己保存は自然状態まで遡ったときの、道徳的に中立的なものである。利益を追求するようになった、社会状態で発展した自己保存ではない。

（10）傍点を付した強調はルソーによる。

（11）この抽象的な集合体は、公的人格としては政治体、能動的に法を作るとき主権者、受動的に法に従うとき国家と呼ばれる。それに対応して、構成員は集合的には人民、主権に参加する者としては市民、法に従う者としては臣民と呼ばれる（CS 362）。

（12）ルソーはこの著作の中で、神の正義ではなく人間の正義を問題にし、宗教も社会に役立つ限りでなければ認めない。ここで語られる神も社会維持のための方便である。

（13）ルソーは各市民の特殊意志が一般意志と一致するかどうかは集会で討議すると言うが、同時に「……市民が互いに何らの交渉ももたないとしても、小さな沢山の差異も結局は常に一般意志が導出し、その決議は常に正しいものであろう」（CS 371）と述べて、一般意志が市民に内在していること、それが正しく表出されることに信頼を示している。

（14）こうした性質上、執行権は人民一般に属するわけではない。その代わり、全市民が執政者の資質と機会を平等に有して、誰でもその任務を担いうる、とされている。（CS 443）

（15）「団体意志」は、その団体全体で一致する利益を目指す意味では、「一般意志」であり、団体固有の利益を目指す意味では「特殊意志」でもあるという両義性をもつ（CS 400）。

（16）「特殊意志はその本性上不公平を、一般意志は平等を目指す」（CS 368）ということを踏まえ、ルソーは「ものごとの自然の力は、常に平等の破壊に向かうからこそ、立法の力は常に平等の維持を目指さなければならない」（CS 392）と言う。したがって、この特殊意志を抑制することが課題なのである。

（17）本章第二節(1)一七五―一七六頁参照。

（18）他に重要な相違として、平等や宗教のあり方の違いがある。

（19）ただし、前節で述べたように、実際のクラランの共同体では愛情が機能すべく、召使の選抜が行われるなど、さまざまな条件が課されており、それは社会契約論の中での立法の対象にふさわしい人民の条件に重なる。

（20）他にも、執政体が主権を圧倒した場合には、社会契約は破棄されることが明記されている（CS 423）。

（21）元来ルソーは、構成員が互いに知り合いであり、自給自足が可能であるような小さな共同体を理想とすることで一貫しており、その点では、二つの共同体が目指すところは同じである。

（22）本章第二節(1)一七六―一八一頁参照。

（23）もちろん、立法者は特異な人格を担わされるため、この限りではない。

（24）ただ、刑罰がしばしば行われることは、政府の弱体もしくは怠慢の兆候である（CS 377）として、政府のあり方には言及し、共同体の影響力と個人の法への服従の程度との相関関係には触れている。

（25）こうした一般意志の観念によれば、それに基づく法は過つ可能性をもたないから、人間はそれに従う善人か、それに反する悪人かに峻別されることになるだろう。このことは、ルソーの自我論と深く関係していることを、ここで指摘しておきたい。

（26）集会の役割は、ある法が一般意志に合致するか否かの審査であり、実際には各人の票数から一般意志が表明され、多数決が採用されている（CS 440）。だが、全体意志と一般意志とは一致せず、「……市民が互いに何らの交渉ももたないとしても、小さな沢山の差異も結局は常に一般意志を導出し、その決議は常に正しいものであろう」（CS 371）と言われ、そもそも一般意志と投票のレヴェルは異なる。それゆえ、集会が法について決定権をもっているとは言えない。

（27）さらに言えば、『エミール』において、死によって秩序が回復される、と述べられていることにも符合する。Jean-Jacques Rousseau, *Emile*, *Œuvres complètes*, Ⅳ, Éditions Gallimard, 1964, p. 590. 以下、この著作からの引用、参照個所については、Eの略号と共に頁数を記す。

（28）市民的宗教もまた、神と来世の存在も教えるとされているが、それは此岸の社会性を確固とするためにのみ必要なのである（CS 468）。

（29）ただし、ジュリが信奉していたのはプロテスタンティズムである。

（30）また、ルソーによれば、神は推論によって得られるのではなく、内的感情によって知られる（E 579）。

（31）寛大な行為は、称賛の念や大きな愛を感じさせ、「自分もああいうふうにありたい」（E 597）と思わせずにはいないのである。ここに、我々はベルクソンが「動的宗教」の中で描写した神秘家とそれに追随する人々の姿を見出すだろう。

（32）傍点を付した強調は引用者による。

第二章

共同体の崩壊と自我の亀裂

ここまで、ルソーの理想とする二つの共同体、すなわち、憐憫の情を基盤とする共同体（『新エロイーズ』）と、自己保存を基盤とする共同体（『社会契約論』）について検討してきた。これらの共同体は、構造を同じくする相似形をなすものとして、さまざまな相違をもちながら、言わば相補的な形で成立していた。それゆえ、二つの共同体は共通の問題をもち、具体的には、共同体の成立の要件に成員の全員一致が挙げられながらも、その一致が検証不可能な仮定にすぎないこと、そして、それにもかかわらずこの要件が堅持されると、一方で一致とは無関係の、隠蔽された意志が機能することが必要とされたり、他方で一致への反対者が共同体の浄化の機縁となることもなく排除されたりするという歪みが生じることが明らかになった。こうした歪みがなぜ生じるのか、というのが本章での課題である。

この問題を検討するためには、ルソーが共同体論を創出する際に、人間の自我をいかなるものと考えていたのかを調べる必要がある。ルソーの共同体論が人間本性の考察に基づいてなされたことは、彼のデビュー作が『不平等起源論』であったことが雄弁に物語っている。また、前章の最後で明らかにされたように、ルソーは共同体と宗教を不可分なものとした後、真なるものの在り処を、神が内在する自己自身の内的感情の内に求めている。こうしたことから、ここでは彼の自伝的著作に題材を求めて、そこから自我に関する観念を炙り出し、共同体論で指摘された問題群を存在論的な次元から考察したい。ルソーは自伝的著作の中で、自ら理想とする自然人（homme de la nature）を任じており、(1)その限りで、これらはルソーという具体的個人を例に採った自我論であるとも言えるからである。

とはいえ、自伝的著作を繙けば、自然人であり、かつ「人間の内で最善の者」(2)であるはずのルソーの人生は、尋常ならぬ波乱に満ちている。彼は、他者と親密な関係を結んだと思えば、苛烈な敵対関係を生み出し、自己弁護を繰り返し試みた挙句、(3)最終的には孤独に追いやられる。例えば、有名なルソーとヒュームの親交は、ルソーがヒュームを自らの迫害の首謀者と見なして、敵対することによって幕を閉じた。憤懣やるかたないヒュームは、次のようにルソーを評している。「めちゃな想像力からもたらされる、なんという変てこな話だ。……もしもルソー氏が物事を正確にありのままに見うるならば、氏はイギリスにおいて私以外に友人をもたず、彼自身以外に敵などもたぬことが御判りであろうに」(4)。ヒュームは実のところ、ルソーを真に理解していたとは言いがたい。だが、それにもかかわらず、この言葉はルソーの人間性の核心を突いている。ルソーの言う「迫害」が妄想の域に達していたこと、また彼が、「迫害」に抗して自らの歴史を物語り弁護するという形で、自己に拘泥し続けたことは、この言葉の真実味を背後から支える。そして、このような見地に立てば、ルソーの人生は、彼自身の共同体論の挫折を十分に暗示するものであると言える。

かくして本章は、ルソーが自分自身を投影したクラランの共同体を参照しながら、自伝的著作における自我がいかなるものかを調べて、共同体論の存在論的基礎づけを目指すものである。ルソーは、感受性の鋭い人間であることを自らの特筆すべき性質とし、自己の歴史も、他者との関係を織り交ぜながら、「反省」によらず感情において物語る。その意味で、この自我論はルソーの感情論ともなり、また感情を軸とした他者論ともなろう。そして、彼の「極端から極端へと揺れ動く」激越な人生は、情感性に基づく他者論一般がその極限において陥るかもしれない危険を具体的な形で提示するであろう。

第一節　共同体を崩壊させるもの

――憐憫の情の功罪――

ルソーが『不平等起源論』で人間本性の原理の一つとした憐憫の情は、『新エロイーズ』で描かれる理想の共同体の基盤として機能していた。憐憫の情とは、「あらゆる感性的な存在、とりわけ我々の同胞たちが、滅びたり苦しんだりするのを見て、自然の嫌悪を我々に起こさせるもの」（OI 126）である。この定義は、人間が第一義的に感性的なものであること、さらに人間同士がこの感情によって通底していることを示している。ルソーにおいては感情が自己と他者とを語る鍵となることから、まず、この『新エロイーズ』での共同体における情感性の内実を詳らかにして、情感性を軸とする自我論への架橋を図りたい。

さて、『新エロイーズ』の共同体において、ルソーが、共同体の成員を結びつけるジュリなる人物を造形しているのは、先にも見た通りである。彼女を共同体の支柱たらしめているのは、その豊かな感受性と普遍的な心情、憐憫の情の深さ、そして愛の能力の卓越性である（NH 73, 204）。彼女はこの内的感情を指針として過たず行動する（NH 257, 356）。ところが問題は、当の彼女が決して幸福ではないことである。あまつさえ、彼女は物語の最後には死に至り、彼女の死が共同体それ自体の死を暗示する。ジュリは告白している、「私の体の病にせよ魂の病にせよ、すべての病の源泉はあまりに感受性の強い私の心の中にあるのです」（NH 351）。つまり、ジュリの不幸の原因は、彼女自身の卓越した内的感情にあるというのである。なかでも、問題なのは、ルソーが内的感情の内で特に人間本性の原理とした、憐憫の情の功罪である。ルソーの自然状態を平和なものにせしめ、自己と他者とを結びつけるこの憐憫の情が、個人の不幸の原因になるということがありうるのだろうか。

まず、個人における内的感情一般に関するルソーの見解を見ておきたい。ルソーの内的感情に関する記述は、格別の定義も位階もなく、さまざまな感情が渾然一体に描写されることで成り立っている。指摘できるのは、この内的感情が、外観との対比において行動の確かな指針とされること、また心（cœur）などと同列に置かれて、問題の憐憫の情や愛情の深さ・感受性の鋭さ・豊かさ等と共に語られことである。つまり、ルソーにおける内的感情とは、自己の根底にあって自己自身の行為の原動力であると同時に、他者と結びつくべく自己の外部に向かって開かれてもいるという、自己自身と他者への二方向に向かうベクトルの総称である。また、この感情に伴う深さ・鋭さ・豊かさ等の形容は、それに個人差が存することを示している（NH 92）。このような事情は、次節以下で見るルソーの自伝的著作においても同じである。そして、それらの記述によれば、ジュリと同様、ルソー本人もまた、この内的感情の深さ・大きさ、その感受性の鋭さにおいて卓越し、それゆえ憐憫の情にも秀でている。では、こうした内的感情の中にあって、憐憫の情は、個人の幸や不幸にどのように関わるのか。

ジュリにおける憐憫の情の働きを見てみよう。「惨めな人々を見ながら幸福であるのは彼女にとって易しいことはないでしょう。……彼女は人の不幸を癒すためにそのような人々を自ら探そうとするのです」（NH 532）。しかし、こうして他者の幸福を願う憐憫の情が、本人にとっては必ずしも幸福をもたらさない。ルソーは、ジュリの従妹クレールの言葉を借りて、憐憫の情が当人に与える作用を次のように述懐する。「我々の感情はすべて共通しています……私は新しい苦痛をあなたにお知らせするときには、必ずそれらの痛みをあらかじめ感じているのです」（NH 168）。つまり、憐憫の情は他者の不幸を感受する人間を必然的に苦しめることになる。「幸福への第一歩は苦しまぬこと」（NH 531）だとすれば、確かに憐憫の情に厚いジュリは不幸の種を有していよう。さらに、ジュリに関する次のような描写は、内的感情の深さが、この不幸に拍車をかけていることを教える。「あの優しい魂は、自分の悲嘆が十分でないことを常に恐れていて、自分の苦痛の感情にさらにそれを酷くしうるあらゆるものを付け加えることが、彼女にとっては一種の喜びなのです。彼女は自分に苦痛を強いています、本当です」（NH 322）。ここで、内的感情の深さが苦しみを強いることが明らかになる。つまり、憐憫の情が他者の苦しみを自己にもたらし、内的感情の深さがそれを増殖させるのである。ただし、そうした苦悩が内的感情を満たすと、その極において苦悩が喜びに変わるという転倒が起こる。ルソーはジュリにこの転倒を語らせている。「自分自身の不幸、他人の不幸を憐れむことがどれほど快いか、人は知らないのです。感受性は、常に、運命にも出来事にも束縛されない一種の自己充足を魂にもたらします」（NH 725-726）。

憐憫の情に厚い人間が、他者の苦しみを自らのものにするだけでは飽き足らず、自己充足を得るために不幸な者を自ら探し、その者を投影して自らの苦悩を先鋭化させ、増大させるという構造は、それ自体が問題であろう。この構造によれば、内的感情の鋭さと深さをもつジュリ（あるいはルソー本人）のような人間は、このような苦悩の自己目的化と、それに伴う増幅作用によって、不幸を余儀なくされてしまうからである。しかし、こうした感情における自己と他者との関係を考えた場合、事態はさらに深刻である。というのも、憐憫の情によって苦悩の増幅を自らへと強制するとき、憐憫の情を引き起こした原因たる他者の不幸、苦痛はもはや問題ではなくなっているのではないか、と考えられるからである。換言すれば、他者を思いやるはずの憐憫の情が他者そのものを置き去りにするのではないか、と疑われるのである。クレールもジュリに苦言を呈している。「あなたの苦悩はすべてあなた自身から来ているのです！」（NH 499）[5]。

かくして、憐憫の情は、それをもつ者を必然的に不幸に導く。こうした事態は、『不平等起源論』で自然状態を平和に保つ鍵とされた憐憫の情の規定をもはや逸脱していると思われる。その逸脱は、二つの面から指摘できる。一つは、ジュリに対するクレールの評、「あらゆる人々が幸福でなければ自分も幸福でない、というのは理性の限界を踏み越えているでしょうから」（NH 532）という文言から明らかになる。これは、他者の幸福を自己の幸福よりも優先することで、憐憫の情が自己保存の情を凌いでいる事態を示している。つまり、『不平等起源論』で人間の二つの原理とされた憐憫の情と自己保存の情がバランスを崩して、憐憫の情が自己保存の情を凌駕しているのである。(6) しかし、さらに由々しいもう一つの逸脱は、憐憫の情が内的感情の深さに強いられて暴走し、当の他者を置き去りにするという事態において明らかになる。このとき、憐憫の情は、自然状態を基礎づける二つの原理の一つというよりは、むしろ内的感情を基盤とした感情の一つとなっている。(7) 加えて、憐憫の情は他者の苦しみに対する思いやりという規定をも逸脱し、自己自身の内的感情の内で自己充足することになる。こうした事態に呼応するように、ルソーの叙述からは、徐々に憐憫の情に関する記述が少なくなってゆく。こうして、自己保存とのバランスを失い、また内的感情の一つとして他者へのベクトルを希薄にしかもたなくなった憐憫の情は、その基底にある内的感情そのものへと収斂してゆくであろう。

第二節　自我の感情的系譜

——自他の融合から決裂へ——

ルソーの自伝は感情の歴史であり、彼は自己を歴史的に物語ることで過去を感情的に生き直し、味わい直し、出来事と感情の絆を一層強固にしている（CO 20）。「〔記憶を辿る際に〕ただ一つ当てにできる忠実な道案内がある。それは諸感情の連鎖であり、これが私の存在の連続や、その諸感情の原因あるいは結果となった出来事の連続をしるしづける。……私は、自分が感じたこと、また諸感情が私に命じたことについては間違いえない。……ただ自我の内部に戻りさえすればよいのだ」（CO 278）(8)。ルソーの自伝は、このような内的感情への信頼によって支えられている。しかし、前節でも指摘したように、その感情の感受性の鋭さ・深さは、人を繋ぐはずの憐憫の情を契機として当人の不幸を増殖させると共に、引いては共同体全体の基盤を動揺させせかねなかった。本節では、そのような感受性の問題を、ルソー自身の生に引き継いで、彼の個人史の中でいかに展開されるのかを検討する。

「私の告白は必然的に、多くの人々についての告白と結びついている」(CO 400)と述べられているように、彼の自伝は自我論を形成すると同時に、自己と他者の関係論をも構成する。彼自身の、幸や不幸の振幅の激しさと同様、彼と他者との関係もまた、極端から極端へと揺れ動く。「私の欲求の第一のもの、最大最強のもの、最も抑えがたいもの、それはまるごと私の心の内にある。つまり、親密な交際、それも可能な限り親密な交際への欲求である。……同じ肉体に二つの魂が宿るのでなければならず、さもないと私は常に空虚を感じる」(CO 414)。このようにルソーは他者を愛しやすい性癖をもち、それゆえ友人を得ると、あたかも心の空隙を埋めるかのように、すぐさまその人物と「離れられない関係」になる(CO 154, *etc.*)。しかし、ルソーが何らかのきっかけで相手に対して疑いを抱くと、彼は一転して自らが憎まれ、迫害されていると訴え、両者は敵対関係に陥る。彼の自伝の少なくとも半分が、この「迫害」の苛烈さの描写とそれに対する抗弁に費やされており、それらによれば、彼は孤立無援で巨大な迫害組織に立ち向かっていることになる。

しかし、このような彼の叙述の事実関係に疑義を挟ませる資料が存在する。例えば、本章の冒頭で引用したヒュームの書簡がそれである。ヒュームもまた、ルソーと厚い親交を結び、その後絶交した一人である。だが、ヒュームにとり、ルソーが彼に帰した裏切りと迫害は、全く身に覚えのないことであった。ヒュームは疑いを解こうとするが、ルソーは聞き入れることなく自らの得た確信に固執し、二人は対立を深めるばかりであったのである。

この食い違いは、ルソーの他者把握が失敗していることを鮮やかに見せつける。ルソーにしてみれば、親密な交際を得たいという欲求に基づき、他者の自己に対する好悪を測り、「魂の共感(sympathie des âmes)」(CO 52)の強い印象(impression)が感受性に刻印されるのを機に、自己と他者の内的感情を満たすところの「透明な関係」へと一挙に向かおうとしただけである。しかしこの経緯は、前節で見たジュリにおける憐憫の情の構造、すなわち他者の不幸を察知して、それを自らの苦悩として共感し、さらには自己の感受性の行き着く限り、その苦悩を増殖させるという構造と表裏である。ここでもやはり、他者そのものは忘れ去られてしまっているかのようである。そして、ルソーが現に他者を完全に誤解したという事実は、この構造自体を問題化するだろう。この問題を解く手掛かりは、差し当たり二つ指摘できると思われる。一つは、ヒュームがルソーを非難して書いた「めちゃな想像力」が、本当に他者把握の失敗に関与しているのかどうかということである。もう一つは、ルソーが他者から最初に印象を得て、それを機縁にして内的感情が一定の方向に向かうという場合の、「印象」の根拠は何なのかということである。

ではまず、想像力について、ルソー自身がその働き方をどのように述べているのかを調べよう。「現実の存在には到達することができないので、私は空想の国に身を投じた。私が夢中になるにふさわしい存在が何もないことを見て、それを私の理想の世界で育んだのである。私の創造的想像力はその世界をすぐさま私の心で叶う存在で満たした」（CO 427）。つまり、想像力は、自らの欲求に相当するだけの対象を作り出す。また、その想像力が決定的に機能する様子は、友人の裏切りを確信する場面で次のように描写されている。「その瞬間、私の想像力は稲妻のようにひらめいて、邪悪な謎の全貌を私に明らかにしてくれる。私は事態の経過を、神々から啓示されたかのように明白かつ確実に見る。……いかに多くの出来事と状況が、私の精神の内でこの妄想を模して、その妄想にもっともらしい様相を与えたばかりか、その証拠と証明を私に示したかは驚くほどである」（CO 566）。ここでルソーは自分の想像力の働きによって創出された事態を「妄想（folie）」と呼んでいる。そこには自重の響きがないわけではない。しかしその実、彼はその「妄想」を確信して、死を近く思うほど苦しんでいる（CO 568）。この限りで、確かにヒュームの言葉通り、想像力を元凶として、ルソーの敵は彼自身である。

こうして、ルソーが「稲妻より素早い感情が私の魂を満たす」（CO 113）と言う場合、それには想像力が関与していることがわかる。その働きは、上記の引用に見られるように、あたかも直観のような様相をもってルソーに確信を与え、それまでのものの見方を一変させる。しかも、重要なことは、想像力の働きの作り出すものが、彼自身の欲求に即応していることである。では、ルソーが受けていると主張する迫害や陰謀についてはどうだろうか。彼は、迫害や陰謀の首謀者たちのことを次のように想像している。「どんな責苦が私の感受性の強い魂にとって最も残酷であるかと、彼らはその憎悪の極みで模索した[9]」。「〔ルソー迫害の〕連盟は全世界的であった。例外なく、永久に」（RP 1077[10]）。かくも苛烈な事態を描き出す想像力に釣り合った欲求とはいかなるものか。

　ルソー自身の言葉から推すならば、ここで描かれた対象は、自らを徹底的に憎悪する他者群なのだから、彼自身が憎悪されることを欲求していたということになろう。しかし、それは、彼が自分は愛されるべき人間であると繰り返し訴えていたことに反している（CO 496, *etc.*）。そしてまた、彼自身は自分が愛されるに値する善人たることの証左を、他者を憎悪しないことに求めていた（RJ 851）。つまり、彼は愛されたいがゆえに、愛されるべき善性を堅持しようとして、憎悪という感情の働きが自らに内在することを認められなかったのである。しかるに他方で、ルソーの思考では常に、苦痛と快楽（NH 725-726）、激しい情念とゆっくりした思考（CO 113）、幸福を創出する記憶力と不幸をもたらす想像力（CO 278）のように、相反するものが均衡を保っている。だとすれば、愛の反対の極としては当然、憎悪が想定されるべきである。にもかかわらず、憎悪という極が忌避されるとき、ルソーは憎悪の欲求を外在化して他者に付し、その他者の憎悪を増幅させることで、自らが感じている憎悪との釣り合いを取ったのではないだろうか。なぜなら、彼にとり、自分が他者を憎悪することと、他者から憎悪されることとは、それを内的感情で感じることにおいて同値だからである。それゆえ、彼が主張する迫害の巨大さと執拗さは、それに耐えうる、愛情深い彼の感受性に釣り合っていることになろう。

憎悪する自己を他者へと外在化することは、ルソーにおける自己と他者の把握に関して、さらに二つのことを教えてくれる。一つは、ルソー自身が憎悪の感情の主体とはならず、憎悪される客体としてこの感情を体験することである。このことは、他者が、「私が憎まれるところの者」という（私にとっての）受動の形で現れることを示している。もう一つは、彼が善性を自己に内在化し、悪を敵なる他者に外在化して、善を自己に悪を他者へと振り分けて局限することである。このことにより、ルソーは自分は愛されるべき善性を保ちつつ、その善性と釣り合う悪を、他者のものという装いの下で感受しうる。憎悪や悪は、このような形でルソーの内的感情の内に存在することが認められ、その実、ルソー自身の欲望に釣り合って自己充足の内に感受されることになる。

このように見ると、ルソーにとって善悪という価値が、自己と他者の位置づけを行うにあたって重要な意味をもっていることがわかる。では、善と悪とは、ルソーにおいていかなる外延をもつのだろうか。また、内的感情が自己充足するとすれば、受動の形で現れ、悪の極とされる他者という存在は自己にとっていかなる意味をもちうるのか。そして、想像された他者と他者その人自身との隔たりを埋めることはできるのか。これらの問いは、想像力が働く契機となる「印象」の根拠が、本当に他者に由来するのかどうかを改めて問うことでもある。

第三節　善悪の極と自己と他者の位置づけ

本章の最終節では、上記の問いを受け、これまでの考察を踏まえて、自己と他者がいかに位置づけられるのかを問題にする。そこでまず、自己と他者とが局限された、善と悪とがルソーにとってはいかなるものなのか、その外延を自他関係に関する記述において画定しよう。

ルソーにおける善悪がいかなるものかを考える際、鍵になるのは「率直さ（franchise）」という価値である。というのも、ルソーが他者に対峙したとき、最初に気に掛けるのが、相手が率直であるかどうかという「印象」だからである。だがなぜ、率直さが他者を量る第一のポイントとなるのだろうか。それは、ルソーの議論には、大前提として、人間の自然本性は善であり、それが社会によって隠された結果、自己が内面と外面とに分離されてしまったという見解があるからである（OI 174-175）。したがって、内面と外面とが一致して善なる内面が外面へと表出されていること、すなわち率直であることが、善となるのである。

だが、率直さがすなわち善であるという見解は、場合によっては盗みや嘘といった「悪事」をも是認するという奇妙な事態をも生む。ルソーは、自分のなした悪事を次のように語る。「私は詐欺を、最大の忠実さで実行したのだ。動機と言えば、唆した男を喜ばせたかっただけである」（CO 33）。ここに罪悪感はない。むしろルソーは動機の「善さ」を誇っているかのようである。また逆に、ルソーは、いかなる善行であれ、自らの感情に合わなければそれをなすことができない。例えば、楽しみだった他者への善行が習慣となり、一種の義務、さらには束縛となって、楽しさを感じさせなくなると、ルソーはその善行を止めてしまう（RP 1050-1051）。このことについて、ルソーは次のように述べている。「善い事を喜んでなすためには、私は自由に、強制されないで行動する必要がある」（RP 1052）。こうした述懐は、善と良心、義務について、後のカントとは正反対の見解に結実する。「……私は渋々善を行うのを自分の良心に咎める」（RP 1053）。こうしたパラドキシカルな考えは当然ながら、堅固な善の観念を生まない。「ある関係の下で行われた善は往々にして、他の多くの関係の下では悪になる」（RJ 855）。ルソーにおいて善とは相対的なものにすぎない。そして、こうした善の観念に基づくと、善人のあり方も次のように規定される。「善人たちは、取り留めもなく変化しうる自由な心情によってのみ結びつき、気が合わなくなるや否や、……縁を切って別れてしまう」（RJ 705）。これが、ルソーにおける善である。すなわち、善は自己から超越的なものではない。自己が自然本性をもつ限りにおいて、そしてそれが感情として発現するという形で、善性は個人に内在する。それゆえ、ルソーにおいては、自らの感情に従って行為することが善なのである。[11]

では他方で、ルソーが他者に対峙して、相手が率直でないと思われた場合は、どうなるのだろうか。ルソーは、「無防備で率直な私の性質にとって、自分の感情を隠すことは不可能なので、私に感情を隠している人々には酷く不安にさせられる……」（CO 494）と述べ、さらに、その不安から相手が「正体を隠している」（RJ 745）のでは、という猜疑を募らせ、ついに相手は悪人に違いない、という断定を下す。相手が率直さに欠けるのではないかという不安は、一直線でその相手が悪人であるという結論を導き出すのである。あまつさえルソーは、この過程を逆転させて、格率の如く「あらゆる悪人たちの第一の技巧は慎重さ、すなわち隠し立てだ」（RJ 861）とまで述べる。しかし、ここで言われる悪に根拠がないのは明らかである。そこにあるのは、ルソーの「透明な関係」への志向、他者の不可解に対する不安、そして悪を想定する想像力だけである。

かくして、ルソーにおいて、想像力によって一方の極から他方の極へ振れるところの善悪の根拠は、自己自身に存することが明らかとなる。すなわち、善とは、外観と内的感情を一致させて、他者と「透明な関係」を結び、自然の発現たる感情に従って行為することである。また悪は、「透明な関係」を得られないことによって惹起される不安が、想像力を伴って自らの感受性の極へと増大し、外化されたものであり、それを苦悩するという形で再び内在化される。つまり、ルソーにおいては、善も悪も、超越的なものではなく、自己に内在するものとして処理されるのである。[12]

こうした経緯の中で、他者そのものの存在が希薄であることは否めない。他者に対して善悪が振り当てられるとしても、その善悪自体が自己自身に回収されるからである。そして、そもそも善悪の裁定の根拠となる率直か否かの「印象」自体が、検証されようのないルソー独自の価値観に支えられているからである。また、次章で詳しく検討するように、『ルソー、ジャン＝ジャックを裁く　対話』（以下、『対話』と略記）における敵陣の設定の仕方も、他者の存在が真にいかなるものかということに対する配慮を欠くように思われる[13]。ルソーは、『対話』の序文で、敵陣を描写する際に「あらゆる可能な仮定の中から、私にとっては最悪、私の敵にとっては最良の仮定を選ぶ」（RJ 663）とし、そのためには「敵の利益に沿ってその発言のすべてを汲み取り、……本当らしい動機やもっともらしい議論のすべてを……彼らに与える」（*ibid.*）と言う。確かに、ルソーはここでの敵陣営のありようが仮定のものであると断ってはいる。しかし、この『対話』以外の著作を見た場合でも、彼らについての描写は異曲同工である。このことが意味するのは、ルソーにおいて、他者に関する仮定は実在と混同されてしまうということである。そして、こうした混同は、想像力の働きによって生じた事態と全く同じである。

しかし、このように想像力の赴くままに肥大化された「迫害者」は、最後にはそれを受容する自己自身との釣り合いがとれなくなってしまう。それは、想像力によって捏造した他者と他者そのものとが乖離してしまったことを示唆する。『孤独な散歩者の夢想』に至ると、ついにルソーは、「私は彼らを憎むより、彼らから逃れる方がよい」（RP 1056）として、巨大化した他者からの逃走を図ることになる。そして、彼が他者を避けて逃げ込んだ「避難所」は、自己自身であった（RJ 952）。そこでは「彼ら人間たちが私になした害悪も、どうしたって私に手を出せない。……彼らなどとは関係なく、私は自分自身を享受するのである」（RP 1084）。こうして見ると、ルソーを迫害したのも、彼を慰撫したのもすべてルソー自身に尽きるように思われる。だが、それでは、ルソーにとって、他者存在とは、自己自身の善悪の感情を充足させるべく、その機縁とするもの、そして、（その感情から生じた）自らの想像に適合した性質を付し、実在すると見なしたものにすぎなくなるのではないか。その疑いは濃厚である。しかしながら、これに反する叙述が、まさに、ルソーが「迫害」の渦中にあった『対話』の内に見られるのである。「我々の最も心地よいあり方は相対的で集合的なものであり、我々の真の自我がすべて我々の内にあるのではありません。結局、この生における人間の仕組みは、他人の協力なしには決して自分を十分に享受しえないようにできているのです」（RJ 813）[14]。最終章では、他者存在をめぐるこの矛盾を明らかにしたい。

（1）Jean-Jacques Rousseau, *Rousseau Juge de Jean-Jacques Dialogues*, *Œuvres complètes*, I, Éditions Gallimard, 1959, p. 865. 以下、この著作からの引用、参照個所については、RJ の略号と共に頁数を記す。

（2）Jean-Jacques Rousseau, *Les Confessions*, *Œuvres complètes*, I, Éditions Gallimard, 1959, p. 517. 以下、この著作からの引用、参照個所については、CO の略号と共に頁数を記す。

（3）もっともルソー自身は、自伝的著作を自己弁護だと取られることを否定している。

（4）山崎正一・串田孫一『悪魔と裏切り者——ルソーとヒューム——』河出書房新社、一九七八年、一五一頁。傍点を付した強調は引用者による。

（5）傍点を付した強調は引用者による。

（6）通常の場合は、これとは逆に、社会の中で、自己保存の情の方が自愛心から自尊心へと変容して、憐憫の情を圧殺する（OI 176）。第三部第一章第一節一七〇—一七一頁参照。

（7）また、憐憫の情は人間の弱さの証拠だとも言われている（NH 193）。こうした憐憫の情のステイタスの移行は、『エミール』においても見出される。この著作の中で、憐憫の情は、青年期の人間において、他の感覚的存在の観念を得て初めて生じる感情として、「自然の秩序により最初に人の心を動かす相対的な感情」と規定されている（E 505）。また、他の個所では、憐憫の情は弱さに堕す可能性のあるものとして、正義に一致する限りで評価すべきものだと記されている（E 548）。こうしたことから、ルソーがもはや憐憫の情を生得的な感情であるとも、あらゆる美徳の源泉であるとも把握しなくなったことが知られる。

（8）［ ］内の補足は引用者による。

（9）Jean-Jacques Rousseau, *Les Reveries du Promeneur Solitaire*, *Œuvres complètes*, I, Éditions Gallimard, 1959, p. 995. 傍点を付した強調は引用者による。以下、この著作からの引用、参照個所については、RP の略号と共に頁数を記す。

（10）〔　〕内の補足は引用者による。
（11）このことは、神の善性が良心に内在し、良心が感情として発現することによって保証されている。第三部第一章第三節(3)一九五―一九六頁参照。
（12）ルソーの神もまた、超越的な存在ではない。確かに、彼は「神の摂理」に対する信頼を説きもするが（RJ 953）、他方では、「一般に信仰者は、神を自分自身がそうであるように作るのであり、善人は善良な神を、悪人は邪悪な神を作る」（CO 228）と語り、神を相対化もしている。
（13）次章で詳しく見るように、ルソーはこの『対話』の中で、「ジャン＝ジャック」が正しく理解されるべく、他者把握の方法論を展開しているが、ルソー自身によるこうした敵陣の設定は、明らかに自らの方法論に抵触している。ただしこの疑義は、作者ルソーが対話の地平から退いていることで、隠蔽されている。
（14）傍点を付した強調はルソーによる。

第三章

他者の要請

こうして、ルソーの共同体論と自我論とは、他者存在の問題へと逢着する。ルソー自身が、正義と自由の共同体を創出する際にも、自己自身について反省する際にも、他者の存在を必要不可欠なものだと自覚していたのは明らかである。それゆえ、ルソーの思想における共同体論と自我論という二つの大きな流れの結節点は、他者存在の内に存すると考えてよいであろう。もっとも後年、自らと他者との齟齬が大きくなると、ルソーは共同体への興味を次第に失い、代わって自己に一層沈潜するようになり、『孤独な散歩者の夢想』（以下『夢想』と略記）に至っては、他者存在を排除するのを自らに許すこととなった。しかしこの時点ですら、ルソーは孤独を謳歌する一方で、ヴァラン夫人と過ごした日々を「混合物なく、障害物なく、私が完全に自分自身であり、私が生きたと真に言いうる、自分の生涯におけるこの短くも唯一の時期」（RP 1099）と語り、他者存在が自らの存在の根本に関わるものであるという認識を捨てなかったのである。

第三部の最終章の課題は、ルソーにおける自我と共同体の双方に密接な関係をもち、両者を架橋する鍵である他者存在が、いかなるものかを明らかにすることである。ただし、他者存在がルソーにとって重要な意義をもつとはいえ、それは彼の著作上で主題とされたことはなかった。それゆえ、他者存在の問題は、隠れたテーマとして彼の著作群から読み解かれなければならない。ここではまず、『対話』から、彼の主張する他者把握の理論を検討する。この著作は、ルソー自身と他者との軋轢が最大限に達する中で、他者に対して自分自身を弁護しようという目的で書かれた対話篇である。これは、誤解され迫害を受ける「ジャン＝ジャック」を「ルソー」が弁護するという特殊な体裁を採る点でも、また他者としてのルソーが「ジャン＝ジャック」として議論の俎上に上るという点でも、ルソーにおける他者問題を考察する上で欠かせないものである。ここでは、自己と他者の関係が重層構造をなしており、その中で他者をいかに正しく把握しうるかをめぐって対話が展開されるのである。

もちろん『夢想』の叙述から明らかなように、ルソーのこうした試みは失敗し、彼は他者から理解されることが叶わず、孤独に陥った。しかし、それにもかかわらず、ルソーの他者論は今なお注目に値する。なぜなら、自我の肥大から生じる自己と他者との軋轢をルソーが引き受けており、その問題性の自覚とその自覚に基づく解決の模索とは、そのまま現代の課題だからである。ルソーは、『対話』の中で、正しく「ジャン＝ジャック」を理解してもらうために、先入観の構成による把握を批判し、それに代えて生き生きした情念を核にした把握を推奨している。このことはまさに、本書でこれまでに検討した議論、すなわちフッサールの知覚をモデルにした構成的他者把握の批判を経て、情感性という契機を重視する現代の他者論の先駆をなすといってよい。そしてまた、『夢想』では、ルソーは孤独の内で自らの内的感情を純化させてゆき、「存在の感情」という根本感情を享受するに至る。この感情は、『不平等起源論』から『夢想』に至るルソーの思想を貫くものであるのみならず、さらには、本書第二部で論じたアンリの生の「自己‐感受」[1]の概念とも深く繋がるものでもある。

そこで、本章の目標は、ルソーにおける情感的な他者把握の可能性を、これまで検討した現代哲学に照らしつつ探究することである。その際、ルソーの情感性がいかなるものかに留意して、それについて、広く「感受性」の概念から「存在の感情」へと照準を絞って考察を進めていきたい。その探究は必ずや、現代の他者論に寄与しうるはずである。

第一節　他者把握の方法論とその展開

『対話』の目的は、群衆から誤解を受けて憎悪の対象になっているルソー自身の分身「ジャン＝ジャック」の救済である(2)。この目的のために、作者ルソーは、もう一人の分身「ルソー」を弁護人として、「フランス人」を群衆の代弁者として設定し、この二人に、他者「ジャン＝ジャック」の正しい像について議論させる。つまり、真の主題である作者ルソーと匿名の群衆という対他関係を背景に、「ルソー」と「フランス人」が対他関係を切り結ぶという二重構造の下で、この対話は成立している。対話の進行と共に、最初は嚙み合わなかった「ルソー」と「フランス人」との間のコミュニケーションが成立する。そして、そのコミュニケーションの成立が、「ジャン＝ジャック」に対する正しい理解をもたらし、さらに対話の背後にある群衆を正しい「ジャン＝ジャック」理解に導き、最終的には作者ルソーに対する理解へと繫がる。これが、『対話』の仕掛けである。本章では、「ルソー」と「フランス人」の対話に着目し、そこに含意される他者把握の方法論を、①対話の内容そのもの、②対話の進行の仕方、の順に検討する。

まず、①についてである。「ルソー」の発言の内には、他者把握に関する三つの型の批判が見出される。一つ目は、先入観をもって他者に対峙することへの批判である。この批判は、差し当たり、「指導者」から与えられた「ジャン＝ジャック」像を鵜呑みにして検証しようとしない「フランス人」に向けられている。二つ目は、観察者が他者を恣意的な要素から構成することへの批判である。他者に付される要素は、その他者自身に帰される場合もあれば、それ自体が観察者によって捏造される場合もある（RJ 960-961）。そして、これらの要素が、観察者の都合で組み合わされる。「ジャン＝ジャック」は、まさにこのような仕方で、何の証拠もなく、また自己弁護の機会もなく、矛盾と偏見に満ちた構成的人格を付されている、というのが「ルソー」の言い分である。三つ目は、他者の心を自分の心に照らして判断することへの批判である。この指摘は、「ルソー」自身の過誤の告白という形で示されている。「他人のすることを見るといつも、それを私の心に照らして解釈し、他人の立場になったら、私を行動させるであろう動機を他人に当てはめて、常に思い違いをしてきました」（RJ 782-783）(3)。これらの批判の内には、他者が自己とは隔絶した存在であるという認識、すなわち、他者が他者性をもつという認識の萌芽が見出される。

次に、このような批判を汲んで、他者を正しく理解するにはどうすればよいのか。「ルソー」によれば、それにはまず、先入観を捨て、著作や人物に直接当たることが求められる。著作を読む場合には、「作者についてはお考えにならず、好感も反感も抱かずに、あなたの魂を、作品から受ける印象に委ねてしまうことです。そうすれば、これらの作品がどんな意図で書かれたのかをご自身で確かめられるでしょう」（RJ 699）。また、現実に他者本人に会う場合については、「ルソー」はこう述べている。「……彼の気質、素行、趣味、好み、習慣から彼を研究し、彼の生活の詳細、気分の流れ、心情の傾向を追い、彼の話を聞きながらその行動を見て、できれば彼の内心にまで踏み込んで、……彼の不変の存在様式（constante manière d'être）――それは、人間の真の性格、心の奥底に隠れている情念を正しく判断する、唯一の確実な方法です――によって彼を観察しようと決めました」（RJ 783-784）(4)。かくして、他者を正しく理解するためには、先入観、自己からの恣意的な働きかけ、自分の心に照らした推量を排除した上で、他者の作品や存在様式を、魂や心という、より深いレヴェルで受け取ることが求められる。

では、そのようなレヴェルにおいて、何が他者把握の指標となるのであろうか。「ルソー」によれば、それは「しるし（signe）」である（RJ 672）。「しるし」は、他者の作品や存在様式の根底にあって「隠れた原理（principe caché）」として働く（RJ 682）。そしてそれは、作品や存在様式の内に現出し、作者が誰かを特定するばかりでなく、どのような人物であるかをも示す決定的な証拠となる。しかも「ルソー」によれば、この「しるし」は、それが魂や心に感じられるならば、本物に違いないのである。このように、「しるし」は、確実で偽造不可能な他者把握の指標である。そして、この指標は、具体的には作品を生み出す強い衝動を、広く言えば生きる情念そのものを指すのである。

だが、このように他者把握の確実な指標とされる「しるし」であるが、その授受がいつも果たされるわけではないことには注意しておく必要がある。そうした留保は、「ジャン＝ジャック」に関する「ルソー」の次のような発言の内に示されている。「このように〔神によって〕特別に造形された人間は、必然的に、普通の人間とは違った仕方で自らを表現するに違いないのです。そのように大きく変容した〔卓越した〕魂をもつ人々が、自分たちの感情や思考の表現の内に、それらの変容の痕跡をもたらさないということはありえません。この痕跡は、このような存在の仕方を全く知らない人々には見逃されるとしても、それを知り、その人自身がその変容を受けているような人々に見落とされることはないのです」（RJ 672）[5]。つまり、「ジャン＝ジャック」のような卓越した魂を示す「しるし」は、同じく卓越した魂をもつ人々にしか受け取られない、との限定が付されているのである。「しるし」をこのように限定することは、他者把握の可能性が万人に開かれているわけではないこと、さらに、人間には生の情念における差異が存することを示唆していると思われる。この問題については、第三節で検討したい。

さて、これまでの考察から、ルソーの他者把握の議論がまさに、既知の要素からの構成を拒否し、魂や心における「しるし」の授受という形での情念の直観的把握を提唱していることが明らかになってくる。これは取りも直さず、本書の第一部、第二部で論じたシェーラーやアンリなどの議論、すなわち、フッサール流の構成的他者把握に対する批判を踏まえて、情感性を他者把握の契機とする理論の先駆をなすと言ってよい。しかもこのことに加えて、ルソーは、批判されるべき他者把握が起こるのはなぜかを問うのである。この問いに対して、ルソーが自らの人間観に照射し、その元凶として槍玉に挙げるのは「自尊心」である。

では、自尊心はいかにして他者把握を失敗に導くというのだろうか。「ルソー」の言葉を借りて語られるところでは、まず、自尊心は、他人の話を鵜呑みにさせ、それを自分の知識や経験であるかのように信じさせる（RJ 901）。また、自尊心は、人が判断や解釈を形成する際に、他人への優越を誇示することを最優先して、そのために都合のよい恣意的な偏見を選択するように仕向ける（RJ 742）。そして、「ルソー」によれば、このような自尊心は、他者把握に関して具体的には次のように働く。「もし二人の人間が第三者について対立する意見をもつならば、まさにこの対立が、彼らが第三者に対して行おうとする観察を支配します」（*ibid.*）。その結果、「人々が、ある行為や仕草や失言をわざと軽々しく捉え、自分の流儀で解釈して、ある人間の偶発的な動作の一つ一つに、しばしば自分の頭の中にしかない巧妙な意味を与えて、自分の明敏さを自慢するのを、私は見ました」（RJ 783）。こうして自尊心は、他者を恣意的に構成するときの動因となる。さらに、自尊心は、構成した他者像を堅固なものとするように働く。「人は常に自分自身の感情を正当化しようとし……、憎んでいるものを憎むべきであると見なそうとします」（RJ 742）。それゆえ、他者に対する見方の変更を迫られたとしても、人がそれを受容することはまずありえない。仮に受け入れざるをえないとしても、自らが犯した誤りのために、自分が誤解した当の他者を憎むのが、「自尊心の最も自然な展開」なのである（RJ 761）。かくして、自尊心は真正な他者把握を二重に阻む。すなわち、他者像を構成する際に、そして、構成した他者像の変更を迫られてもあくまでもそれを堅持しようとする際に、自尊心が自己を他者そのものから遠ざけるのである。

以上が、①対話の内容から明らかになる他者把握の方法論とその障害である。では、この方法論を用いて、②説得自体がどのように進行するのかを見ていきたい。まず、①から明らかなように、真正な他者把握が実現するためには、自尊心が解釈者から排除されなければならない。したがって、「ルソー」の最初の課題は「フランス人」から自尊心をいかにして除去するかということであろう。「ルソー」は、対話そのものの内では、自尊心を容赦なく批判する一方、対話相手である「フランス人」の自尊心は慎重に扱う。「ルソー」は、意見を違える「フランス人」に真っ向から反対することはなく、必ず彼の意見を受け入れた上で、その循環論法を指摘するか、背理法を用いるかして「フランス人」自身が誤謬に気づくように努める。(6) そのような状況の中で、「フランス人」の自尊心が打破される転換点は、次のような場面である。すなわち、「ルソー」が「フランス人」に対して、仮に「ジャン＝ジャック」が侮辱すべき人間ではなく、無実の尊敬すべき人間だとわかったとしたら、どのような気持ちになるか、と尋ねる。それに対して「フランス人」が答える。「私は彼を尊敬し、評価はしますが、今彼の罪のために彼を憎んでいるよりも、おそらく自分の誤りのためにもっと彼を憎むと思います。私は彼に対する自分の不正のために彼を許せないでしょう」(RJ 761)。この答えを「ルソー」は、「自尊心の最も自然な展開」と受け入れ、「適当な時と場所で思い出して頂くために」(*ibid.*)とわざわざ念を押して書き留める。もちろん、この言葉が「フランス人」に強く刻印されることを狙ってである。このような「ルソー」の振る舞いの背後には、自尊心の除去には、本人の自覚と、その自覚の反復が有効だという考えが存するであろう。そして、対話の中でこの「ルソー」の意図は果たされる。つまり、「フランス人」の自尊心は細心の注意をもって取り扱われ、取り外されるのである。

その上で、「ルソー」の次の課題は、自尊心を除去された「フランス人」の心に、「ジャン＝ジャック」の真の像と、「指導者」たちの陰謀や悪意の全貌を受容させることである。いかにして「ルソー」は、「フランス人」にこの二つを説得するのだろうか。まず「ジャン＝ジャック」について、「ルソー」は、自分と「フランス人」の抱く像があたかも全く別々の二人の人物を示していることを明らかにし、「フランス人」の支持する像を、事実的根拠をもたず外面的であるという理由で、打破する。すると、「フランス人」が一歩踏み込んで、「ジャン＝ジャック」の内なる悪意を問題にして反論を試みる。「彼をあれこれの違法という理由で罰するのではなく、心の中で違法を企んでいるとして、彼を嫌悪するのです」(RJ 740)。これに対して、「ルソー」は、「あなたは私に対して、これまでは彼の犯罪を彼の悪意の証拠として示しておられたのに、今では彼の悪意を彼の犯罪の証拠として示される」（RJ 746）という循環を指摘した上で、「ジャン＝ジャック」という名前を外して彼の性格そのものを考えた場合、それがいかなる人物であるかを想像させる（RJ 820）。そして、「フランス人」の考える「ジャン＝ジャック」像が、実は、彼本人とは全く似つかわしくない性格に、単に「ジャン＝ジャック」という名を付したものにすぎないことを明示する。さらに、「ルソー」により、こうして名前と性格とを恣意的に結びつけた人物の捏造の背後には、解釈者の憎悪が働いていること、そして、その憎悪が「ジャン＝ジャック」の人となりに対してではなく、究極的には「ジャン＝ジャック」という名前に対して向けられているにすぎないことが露わにされるのである（RJ 825）。(7)

他方で、「ルソー」は「ジャン＝ジャック」に対して悪意をもつ人間の存在を示唆し（RJ 752, 757）、さらに、「ジャン＝ジャック」を積極的に中傷し、孤立させようと目論む同盟の存在を仮定する（RJ 764）。そして、その仮定と並行して、「フランス人」が支持している「指導者」たちの振る舞いに疑いを向ける。「フランス人」が信じるところでは、「指導者」たちは「ジャン＝ジャック」を悪人と断じつつ、内心の侮蔑を隠して寛容から保護を与えている。だが、「ルソー」は、「指導者」たちの保護の内実が「ジャン＝ジャック」を監視して支配下に置き、迫害しているに等しいことを看破して、彼らが喧伝している寛容の動機と彼らが実際に用いている卑劣な手段との矛盾を突く。この矛盾、あるいは見せ掛けは、動機と手段との一致を正義の原理とする「ルソー」にとって、彼らの欺瞞を結論づけるのに十分な証拠である（RJ 759-761）。かくして、善意を装った「指導者」たちこそ、実は迫害の首謀者にほかならないことが暴露されるに至る。

こうして見ると、「ルソー」が「フランス人」を説得する際には、「ジャン＝ジャック」にせよ、「指導者」たちにせよ、その真の姿は隠蔽されている、という認識が出発点となっている。真の姿が隠蔽されるのは、人間の外面と内面とが乖離して、外面が真の姿を覆い隠しているからである。それには、解釈する側が自尊心から相手の真の姿を歪曲する場合もあれば、解釈される側が意図的に見せ掛けを装う場合もある。いずれの場合にも、真の姿を見出すために、「ルソー」は、外面的・恣意的な表現と、内実とを分離し、正しい表現と内実とを改めて結び直そうとする。そして、表現と内実の結節点を探ろうとして、徐々に「ジャン＝ジャック」や「指導者」たちの「ヴェールを剝がして」、その外面から内面へと照準を変移させていくのである。他者の真実を知ろうとする過程で、「ルソー」にとって肝要なことは、当の他者が善人か悪人かを判別することである。そうした価値の判別のために、彼が拠り所とするのは、善とは内面の情念が外面に直接表出されていることであり、悪とは内面の情念を隠して外面を装うことである、という信念である。事実、対話の中では、内面と外面の一致という透明性への希求が一貫して堅持されている。そして、透明性を求めることで、「フランス人」の自尊心を除去し、彼に対して「ジャン＝ジャック」の無垢さと陰謀者の悪意とを説得しうると「ルソー」は信じているのである。

第二節　感受性における他者

こうして、真正な他者把握をめぐって、対話は各登場人物の内面へと入り込んでゆく。対話の上で「ルソー」と「フランス人」との間に意思の疎通が成立し、両者が同一の「ジャン＝ジャック」像を得るに至ったことで、対話の背後にある群衆の、さらには読者の「ジャン＝ジャック」に対する誤解が是正されるという希望が開かれるであろう。ここには、「ルソー」と「フランス人」との間の理解、作者ルソーと読者との間の理解という、二つの理解が交叉する可能性が見出される。では、この理解の交叉は、自尊心を除去された人間のいかなる心的な場において可能なのか。それを明らかにするのが本節の課題である。

初めに、他者把握を阻害する自尊心の地位を、ルソーの人間観全体の内に位置づけておこう。ルソーは、『不平等起源論』の中で既に自尊心に言及しており、その発生論的な説明は『対話』でも基本的に変わらない。すなわち、「ルソー」によれば、最初、自然の理想郷にある人間は繊細な感受性をもつ。そこから生まれる情念[8]は自愛心であり、これは単純で烈しく、しかも正しく善良で、人間に幸福をもたらす（RJ 668）。偉大で強い魂は、この自愛心から直接的に生じる優しい情念を保ち続ける。だが、弱く烈しさに欠ける魂において、その素朴な情念が抵抗や障害に遭遇すると、障害そのものに執心するようになり、幸福の目的から逸れて屈折してしまう。「素朴な情念はその性質を変え、怒りっぽくて憎々しいものになります」（RJ 669）。ここで、自愛心から自尊心への変化が起こる。「このようにして、善良で絶対的な感情である自愛心は、自尊心になってしまいます。自尊心とは、人がお互いに比較し合い、選り好みを求める相対的な感情であり、その喜びはもっぱら消極的なもので、自分自身の幸福にはもはや満足しようとせず、他人の不幸によってのみ満足させられるのです」（*ibid.*）。悪意の根源となる自尊心は、たえず比較を強いられる社会の中で活発に働き、強化されて、人間の支配的な情念となるに至る（RJ 846）。かくして、自尊心は、他者存在を前提として生成し、他者が構成する社会の中にあって増大するが、同時に、他者把握を阻害する元凶ともなるという、他者をめぐるパラドキシカルな情念だと言える。

だが、ここで疑問が生じる。真正な他者把握のためには、この自尊心の除去が必要条件であった。そして、上記の変遷を逆に辿れば、自尊心を排除することは、その源泉にある自愛心を取り戻すことに等しく、そこにおいてこそ正しい他者把握が行われるはずであろう。しかしながら、他者存在が自尊心の成立する要件なのであれば、翻って、自己自身で充足する自愛心に他者は関与しえないのではないか。

そこで、広く感受性という観点から、自愛心と自尊心という二つの情念を捉え直してみよう。「ルソー」によれば、感受性は二通りある。一つは受動的で身体的・有機的（physique et organique）なものであり、自己保存を目指す。もう一つは能動的で精神的（moral）なものであり、自分以外の存在に心情を結びつける（RJ 805）[9]。このうち他者との関わりで問題となるのは、後者の感受性である。「ルソー」はこれをさらに二分している。「この感受性は、……魂において、物体に働く吸引力と明らかな類似を示すように思われます。その力（force）は、我々と他の存在との間に我々が感じる関係に基づくのであり、これらの関係の性質に従って磁石の両極の如く、ときには積極的に引力（attraction）によって働き、ときには消極的に斥力（répulsion）によって働きます」（*ibid.*）。引力、つまり積極的で吸引的な作用は、自己の「存在の感情（sentiment de l'être）」を拡張し（étendre）強化する、自然の単純な働きである。また、斥力、つまり消極的で反発的な作用は、他者の「存在の感情」を圧迫し萎縮させる、反省による複合的な働きである。そして、前者からは情愛や優しさの情念が、後者からは憎悪や残酷さの情念が生じ（*ibid.*）、こうした感受性の区分が、自愛心と自尊心の区別に結びつく。「積極的な感受性は、自愛心から直接生じます。自分を愛している人が、自己の存在と自己の享受（jouissance）を拡張しようとし、自分にとって善に違いないと感じるものを、愛情によって自分のものにしようとするのは至極当然のことです。これは反省の入る余地のない、純粋に感情の問題です」（RJ 805-806）[10]。他方、消極的な感受性は、この絶対的な自愛心が自尊心に退化することで生まれる。「他人と自らとを比べ、第一の最高の場所を占めるべく自分の外へと赴こうとする習慣をもつや否や、我々を超えるもの、低めるもの、抑圧するもの、何か我々が全体的存在たることを妨げるようなものすべてを嫌悪せずにはいられなくなるのです」（RJ 806）。自尊心は、反省を経た二次的な情念であるがゆえに、自然で直接的な衝動をもたない代わりに、自由に見せ掛けを繕うことを可能にする（RJ 861）。そして、この自尊心が利己主義を生み、社会の中で増殖していくのである（RJ 890）。

確かに、こうした感受性は、自分以外のものに対して働く引力と斥力という設定からして既に、他者存在を前提していると言える。そして、この引力が自愛心に、斥力が自尊心に帰されることから、実は、自愛心もまた〔自己のみで充足するのではなく〕他者存在に関わる感情であることが導かれる。さらに、「その力〔引力と斥力〕」は我々と他の存在との間に我々が感じる関係に基づく」という記述は、自愛心において働く力が自己と他者との間で相互的であることを示唆していると考えられる。

しかしまた、以下の叙述は、自愛心が他者に対する引力であり、自尊心が他者に対する斥力である、とは一概には言えないことを示している。「社会状態の最大の悪、最大の恥は、罪が徳の場合よりも固く結びつくことです。悪人は善人以上に強く互いに結びつき、彼らの関係は善人の関係以上に長続きします」（RJ 704）[11]。つまりここで「ルソー」は、悪人の憎悪こそ他者を必要とする、と主張しているのである。「ルソー」に言わせると、人間を憎む者は、人間に害を与えようとするから、人間の中に留まらなければならない。むしろ逆に、人を押しのけ踏みつけにすることのできない優しい人間の方が、悪人に会うことを恐れる。「彼らが憎悪に値するから、とはいえ彼らを愛さずにはいられないから、彼はそこから逃げるのです」（RJ 790）。かくして、愛が人を遠ざけ、憎しみが人を近づけるという結論が導かれる。つまり、愛が他者に対する斥力となり、憎しみが他者に対する引力として働くというのである。これは、先に見たルソー自身の引力／斥力の規定とは正反対の主張である。というのも、先に見た感受性についての記述によれば、一方で自愛心から引力が生じ、ここから愛が導かれ、他方で自尊心から斥力が生じ、ここから憎悪が導かれたからである。こうして、「ルソー」の言説においては、感受性の引力と斥力と、愛と憎しみとの間に、ねじれの関係が存していることがわかる。では、このようなねじれはなぜ起こるのだろうか。この問題を考察するためには、『夢想』においてさらに詳しく情感性の問題を検討する必要がある。

第三節　「存在の感情」と他者

(1)感受性における「存在の感情」の位置づけ

『夢想』に至って、ルソーは『対話』の試みが失敗に終わったことを認め（RP 998）、他者から去ることを宣言する。「〔人といると〕私は自分を取り巻くすべての人々の玩具になってしまう」（RP 1094）。ルソーにとって、他者とは、自分をまなざし、恣意的に構成し、引いては自分を侵害する者ですらある（RP 1056-1057）[12]。さらにルソーは、この他者が自尊心と憎悪の主だという想像を逞しくすると、彼らを「衝動のみで動く機械的存在」、「道徳性に欠け、別の仕方で動く集団」（RP 1078）と断じ、自分に対する他者の行為も「私にとって零であるべきだった」（PR 1079）と決めつけた[13]。こうしてルソーは、他者を排除して孤独に沈潜することを正当化し、幸福な孤独の内に「存在の感情」を味わったのである。

実は、この「存在の感情」こそ、一貫してルソーの思想の底流に存する感情である[14]。ルソーは既に『不平等起源論』で、この「存在の感情」について次のように述べている。「人間の最初の感情は自己の存在の感情（sentiment de son existence）であり、そして、その最初の配慮は自己保存の配慮であった」（OI 164）。この引用からは、「存在の感情」が最初の感情として、自己保存という人間の根源的な配慮に関わっていることが知られる。だが、そればかりではない。前節で見たように『対話』において、「存在の感情」は、「自分以外の存在に心情を結びつける」感受性の引力と斥力という規定の内に見出された感情でもある（RJ 805）[15]。つまり、「存在の感情」は、他者に向かう感受性においてもその基盤として関与している。ところで、その他者に向かう感受性は、自己自身に向かう自己保存に相対するものである限りで、これは『不平等起源論』の憐憫の情の系譜を引くものだと考えられる。だとすれば、「存在の感情」は、『不平等起源論』で提示された人間の二つの原理である、自己保存と憐憫の情の根底に存する感情だと言えよう。換言すれば、「存在の感情」は、感受性が自己自身へのベクトルにおいて働く場合にも、他者へのベクトルにおいて働く場合にも、その根底に存する感情だと言えるのである。『夢想』での「存在の感情」に関する記述はさらに具体的であり、これが内的感情の最も根源的なものであることを教える。「……次のような状態、すなわち、魂が、そこで完全に休息し、その全存在を集中するべき十分に堅固な地盤を見出し、過去を呼び戻したり、未来を飛び越えたりする必要のない状態、魂にとって時間が無であるような状態、そして、現在が永遠に持続し、にもかかわらずその持続を標示したり持続の痕跡を留めたりすることなく、ただ我々が存在しているという感情（sentiment de notre existence）以外、欠乏や享受の感情も、快楽や苦痛の感情も、欲望や恐怖の感情もなく、この存在の感情だけが全存在を満たしうる状態、こうした状態が持続する限り、そこに見出されるものは幸福と呼ばれうる」（RP 1046）。

かくして、「存在の感情」とは、自己の存在そのものに関わる根源的な感情である。それは、自己保存に配慮すると同時に、他者への志向をも包括するような、内的感情の根底に位置する感情である。「存在の感情」においては、さまざまな感情の様態が、存在の充溢の幸福感に収斂される。それゆえ、「存在の感情」こそは、他者との関係において引力や斥力を生み出す自愛心や自尊心といった情念の根底にあって、それらの源泉となる感情だと言える。このことは、裏を返せば、ルソーにおいて、感情にはレヴェルの差異が存するということにほかならない。そして、このような感情におけるレヴェルの差異は、先に指摘した、他者に対する引力と斥力、愛と憎悪の間のねじれの関係がなぜ生じるのか、という問いに示唆を与える。というのも、感情のレヴェルの差異は、そこに置かれる自他関係のレヴェルの差異に連動しているからである。ねじれの関係の存在は、実は、こうして自他関係が置かれるレヴェルの差異に対応している。すなわち、純粋な感受性のレヴェルでの自他関係と、自尊心が増殖した社会のレヴェルでの自他関係との間には、断絶が存する。これが、社会の中で愛が斥力として、憎悪が引力として働くことになった理由であると考えられる。それゆえ、「存在の感情」のような基底的なレヴェルでは、こうしたねじれの関係は、存在の充溢の内に解消されることとなろう。

そこで改めて、根源的な「存在の感情」のレヴェルにおける、自己と他者との関係が問題となってくる。「存在の感情」が、他者存在を排除した孤独において得られる感情であるにもかかわらず、真正な他者理解がそこに求められる、という矛盾はもはや表面上のものにすぎない。なぜなら、排除された他者とは社会化された他者のことだからである。そうではなくて、そのような他者が排除されてなお、「存在の感情」の内に認められる純粋な他者の存在こそが問題なのである。そこで、「存在の感情」のレヴェルで見出される他者存在がいかなる者であるか、また、その他者存在がいかにして自己存在に関与しうるか、を問わなければならない。

(2)「存在の感情」とアンリの「自己‐感受」

ところで、この根源的な「存在の感情」は、ルソーの思想の中で重要な位置を占めるばかりではない。それは、ある種の現代哲学の根本概念と非常に近い、いわばそれらの源泉と言える感情でもある。例えば、マルセル・レーモンはベルクソンの「純粋持続」との親近性を、またポール・オーディはアンリの「絶対的内在性（intériorité absolue）」との親近性を指摘している。[16] 特にオーディは、「存在の感情」をルソー哲学の根本原理であると看破した上で、アンリとの近似を次のように述べる。「……この生そのもの、すなわちこの〈存在〉が自己に関して体験するところの感情、それが問題になっている。……存在が自己に関して体験するこの情念とは、もっと正確には、ミシェル・アンリが我々に〈絶対的現象学的生〉（vie phénoménologique absolue）という言葉、自己自身を感受する生、そのようにしてその内的な〈自己‐能与〉において、すなわちその自己‐感受の根元的な受動性に従って感受する生、という言葉で把握するように教えたまさにそのものなのである」[17]。このオーディの解釈を基本的に支持し、アンリの「自己‐感受」[18]の観念をルソーの「存在の感情」に援用することによって、「存在の感情」の内実をより詳らかにすることができよう。しかし、そればかりではない。アンリの「自己‐感受」のあり方を手掛かりにすることで、ルソーが主題としなかった他者把握の問題を、「存在の感情」において考察することが可能になる[19]。なぜなら、アンリはこの「自己‐感受」に他者把握の原理を求めているからである。こうして、ルソーの「存在の感情」における他者把握の問題は、現代哲学の地平へと移行して考察されうることになる。さらに、アンリとの比較を通して、ルソーの他者把握の特色が明らかになるだろう。

そこでまず、アンリの〈絶対的現象学的生〉がいかなるものかを、ルソー解釈と関連すると思われる限りで想起しておこう。『実質的現象学』においてアンリが主張するのは、フッサールに見られるような志向性による対象の把握は、主客の間の超越論的な距離を前提としており、その距離によって可視的になった意識の対象はもはや生き生きしたそれ自体ではありえない、ということである。とりわけ、意識の対象とされるものが、生きた主観性である場合には、志向性による把握と構成はそれを「死せる事物」にしてしまう、とアンリは主張している（PM 152）。それゆえ、主観性の把握は、志向性に代わる仕方で遂行されなければならない。アンリが提唱するのは、こうした超越論的な距離を開かず、不可視な生に内在的かつ直接的な仕方で、すなわち情感性によって主観性を把握することである。彼はこうした把握を是とするあり方を「生の真理」と呼び、志向性に代表されるような、主客の間に距離を開いて対象を可視的なものとして把握する「世界の真理」からの峻別を図る[20]。アンリによれば、そもそも、生きる者はすべて、自己自身と距離をもたず、直接的かつ内在的な仕方で自己自身を体験している。こうした生きる者に固有な生の体験の仕方が「自己‐感受」である。「自己‐感受」とは、自己において感受するものと感受されるものとがぴったりと一致する同一性の体験であり、具体的には、情感性の体験として自己に与えられる。そして、この「自己‐感受」において初めて、生きる者は生きる者でありうると同時に、自己は自己でありうることとなる。このとき、生きる者は、個体性すなわち自己性を得る（PM 117）。こうした生のあり方は当然、他者による対象化や構成を拒む。さらに、アンリが明らかにしたのは、このような生の「自己‐感受」は、生きる者すべての条件であるがゆえに、共同体の原理ともなることである。「すべての可能的共同体の本質を構成するもの、共同であるもの、……それは、決して何らかの事物ではない。それは、自己‐能与である限りでの、この本源的な能与であり、生きる者すべてが、つまり自らについてなす体験においてまたこの体験によってのみ生きる者すべてが、自らについてなすところの内的体験なのである」（PM 162）。[21]

こうして、自己性の原理ともなり、また共同体の原理ともなる自己‐感受の源泉のことを、アンリは〈基底〉と呼び、さらに近著では〈生〉と称している。アンリが特に大文字で記すこの〈生〉とは、それ自身が「自己‐感受」を遂行する、あらゆる生きる者の生の起源である。[22] 生きる者が「自己‐感受」を遂行しうるのは、実は、この〈生〉から離れることなく、その「自己‐感受」を直接受け取ることによってである。裏を返せば、個々の生きる者は、自らの「自己‐感受」を基礎づけることはできず、この〈生〉から生を受け取るという絶対的な受動性を運命づけられている。その限りで、この〈生〉は、生きる者が生きる者たるための大前提である。それゆえ、生きる者たちは、この共外延的な〈生〉を共有する。生きる者が「自己‐感受」する限りで自己性を得るのも、この〈生〉においてである。だが、さらに重要なことは、このように〈生〉の「自己‐感受」を受け取り、各々が「自己‐感受」するという、まさにその仕方において、自己と他者は内在的に一致しうるということである。

ただし、このアンリにおける自己と他者との内在的な一致は、解釈上の微妙な問題を含んでもいる。というのも、『実質的現象学』では、（母と子との一致、もしくは蛇と蛇に飲み込まれる栗鼠《りす》の一致などの例で）情感性という力の非‐差異化において語られていた一致が、近著『受肉』では、自他を分かつ「皮膚」を通した、肉の抵抗感における一致という形に解釈し直されうるからである。この変移は、議論を先取りすれば、ルソーの感受性における、他者への引力と斥力の問題に絡んでいる。というのも、アンリの把握は、ルソーに従って言い換えれば、『実質的現象学』では、自己と他者との間で働く引力の一致を語るだけであったが、『受肉』では皮膚を通した抵抗という形で、自己と他者との間の引力と斥力の授受を描写するよう変移している、と言えるからである。このことは、ルソーの感受性における「力」を吟味する際に、重要な論点になると考えられる。

以上が、他者把握に関する限りでの、アンリの〈絶対的現象学的生〉の内実である。では、それは、ルソーの「存在の感情」と、いかなる意味で親近性をもつのであろうか。次にその点を確認しよう。『夢想』でのルソーは、一切の利害関係や他者から去り、自己自身に立ち戻って「存在の感情」を感受している。ルソーは、そこでの自らの魂の活動を、自己自身の感情と思想を糧とし、新たに感情と思想を生産することだと述べる（RP 1000）。こうした言わば自給自足によって、自分の中で産出され、受容される感情と思想は、「内的・精神的生命（vie interne et morale）」と呼ばれる。そして、この「内的・精神的生命」こそが自己自身の本性と気質を表示する（*ibid.*）。このとき、人は「自分以外の、自分の存在以外の何者でもない、この状態が続く限り、人はあたかも神の如く自分だけで充足する」（RP 1047）。つまり、人間は「存在の感情」において自己の感情を自己自身で受け取り感じるという仕方で充足し、自己自身の存在を直接的な仕方で得ている。そして、このような自己自身の感受、自己存在の感受の境地が、すなわち「静穏、安寧、平和、幸福」なのである（PR 1077）。こういったルソーによる「存在の感情」における自己のありようは、確かにその用語の設定からしてアンリの生の哲学との親近性を感じさせる。さらに、その内実そのものを見ても、「存在の感情」における自己の感受の内在性は、アンリの「自己‐感受」と非常に近い。そして、こうした内在的な「存在の感情」のあり方からすると、他者を対象化したり、既知の要素から構成したりすることはできない、ということが改めて明らかになる。このことはきわめて重要であり、『対話』において、他者を対象化して自己自身の既知の恣意的な要素から構成することは、他者を誤解することにしかならない、と繰り返し語られていたことを裏づける。このような内在性と他者把握の議論はまさに、アンリがフッサール批判から説き起こした他者論の主張と同一なのである。この限りで、ルソーの「存在の感情」の体験は、アンリの生の「自己‐感受」のあり方と重なり合う。

(3)「存在の感情」における自己と他者

では、続いて、この「存在の感情」において自己と他者とはどのような関係をもちうるのか、そのことをアンリを手掛かりにして考えてみたい。ルソーは、「存在の感情」が、自己自身の存在に関わりつつ、それでいて自己自身にのみ留まるのではないことを明確に示している。このような根源的レヴェルにおいて自己が自己自身を超えていこうとする様を、ルソーは次のように言う。「私は自分のすべてを自分の中に集中させることができない。なぜなら、膨張する私の魂は、その感情と存在（existence）とを、否応なく他の存在（être）の上へと拡張しようとするのだから」（RP 1066）[23]。「存在の感情」が他の存在へと拡張していこうとする、この運動は止みがたい。それゆえ、ルソーは、他者との齟齬が極度に達した『対話』においてさえ、次のように述懐している。「絶対的な孤独は悲しく、自然に反する状態であり、情愛深い感情が魂を養い、思考の交流が精神を活性化させることも、私は知っています。我々の最も心地よいあり方は相対的で集合的なものであり、我々の真の自我がすべて我々の内にあるのではありません。結局、この生における人間の仕組みは、他人の協力なしには決して自分を十分に享受しえないようにできているのです」（RJ 813）[24]。自分を享受するとは、すなわち「存在の感情」の「自己‐感受」において自己自身を受容することであり、「自我」とは、そのような「自己‐感受」によって確定されるものである。だがその上で、「存在の感情」を十分に享受するためには、また「存在の感情」における「自己‐感受」の運動を活性化するためには、他者存在が必要不可欠だ、と言われているのである。しかも同時に、「自己 - 感受」によって確定され、自己自身と直接的に合致するはずの「自我」が、すべて自己自身の中に存するわけではない、とさえ述べられている。

ここで、ルソーとアンリとの間の微妙なずれを指摘することができる。確認すれば、アンリにおいて、自己は、「自己 - 感受」という直接的かつ内在的な仕方でのみ生きる者たりえる。そしてまた、アンリは『受肉』で、他者に関する議論を進展させて、自己が孤独の中では生きられないことを示している（IN 298）。さらに、アンリの「自己 - 感受」の運動は、それが耐えられない受苦となるとき、欲動（PM 174-175）[25]とも言いうるような運動の増殖を生み出して、他者へと向かいうるものであった。ここまでは、ルソーの議論とアンリの議論は重なり合っている。しかしながら、アンリにおいては、自己と他者とが共に生きる者の条件たる「自己 - 感受」を遂行し、その限りで共に情感性を体験し合うとしても、自己が自己自身の内に、他者が他者自身の内に存しなくなるということはありえない。あくまでも、自己の内在性は破られないのである。[26]これに対して、ルソーの言説は、明らかに、他者存在を念頭に置いて、「存在の感情」のレヴェルで、（アンリのように）「自己 - 感受」の運動に何らかの剰余が生まれるばかりでなく、さらには、自己の内在的なあり方が破られて他者存在との交感が起こりうる可能性を示唆している。これは、「自己 - 感受」に対して、「異他 - 感受（hétéro-affection）」の可能性とでも言うべきものである。

では、ルソーにおいてこの「存在の感情」の「異他 - 感受」は、いかにして遂行されるのだろうか。次の引用は、ルソーが犬に襲われた直後に味わった恍惚の境地を描写したものである。「この最初の感覚は、一瞬心地よかった。この感覚によってしか、私はいまだ自分がわからなかった。この瞬間、私は生へと生まれ出ようとしていた。……自分という個についての明確な概念もなく、自分に起こったことについてのごく些細な観念もなかった。自分が誰なのかも、どこにいるかも知らなかった。……私は自分の全存在の内に、うっとりするような静けさを感じた。それは、いつ思い出しても、これまで経験したあらゆる鮮烈な快感の中にさえ、それと比肩しうる何ものも見出さないほどのものであった」（RP 1005）。この引用からは、「存在の感情」における自我の生成と、自己自身に関する意識の消滅とが同時に起こっていることがわかる。さらに、そのような忘我の陶酔はまた、自然への同化と同義でもある。「私は自分自身を忘却するときにのみ、初めて心地良く瞑想し、夢想する。言わば、万物の組織の中に溶け込んで、自然全体と同化することに、私は名状しがたい夢見心地の恍惚を感じる」（RP 1065-1066）。「観察者が感受性の強い魂をもっていればいるほど、その人はこの〔自然の〕調和が自らの内に駆り立てる恍惚に身を委ねる。ある心地よく深い夢想が、そのとき彼の感覚を占領し、彼は心地よい陶酔と共に、この美しい組織の広大さの中に没入して、それと同化したと感じる。そのとき、あらゆる個々の事物は彼から逃れ去る。彼は全体の中にしか何も見ず、何も感じない」（RP 1062-1063）[27]。こうして、ルソーにおいては、「存在の感情」のレヴェルで、自己の生成と忘我と「自然」への同化とが同時に起こる。この「自然」との一体感を得て、「存在の感情」の「自己-感受」は拡張し、自己の内に充溢する。だが、「観察者」という語が示すように、この「自然」は、自己が一体化を果たすまでは、自己に対して外在性を保つ、他なるものである。それゆえ、この「自然」こそすぐれて、「存在の感情」の「異他-感受」が想定しうるものだといえる。

　こうして、ルソーにおける他者の問題は、「存在の感情」を基軸として、「自然」へと逢着する。では、「自然」とは、自己と（特に人間である）他者が出会い、しかも両者が「存在の感情」の充溢を体験するような場なのだろうか。換言すれば、「自然」は、ルソーばかりではなく、等しく他者にも開かれて、「存在の感情」において同化されうるのだろうか。つまり、この「自然」とは、アンリが自己と他者との共同体の条件とする〈生〉の如きものなのだろうか。確かに、ルソーの「自然」は外在的な面をもっており、この点では「自然」は、アンリのラディカルに内在的な〈生〉とは異なる。しかし、ルソーにおいて「異他-感受」の極である「自然」も〈生〉と同じく、自己の存在に先立ち、情感的に体験される。そしてまた、この「自然」と一体化することが、自己に自己性をもたらす。その限りでは、「自然」はこの〈生〉ときわめて近い概念だといえる。

しかしながら、結論から言えば、ルソーの「自然」は、アンリの〈生〉とは違い、自己と他者とが存在のレヴェルで出会うことを可能にする場ではない。なぜなら、ルソーによれば、自他の意思の疎通に関しても、自己自身の享受に関しても、また「自然」への没入に関しても、その可能性は「大きく変容した魂」「感受性の強い魂」に限定されるからである（RP 1047, 1063）。つまり、「存在の感情」に関わる問題は、感受性の強度や激しさにおける個々の差異に収束してしまうのである。確かに「自然」は、自己がそこに没入し「存在の感情」を充溢しうるという意味では、特権的な他ではあるが、この「自然」が感受されうるか否かは人間の感受性の程度に依存する。善悪の観念においても見たように[28]、ルソーにとっては、個々の感受性こそが最も根源的なものとして、道徳や力の根拠となっている。つまり、「自然」は〈生〉とは異なり、個々の感受性を基礎づけたり、道徳や力を与えたりする任を負うものではない[29]。それゆえ、ルソーにおいて、自己と他者が出会う根底的な場、あるいは、自己と他者の差異を成立せしめるような共通の場が設定されることはない。

では、ルソーが述べるように、自己と他者が感受性において決定的に異なるのだとすれば、両者はいかにして遭遇しうるのか。これを、先に見た感受性の「力」という概念を用いて検討しよう。「その〔感受性の〕力は我々と他の存在との間に我々が感じる関係に基づくのであり、これらの関係の性質に従って磁石の両極の如く、ときには積極的に引力によって働き、ときには消極的に斥力によって働きます」（RJ 805）[30]。このとき、自己に働いている力と他者に働いている力とは一致している。このような自己と他者との関係は、アンリにおいて、自己と他者が共に「自己‐感受」を遂行して、情感性の力において一致するという仕方で互いに把握し合う関係と、類比的でありえよう。しかし、アンリでは、情感性における力の一致と言うとき、引力の一致の場合はもちろん、引力と斥力の一致と言いうるような肉の抵抗と努力における一致の場合でも、自己と他者とが距離を取ることは決してない[31]。特に後者のように、抵抗と努力という形で斥力が働くような場合でさえ、自己と他者とが互いの「皮膚」において接して「自己‐感受」を授受する限りで、決して「肉は裂けない」で互いの内在性は保持される。それゆえ、アンリの力の働きに、引力と斥力という名を与えたとしても、それらの力が各々に「自己‐感受」される仕方は同一であり、したがって、力は内在性を破りもせず、距離を開きもしない。つまり、あくまでもそれらの力の体験は、「絶対的内在性」の内部に留まるのである。それに対して、ルソーの場合には、他者に対して反発する斥力というものが、引力と同じ権利で明示され、この斥力における自他の力の一致とは、互いを遠ざけ、距離を開くという意味での一致である。そして、この距離によって、両者は互いにとっての対象として構成される可能性が生じてくる。事実、ルソー自身は、他者に対する斥力が極まると、その人間を「機械的存在」にまで貶め、さらには「零に等しい存在」と断じて平気である(32)。これは、他者を構成する際でも最悪の事態であろう。『対話』でのルソー自身も、自らが構成的人格を付されることに対して、強硬に抗議していたはずである。にもかかわらず、ここでは、根源的な感受性のレヴェルで斥力が設定され、それによって自他の間の距離が開かれ、結果として、他者が構成されるばかりか、生きた人間であることすら否認されるのである。

また、他者に対する引力についても、問題点を指摘することができる。「存在の感情」や自愛心のレヴェルで、他者に対して引力が働くと、自己は、「異他‐感受」を行うことで自己を拡張させ、そこにおいて自己存在の充溢を得る。しかし、ルソーによれば、擬似的な他者経験もまた、同じ境地の獲得を可能にするのである。「［自分が書いた『夢想』を］読むことは、それを書くのに味わう心地よさを私に思い出させてくれよう。こうして過ぎ去った時を私の内に再生させることは、言わば、私の存在を二重にすることになろう。人間たちとは関わりなく、私は再び社交の魅力を味わいうるだろう」（RP 1001(33)）。ここでは、自己の二重化、あるいは「自己‐感受」の反復もまた、他者存在との関係と同様、「存在の感情」を豊かにすると語られている。しかし、このような擬似的な他者経験にも与えられる高い評価は、逆に、ルソーの「異他‐感受」の向かう他者が、真の生きた、他者性をもった他者たりえるのか、という疑問を起させる。

さらに、『告白』で繰り返される述懐は、この疑問を濃厚にする。「私は自分が愛情をもったものについて中庸を守りえた例がない……私は常に、すべてか無かであった」(CO 522)。ここに、絶対的に他なる他者への繊細な配慮は伺われない。そしてこうした態度は、ルソーが他者を把握する際に必ず、性急にその他者が善人か悪人かを決してしまおうとする態度に呼応している。想起するならば、ルソーにおける自他の間の「透明性の希求」は、善人とは内面が外面に直接現れる者であり、悪人とは内面が外面へと現れない者である、という判断を導いた(34)。しかし、それは見方を変えれば、善人／悪人という言葉で、感受性の強い者と弱い者とを峻別し、その差異を固定化することでもある。事実、ルソーにおいては、感受性の差異は本性上の差異と見なされて、他者はそれによって「感受性の強い人間」と「そうでない人間」もしくは「善人」と「悪人」とに大きく二分される。その上で、ルソー自身は、自らを強い感受性をもつ「特別に造形された人間」すなわち「善人」と自負するのである。なるほど、さまざまな自伝的作品の著述を通じて、ルソーは、自らが他者にとって他者であること、つまり自らの他者性を冒されることに対しては過敏に反応し、その確保を執拗に求めた。しかし、このような自負が、ルソーに自らの他者性を意識させ、主張させたのだとすれば、果たして真に他者性一般への配慮が彼にあったのかどうかは疑わしい。そしてこうした疑いが解消されない限り、ルソーが他者性一般に意識的であったとは言いがたいのである。

かくして、ルソーにとって他者とは、一方では、愛すべき者であり、自らの「存在の感情」を活性化させ充溢させる必要不可欠な存在である。しかし、他方では、他者とは、自分のことをまなざし、構成的な像を作り上げる「迫害者」であり、それ自体がまた、「機械的存在」にすぎず、いっそ「零」とも言いうる存在でもあった。つまり、ルソーは、自分が理想とする仕方で他者を捉えようとしつつ、現実には自分自身が批判したまさにその仕方で他者を捉えることも辞さなかったのである。また、ルソーは自らの他者性の確保には腐心したが、他者の他者性にはほとんど頓着しなかった。このような他者や他者性へのアンビヴァレントな態度に残されているのは、他者存在を要請することのみであったろう。「……私の心は今なお、そのために私が生まれたような感情を糧にしている。そして、それらの感情を生み出し、それらを分かちもつ空想上の存在と共に、あたかもこれらの存在が実在するかのように、私はこの感情を享受するのである。これらの存在を創造した私にとって、彼らは存在しているのである」（RP 1081）[35]。

（1）アンリの‘auto-affection’の訳語としては、「自己‐触発」もしくは「自己‐感受」が用いられるのが一般的である。第二部では、これを「自己‐触発」で統一して訳出した。ここではルソーとの関連で、受動のニュアンスを出すために、敢えて「自己‐感受」と訳しているが、原語と意味は「自己‐触発」と同じである。

（2）『対話』の中で登場する、ルソーの分身とその対話者は、括弧つきでそれぞれ「ジャン＝ジャック」、「ルソー」、「フランス人」等と表記し、作者ルソーと区別する。『夢想』の中で一人称で語られるルソー自身に関しては、単にルソーと記す。

（3）傍点を付した強調は引用者による。

（4）傍点を付した強調は引用者による。

（5）傍点を付した強調および〔 〕内の補足は引用者による。なお、ここで描写される「ジャン＝ジャック」像は、ベルクソンにおける「神秘家」を髣髴とさせる。第一部第三章第二節(3)八五―八七頁参照。

（6）また、「フランス人」に課せられた立場を見ると、「ルソー」と「フランス人」との「ジャン＝ジャック」解釈をめぐる対立は、（事実そうであるように）「フランス人」の背後にいる「指導者」へと持ち越され、「フランス人」はあたかも中立の立場であるかのようにして論が進行する。確かに、そのような態度の背景には、陰謀に引き入れられている人々の「おそらく四分の三」は、陰謀の内実を知らずにそれに荷担している（RJ 894）という洞察や、一般的に人々は天使でも悪魔でもなく、その中間点に難点の解決を求めなければならない（RJ 760）という観察が存する。しかしそれにしても、このように「フランス人」の立場を敵方と固定せず比較的自由に保つことは、「フランス人」が自尊心の抵抗を強く受けて元の立場に固執するのを防ぐと思われる。

（7）「ジャン＝ジャック」が敵視された原因についての言及が全くないわけではない。それは、自己の内外が乖離したことが前提となって出来上がっている社会の中で、外面を取り繕う行動を取らなかったからだということである。

（8）「情念があらゆる行為の動機です」（RJ 668）、「感受性はあらゆる行為の原理です」（RJ 805）。このようにルソーは、情念と感受性とをほとんど同義で用いている。これは感情についても同様である。ただし、『エミール』においては事情が異なり、そこでは、情念は肉体に由来するもの、感情は魂に由来するものとして区別されている。

（9）これは明らかに『不平等起源論』で憐憫の情とされていた感情である。第三部第二章第一節でも指摘したように、ルソーは徐々に憐憫の情という語を使用しなくなり、憐憫の情そのもののステイタスも変移する。しかし、ここで感受性が二つの面から語られ、一方が自己自身へのベクトルを有するものとされ、それが自己保存の感情と置かれることからすれば、他方の他者へのベクトルを有する感情は、やはり憐憫の情の系譜を引くものだと考えられる。

（10）傍点を付した強調は引用者による。

（11）この発言の背景には、ルソーの隠遁に対するディドロの「一人でいるのは悪人だけだ」という批判があると考えられる。

（12）ルソーにとり、「自分が〜されるところの者」という受動の形で感受される他者は、感受されるだけで十分に存在に値する。そのような場合、自分のもつ感受性の容量に見合うだけ想像力で増幅された愛や憎悪の情念が、他者に付与され、その他者が存在すると確信されるまでに至る。詳しくは、第三部第二章第二節二〇八—二〇九頁参照。

（13）このような経緯は、サルトルの「まなざし」における自他相互の構成と自由の相克、また「恥」の感情の受動性によって把握される他者論を想起させるところがある。しかし、サルトルと異なり、ルソーは「まなざし」の相克を逃れた先に、自足する幸福な孤独を認め、また最後まで他者や愛を否定しなかった。

（14）このことは、次のように指摘されている。「ルソーの作品にはその初期から最晩年に至るまで〝存在の感情〟という観念が一本の赤い糸のように貫いている」。山本周次『ルソーの政治思想』ミネルヴァ書房、二〇〇〇年、六八頁参照。

（15）この『対話』では、直接的には引力は自愛心から、斥力は自尊心から導かれる、と説明されているが、自愛心と自尊心がもともとは同根であったことも示されている。しかも、『不平等起源論』では、自愛心にせよ自尊心にせよ、自己保存に関わる感情であったのが、ここではそれに対立する「自分以外の存在に心情を結びつける」感受性の説明に用いられている。その意味では、根源的な「存在の感情」のみならず自愛心や自尊心もまた、自己と他者の双方に関わる感情だと考えられる。

（16）ポール・オーディは、ルソーの「自然の感情」に関する論文の中で、「存在の感情」がアンリの「自己‐感受」（「自己‐触発」）のあり方と一致することを指摘している。オーディ自身の関心は、アンリを援用してルソーのピュシスとしての「自然」を解明し、「自然」と「存在の感情」との内在的な結びつきを指摘し、その「存在の感情」の生の自己‐感受においてこそ、人間の自己性と「自然」の実在性が生成すること、そしてルソーの「自然」は主観性と対象性との極限に存することを示すことにある。Paul Audi, Pour une approche phénoménologique du《sentiment de la nature》, Rousseau avec Henry, *Michel Henry, L'épreuve de la vie*, Les Éditions du Cerf, 2001, pp. 407-437.

（17）Audi, *op. cit.*, p. 410. 傍点を付した強調はオーディによる。

（18）本章注（1）参照。

（19）他者把握の問題はオーディの関心にない。また、アンリは後に、『我は真理なり』や『受肉』を著し、生の概念の基本線は維持しながらも、それを発展させているが、オーディの論文にはそれらについての言及はない。それゆえ、ここでは、新たなアンリの著作も視野に入れつつ、「自己‐感受」という観点からルソーの他者把握を捉え直し、その特色を現代哲学の内に位置づける。

（20）アンリにおける、「生の真理」と「世界の真理」という概念の区別に関しては、第二部第三章第二節(1)一三六―一三八頁を参照。

（21）さらに、ここからは、この生の力が情感性にほかならないこと（PM 173-174）、そして生の自己の受容における感受性が〈喜び〉と〈苦しみ〉であることがわかり、その点でも、アンリの議論と重なり合う。第二部第三章第一節一三一―一三二頁、第三節(4)一六一頁参照。

（22）『我は真理なり』の中で、アンリは、この絶対的な〈生〉を神に、生きる者の生を人間に帰している。そして、〈生〉

は強い自己‐感受を遂行し、生は弱い自己‐感受を遂行するという区別を立てる。第二部第三章第二節(2)一三九—一四一頁参照。

(23) 傍点を付した強調は引用者による。

(24) 傍点を付した強調はルソーによる。

(25) 第二部第二章第二節(3)一二〇—一二一頁、第三章第一節一二八—一三〇頁を参照。

(26) これは『受肉』の内在的な自己を肉とする議論の中で、「肉は裂けない」という表現によって明示されている。第二部第三章第三節(4)一六〇頁参照。

(27) 傍点を付した強調および〔 〕内の補足は引用者による。

(28) 第二章第三節二一〇—二一一頁参照。

(29) 『エミール』では、情感性とりわけ神や善を知る感情は、自然によって与えられたことになっている。しかし、この情感性は、次第に自律性を増して能動的なものとなり、神や自然から与えられたという受動的な側面は薄れてゆく。

(30) 〔 〕内の補足は引用者による。

(31) アンリにおいて、正確には引力と斥力という用語はない。ルソーの引力に相当すると考えられるのは、「魅惑の力〈fascination〉」であり(PM 172)、斥力に相当するものとしては、肉における努力と抵抗が考えられる。〈抵抗する連続体〉における「努力の感情」とは、アンリがメーヌ・ド・ビランの身体論を援用することで得られた概念であるが、これは、自己自身である生きた肉が、やはり(物質ではない)生きた他者の肉に触れるときに得られる感情として重要なものである。その感情を介した力の授受については、第二部第三章第三節(4)参照。

(32) つまり、アンリで言う「生の真理」から「世界の真理」への移行、すなわち決定的な堕落が、ルソーにおいては、根本的な感受性のレヴェルで引力が働くか斥力が働くか、という二つに一つの割合で是認されてしまう。第二部第三章第二節(3)一四二—一四三頁、第三節(2)一五二—一五三頁を参照。

(33) 傍点を付した強調と〔 〕内の補足は引用者による。

(34) 第二章第三節二一〇—二一一頁参照。

(35) 傍点を付した強調は引用者による。

結　論

以上、情感性を基盤とした他者把握がいかにして可能であるのかを論じてきた。情感性を他者把握の根本に据えるという発想を生み出したのは、フッサール流の志向的他者把握への批判もしくは疑念である。それゆえ、他者把握の原理として情感性を持ち出すことは、他者把握から志向性や志向的なものを排除してゆくということを意味していた。その過程そのものを主題として論じたのが第一部である。そこでは、サルトル、シェーラー、ベルクソンを取り上げ、情感性が志向性に代わって他者把握の第一の契機としてクローズアップされるのは何ゆえかを検討した。

第一部第一章で取り上げたサルトルは、他者論に関して、この三人の中では最もフッサール的なものを色濃く残していた哲学者である。サルトルは、独我論の回避に関してはフッサールとは別の仕方を模索しようと努めつつも、自己と他者との関係論に関しては依然として、志向性の変形とも言える「まなざし」理論を堅持している。しかも、サルトルの「まなざし」理論は、自己と他者の双方に妥当するものとして突き詰められたために、かえってその理論自体の破綻を露呈し、引いては他者把握を行う限りでの志向性の破綻をも宣告することとなる。その一方で注目されるのは、サルトルが「まなざし」理論の中で情感性に与えた地位が、フッサールの「感情移入」における情感性のように第二義的なものではなかったことである。サルトルは、恥の感情を「まなざし」が発動される最初の契機として見出し、かつ、恐怖や自負といった感情を「まなざし」が自他の間で変換される動機として認めている。これはつまり、情感性こそが「まなざし」理論の根底にあって、それを支えているということである。かくして、サルトルの議論の内には、自己と他者の関係において根本的に働くのは志向性よりも情感性である、という立場の萌芽が認められる。

続く第二章で論じたシェーラーは、志向性が人格的な他者存在を把握しえないことを、サルトルよりも明確に理解しており、志向性に代えて情感性を他者把握の根本に据えることを宣言する。シェーラーは、自己と他者とが情感的な体験流から分化したものであると位置づけた上で、自己と他者の間の距離を情感的な位階によって示し、両者の関係を情感性において構築したのである。この議論は、自他の関係を徹頭徹尾、情感性の共有（＝共同感情、同情）という形で説こうとした点で、画期的である。ただし、この立論は、一方で自己と他者とが未分化な、つまり自他の間の距離がない体験流を根底に置き、他方で両者の距離を量る情感性に位階を設ける点で、自己と他者の成立に関して大きな矛盾を抱えてもいる。それをアンリは、自己性の曖昧さという観点から批判している。さらにまた、体験流から分化した自己と他者の間に設けられた距離は、そこで働く志向性の参入を許すことにもなる。事実、アンリはシェーラーの情感性を分析し、シェーラー自身の主張にもかかわらず、その情感性にはなお志向的要素が残存していることを指摘している。つまり、情感性を前面に押し出したシェーラーもまた、いまだ志向性の残滓を引き摺っていたのである。とはいえ、こうしてシェーラーに寄せられた批判は、他者論の根本問題である、自己性の確保と他者との一致という相反する要請を浮き彫りにすることとなる。また、シェーラーが自己と他者との根底に両者が未分化な体験流を置いたことの内に、そして、情感的秩序を「情緒的自然観」によって基礎づけ、全体生命と神への愛との間に定めたことの内に、情感性の議論が生そのもの、さらには神と密接な関係にあることが見出されるのである。

第三章で検討したベルクソンは、その独特の生の哲学の中で、志向的ではない純粋な情感性そのものを生の内に位置づけて、生命の進化や共同体の生成を論じている。その意味で、ベルクソンの議論は、シェーラー以上に情感性から志向的なものを払拭するものであり、また、（シェーラーによっても暗示された）情感性と生の結びつきを基礎づけ、それを共同体論にまで押し進めるものである。それゆえここで我々は、ベルクソンの議論から他者や共同体に関する叙述を抽出し、情感性による他者把握と生の共同体の可能性を展望したのである。生命の大きな流れが物質にせき止められて個体が発生する、というベルクソンの議論は、個体性の由来を示唆する。そして、自己と他者が生命の源泉を共有することは、生の発露である情感性を自己と他者が共有すること（すなわち共感）に根拠を与える。また、ベルクソンによる、生命の流れが個々人に行き渡り、その生命を個々人が内的な純粋持続において直観するという主張は、先の個体性が自己性として画定される可能性と他者把握の可能性を同時に開きうる。そして、神秘家なる際立った個性において、生命の飛躍すなわち愛が具現化され、この神秘家の愛を通して、個々人が神の愛を受け取り、「開いた社会」が成立するのである。こうしたベルクソンの議論は、情感性の共同体論、生の共同体論の原型と言える。また、その議論は、情感性における他者論の根本問題、すなわち、自己性の確保と共感との両立という問題に示唆を与える。そしてこの問題を考察する視座は、ベルクソン的な生命観を現象学の中で徹底させたアンリにおいて、はっきりとした形で示されることになる。

そこで第二部では、アンリの哲学を検討した。アンリは、それまでの現象学の成果を踏まえて志向性を批判した上で、生の現象学と呼ぶべきものを提唱し、情感性こそが生の端的な現れだと見なす。そして、彼はこうした哲学に基づき、生の内在性における情感的な他者把握の議論を展開する。つまり、アンリは、他者把握における志向性の働きを完全に失効させ、情感性をその唯一の契機だと主張したのである。その意味で、アンリは、サルトルやシェーラーにおける情感性の重視を究極まで押し進めたと言えるし、また、ベルクソンの生の哲学を現象学において展開し、それを他者論として明示したとも言える。それゆえ、アンリの他者把握の理論は、情感性を擁したものとして、一つの頂点を築くものである。

第一章ではまず、アンリが独自の生の現象学を生成させた過程を、ハイデガーの時間論に対する批判とデカルトのコギトについての解釈という、アンリの思考の特徴が最もよく表れた議論において追跡した。ハイデガーの時間論の批判的分析からアンリが見出したのは、時間の地平の開けを根本的に可能にするのが超越ではなく、その超越を受け取る受動性であること、そして、その受動性がそもそも自己自身を受け取る「自己‐触発」の内に存することである。またアンリは、デカルトのコギトの「見テイルト私ニ思ワレル」という定式を解釈することを通して、「私に思われる」という内的覚知が認識を可能にしていることを明らかにする。アンリによれば、意識の本質とその開示は、自己自身を感じるという根源的内在性に依拠している。以上のようにして、アンリは、時間や思惟（コギト）を可能にするものが、自己自身を直接的に感じる絶対的主観性の自己‐触発であることを導き、これを「生」と名づけたのである。

続く第二章では、自己の絶対的主観性を導出したアンリが、いかにして他の絶対的主観性（すなわち他者）を把握すると考えたのか、という問題を検討した。考察の題材となったのは、アンリが初めて他者を論じた『実質的現象学』第三章「共‐パトス」である。アンリはまず、フッサールの「デカルト的第五省察」の志向的他者把握に対する批判を通して、他者把握の困難とは詰まるところ、絶対的主観性への接近の困難である、と看破する。そして、絶対的主観性への接近を唯一図りうるものとして、生に内在的な自己‐触発に注目するに至るのである。生の自己‐触発とは、自己自身を直接的に感じるものとして、自己性を確立させる原理である。この自己‐触発は、自己自身において感じられる力であり、それは情感性という仕方で自らに知られる。だがアンリはさらに、この自己‐触発こそまた、自己と他者とが生きる限りにおいて共有するものだ、と述べる。つまり、情感性を感じることの内に、自己が自己を把握することだけでなく、自己が他者を把握することもまた含まれている、と言うのである。かくしてアンリは、生の自己‐触発が、自己性の原理であるだけでなく、共同体の原理でもあると主張する。そして、自己‐触発の起源を〈基底〉という概念で表し、これを共同体の場と定める。この〈基底〉において、自己は自己‐

触発を得て自己性を獲得し、しかも他者の自己‐触発を直接的に受容するのである。ここにアンリの独創性が存する。アンリは、以上の議論により、シェーラーにおいて問題視された自己性の獲得を果たし、またベルクソンにおいていまだ無自覚であった生と情感性の結びつきを共同体論へともたらしたのである。

しかしながら、この「共‐パトス」の議論は、アンリ自身も述べるように、素描にすぎなかったため、アンリの共同体論の全貌を画定するためには、さらにその後の展開を探究する必要があった。また、「共‐パトス」においてはさまざまな問題が未解決なままに残されたが、それも解き明かされなければならなかった。第三章では、こうした課題を彼の芸術論、宗教論において考察した。

まず、芸術論『見えないものを見る』の考察から解明されたのは、絶対的内在性である自己がいかにして「新たなもの」、すなわち他者性を帯びた他者へと接近しうるのか、ということである。アンリは、通常「見えるもの」とされている絵画を、「見えないもの」である創造のパトスに還元し、その見えないパトスにおける共同体を創出する。そこでは、作品を創造する創造のパトスが、「新たなもの」を創出し、さらにそれを他者に伝えようとする動因ともなる。また、「感動」という自己‐触発の過剰が、こうした「新たなもの」を感受する働きとなる。しかも、そうした働きが、自己の内在性を拡張させるものであることも明らかになったのである。かくして、「共‐パトス」では、「欲動」として示唆されるにすぎなかった他者への働きかけが、ここでは、創造のパトスや「感動」として明示される。さらに、そうした生の何か過剰な自己‐触発の内に、内在性を保持したままで他者を「新たなもの」として感受する可能性が見出されたのである。

さらに、宗教論『我は真理なり』での特筆すべき展開は、自己性の原理にして共同体の原理とされた〈基底〉が、大文字で表記される〈生〉へと発展的に転移されたことである。そもそも、〈基底〉は謎の多い概念であり、「共‐パトス」では、〈基底〉の存在は自己の自己‐触発の受動性から導出されるにすぎなかった。だが、〈基底〉が

〈生〉と、さらに神の絶対的〈生〉と規定されることで、まず、〈生〉こそが人間の自己-触発の起源であることが明確になる。さらに、〈生〉が自己-生起という「強い」自己-触発を遂行し、人間の（小文字の）生が「弱い」自己-触発を遂行するという区別が提示されることによって、人間の受動性の由来と、人間の共同体における位置づけが明らかにされる。こうした自己-触発の区別に基づいてアンリが提示した、神とキリストと人間の共同体は、そのまま自己と他者の相互内在的な共同体の原型となりうるのである。

続いて発表された『受肉』では、アンリはこの共同体を、身体論において展開させた。アンリは、芸術論で絵画を論じた際と同様の仕方で、身体を「見えるもの」と「見えないもの」との二重性、すなわち内在と外在の二重性を帯びた存在として把握する。そして、彼は、この身体にメーヌ・ド・ビランの〈抵抗する連続体〉という概念を援用することによって、エロス的関係を描出する。アンリによれば、エロス的関係は、外在的身体に還元されるから、他者の生には到達しえないものとして結論づけられる。だが、生の自己-触発が情感性であり力でもあるという、アンリの一貫した主張を、この身体論に敷衍させて解釈するならば、エロス的関係のプロセスそのものは、他者論に大きな進展をもたらすものとして現れてくる。というのも、内在と外在に晒された見えない「皮膚」を介して、〈抵抗する連続体〉たる自己と他者が努力と抵抗という仕方で相対すると捉えられることで、自他の厳然とした区別における、両者の力のやり取りが描写されることになるからである。つまり、これまでは自他の情感性の一致、あるいは力の一致と述べられるにすぎなかった、その「一致」が、ここに至って、自他の融合を意味するのではなく、皮膚面においてぴったりと一致して、互いに内在性（＝自己性）を保持しつつ、双方が力を受け取り合う事態として解されることになるからである。これは、アンリの〈生〉の共同体論において、というよりもむしろ情感性を擁する他者把握の議論一般において常に問題となる、自己性の確保と他者との一致という矛盾した命題を解くものであると言える。

こうして、アンリにおいて、情感性を契機とした他者把握は一応の完成を見る。自己は、内在性を堅持し、その内で自己-触発をたえず行いながら、自己-触発の起源を他者と共有している。そしてまた、その起源において、自己と他者とは隙間なく接して、起源からだけでなく相手からも自己-触発を受け取り、その限りで自己自身の内で自己-触発を遂行する。これが、アンリについての考察から得られる、情感性における自己と他者との関係のあり方である。しかしながら、こうした存在論的な仮説は、現実的な他者把握において検証されなければならない。また、情感性に基づく共同体は、現実には一体どのような共同体像を結ぶのか。それが、考究されなければならない。

第三部では、情感性における自他関係と共同体の問題を総括し、その可能性と限界を画定するために、ルソーを取り上げて考察した。ルソーは、情感性を自らの哲学の第一原理とした哲学者である。そして、彼が提示した情感性の把握は、ベルクソンやアンリの先駆ともいうべきものである。つまり、ルソーは、彼らが提唱したような、生と情感性の不可分な関係を既に理解し、それを自己と他者との関係の原理に据えてもいたのである。さらに、ルソーは、そうした原理に基づく共同体や自我についてさまざまな論考を残している。そこで、情感的他者把握という仮説の検証と情感性に基づく現実の共同体の構築という課題をルソーに託したわけである。

第一章では、ルソーの著作と思考の順序に従って、まず、ルソーが創出した共同体について検討した。『不平等起源論』において人間本性の原理を憐憫の情と自己保存の内に見出したルソーは、前者を原理とする『新エロイーズ』のクラランの共同体と、後者を原理とする『社会契約論』の共同体を構築する。この二つの共同体を比較検討することによって、これらの共同体が構造を同じくし、互いに相補的な関係にあることが明らかになる。しかし、情感性に基づく共同体の可能性を探究するという観点から特に重要であったのは、ルソーによる憐憫の情の発見であり、それを原理としたクラランの共同体の盛衰である。この共同体は、ベルクソンの「開いた社会」の具体的描出とも言うことができ、神秘家にも似た特異な人物が中心となって、共同体の構成員を掌握するところに、その特色がある。しかしながら、この共同体は、情感性の原理とは別の隠れた意志や思惑を含まずには成り立たない。さらに、その共同体の内包するさまざまな矛盾は、神秘家に相当する人物の死によってしか昇華されない。指摘されるこれらの問題は、この共同体の脆弱さを示しているのである。

第二章では、こうしたクラランの共同体の脆弱さを含め、二つの相補的な共同体から導出された問題を考察するために、ルソーが拠って立つ情感性の議論、さらには自我論を取り上げて考察した。まず問題にしたのは、クラランの共同体の存亡を左右した中心人物の情感性のあり方である。その考察から明らかになったのは、ルソーが評価するような憐憫の情に厚く感受性に富む人間は、皮肉なことに、現実の世界での幸福を享受しがたい、ということである。当然ながら、そうした中心人物の不幸は、共同体そのものの存立を危うくさせるものである。こうした由々しい事態は、ルソーの自伝的著作から抽出される、情感性における自己と他者の関係に引き継がれ、さらに深刻さを増す。ルソーは、情感性における他者との直観的な交感を信条としつつ、常に他者との齟齬をきたす。そうした不幸には、クラランの共同体における中心人物の場合と同様、想像力が多分に関与している。しかしそうだとしても、ルソーが体験する他者把握の度重なる失敗は、そもそも情感性において他者を把握しうるのかという疑義を起させるのである。

第三章では、こうした根本的な問題を、他者との軋轢を深めて孤独へ向かった晩年のルソーの著作において検討した。まず取り上げたのは、ルソーが自身に対する理解を求めて著した『ルソー、ジャン＝ジャックを裁く 対話』である。ルソーがそこで正しい他者把握として主張していたのは、他者を対象として把握するのではなく、情感性が受けた印象から他者の存在様式そのものに到達することである。こうした他者把握の方法自体は、アンリが主張した他者把握の原型と言うべきものである。だが、それに加えてルソーは、正しい他者把握を妨げる情念についても言及し、それを自尊心だと看破したのである。次に取り上げたのは『孤独な散歩者の夢想』である。求めも虚しく他者からの理解を得られなかったルソーは、共同体を論じることから撤退し、孤独の中に沈潜することとなったが、この孤独の境地において、情感性の最も根源的なあり方であると考えられる「存在の感情」を享受する。そこで、(アンリの「絶対的内在性」とも重なり合う)この「存在の感情」において、いかなる他者が見出されうるか、ということが最終的な問題となる。ここで導きの糸となったのは、感受性において他者に対して働く引力と斥力という力の作用である。ルソーにおいて、引力は自己と他者との融合をもたらすが、斥力は、他者を単なる対象に、さらに事物に等しいものに貶める。それゆえ、〈抵抗する連続体〉という身体を擁したアンリの自他関係が内在性を保持するのに対して)ルソーの引力と斥力は、自己と他者の間に、片や内在的な関係を、片や外在的な関係を築くことになる。そして、どちらの力が働くかは、ルソーの直観に委ねられ、それは検証される余地がない。こうした他者把握は、ルソーが他者に対して自分を正しく理解してくれるよう願って立てた議論と真っ向から対立する。ルソーは、自己が他者にとって他者であるという他者性は主張したが、他者が自己にとって他者であるという他者性は認めえなかったのである。

もちろん、こうしたルソーの失敗は、そのまま情感性における他者把握という立論自体の失敗を意味するわけではない。志向性が他者を逃すことについてのさまざまな角度からの議論を踏まえれば、他者把握における情感性の意義はますます重要なものとなるであろう。特に、アンリが存在論的に基礎づけたように、自己と他者が生きる者として、情感性において第一義的に遭遇し、互いの内在性においてのみ自己自身と他者とを把握する、という議論は、冒しがたい真実味を帯びている。しかし、ルソーの失敗は、情感性を擁した他者論一般が陥る可能性のある危険を告発するものとして、受け止められなければならない。そして、その上で、議論が導かれるべき方向が模索されなければならない。最後に、その方向として三点指摘しておきたい。

第一に、ルソーが自分自身について主張したような、他者性の重視である。サルトルが「まなざし」理論で見せた主客の転倒や、シェーラーが共感の位階で示した自他の段階的把握は、実は、情感性を根底にもちつつ、いかにして他者性を保持するか、という試みでもあったのである。確かに、彼らはその試みを遂行する中で、情感性のステイタスを危うくし、志向性の残滓を引き摺った。しかし、その試みが、情感性のもたらす自他の融合が他者性を解消するのではないかという危惧に由来していたのならば、その危惧はルソーの失敗からしても軽視することはできない。そこで、第二に、情感性における自他関係が単に自他の融合を意味するのではないことを明確にする必要が生じるであろう。ベルクソンにおいても、また「共‐パトス」でのアンリにおいても曖昧であったのは、情感性における自他の一致の意味であった。だが、アンリの『受肉』では、メーヌ・ド・ビランの身体論を援用することで、この情感性の一致の意味に少なからぬ変更が認められ、情感性における一致が必ずしももろもろの感情の一致を意味しないことが導き出された。こうした議論こそ、さらに進展されるべきものであろう。それゆえ、第三に求められるのは、アンリが議論の中で用いた「力」と、さらにその力の作用に伴う内在性の拡大の可能性を画定することである。シェーラー、ベルクソン、アンリ、ルソーに認められたのは、他者に対峙したときに、自己が新たなものを獲得するという可能性であった。彼らは、それぞれニュアンスの差はあれ、「生（生命）」そのものが与える力にその根拠を求め、その根源的な力に推されて自己が他者に働きかけ、自己自身を拡張させて他者を感受しうると考えたのである。こうした力の増大と内在性の拡大は、どのような様相をもち、他者へと接近していくのだろうか。また、「生（生命）」のような形而上学的な装置によらずにそれを説明することができるだろうか。こうした方向を擁してこそ、情感性における他者把握の議論は、その射程を広げ、実りあるものとなりえよう。

あとがき

他者論が哲学・倫理学における重要で切実な課題と認められるようになって久しい。フッサールの「デカルト的第五省察」以降、他者論はにわかに脚光を浴び、他者に関する優れた哲学書が出版されてきた。そのような中で、本書が何らかの寄与をなしうるとすれば、情感性や感情に焦点を絞って他者論を説き起こし、その可能性を探究した点であろうか。我々が他者と対峙するとき、まずはその他者を感受することから始める。その他者が何ものであるか、ということはその後の問題である。そしてまた、我々と他者が相対するとき、いつも双方が何かしらの感情をもち、人々の組み合わせによって、あるいは場面によって、その感情はさまざまな色合いを帯びる。こうしたことが我々の他者経験の基盤となっている。さらに、個々の人間のみならず、例えば国家と国家が対峙した場合でも、ある種の感情が根底で働いて、国家を動かす場合すらある。

他者経験が何よりもまず情感的なものであることは否定できない。筆者はそう考えている。そして、アンリも述べるように、他者経験が情感的で具体的なものである限り、哲学はその諸様態を論じうるはずであるし、またそうでなければならない。自我が志向的に他者を構成すると考えてしまえば、他者の具体的な諸様態を逃すことになるだろう。それは本書で論述した通りである。

だが問題は、情感性による他者の把握が現実のものだとしても、それが正しく他者を把握する唯一の方途でありうるのかどうか、ということである。本書ではこの問題を、自己性と共同性の両立可能性という形で定立した。すなわち、正しい他者把握のためには、私が（他者ではない）私であるということと、私と他者が（理解し合うための）共通の地盤をもつということが、同時に成立しなければならない。筆者は、この相反する要請の両立を、情感性と他者について論じた五人の哲学者について問い、その可能性を探った。そして、それが他者性の確保という問題に収斂することを明らかにした。このことこそ、ルソーの共同体論と自我論を分析する中で提起し、また、アンリの身体論を解釈する中で模索しようと努めた事柄である。

とはいえ、ルソーについての分析で示したように、情感的な他者の把握も他者を捉え損なうことがある。その限りでは、情感性が他者経験の根本に置かれるべきだとしても、それを正しい他者把握のための絶対的な方途だと見なすことはできないだろう。それゆえ、なぜ情感性も他者把握に失敗するのかがむしろ問われるべきである。その一つの答えとして考えられるのは、情感性や感情が自己と他者の一体化を可能にするという先入見である。それは、情感性を擁護する議論のみならず、それを忌避しようとする議論の内にも見出される。

他者性を認めるということは、言い方を変えれば、他者が「わからないもの」であることを受け入れるということである。我々は他者をどこまでわかるだろうか。あるいは、どこまでしかわからないだろうか。その境界を詳らかにしなければならない。そのためには、さまざまな差異を生み出すものとして、情感性や感情を捉え直すこと、これが求められるであろう。そして、そうすることによってこそ、抽象的な「他者」ではない、社会のさまざまな力関係の内にある具体的な他者を把握する道が開かれるであろう。

＊　＊　＊

本書は、二〇〇三年七月に大阪大学より博士（文学）の学位を授与された論文をもとにしており、一九九七年から書き始めた論考をまとめたものである。本書の出版をご快諾下さり、初めてのことで不案内な筆者の質問やお願いの一つ一つに親切にお応え下さった、萌書房の白石徳浩氏にまずお礼を申し上げげたい。

筆者はこれまで師や先輩に大変恵まれてきた。その僥倖には感謝するばかりである。学生時代より今日に至るまでご指導下さった諸先生や諸先輩方、また、学会や研究会で発表した折にご質問・ご教示下さった諸先生や諸先輩方に、それぞれ衷心よりお礼を申し上げたい。これらの方々の存在は筆者にとって大きな支えとなっている。そして、博士論文をご審査下さった、山形頼洋先生、里見軍之先生、望月太郎先生に改めてお礼を申し上げたい。とりわけ、山形先生には、最初の論文から博士論文作成まで懇切丁寧なご指導を賜り、さらに出版社紹介の労まで取って頂いた。記して深謝する次第である。

最後に、論文執筆のたびに心配をかけ通しであった両親と夫に本書を捧げることをお許し願いたい。

二〇〇三年十二月

吉永和加

著者略歴

吉永和加（よしなが　わか）

1968年　高知県に生まれる

1992年　神戸大学文学部卒業

1997年　大阪大学大学院文学研究科博士課程後期課程退学

現　在　大阪大学大学院文学研究科助手（哲学哲学史）博士（文学）

主要著作

ミシェル・アンリ『実質的現象学—時間・方法・他者—』（共訳：法政大学出版局，2000年），「M・アンリにおける生と他者の問題」『理想』第664号（2000年1月），「他者の要請—ルソーにおける自我と共同体の狭間から—」大阪大学大学院文学研究科哲学講座『メタフュシカ』第33号（2002年12月），他。

感情から他者へ——生の現象学による共同体論——

2004年3月10日　初版第1刷発行

著　者　吉永和加

発行者　白石徳浩

発行所　萌《きざす》書房

〒630-1242　奈良市大柳生町3619-1

TEL（0742）93-2234 / FAX 93-2235

[URL] http://www3.kcn.ne.jp/~kizasu-s

振替　00940-7-53629

印刷・製本　共同印刷工業・藤沢製本

ISBN4-86065-008-5

索　　引

ア　行

アンリ　5-6, 41-42, 50-54, 56-61, 63, 65-66, 89, 92-161, 163-166, 168, 216, 219, 229-237, 239, 241-242, 244-252
オーディ, ポール　229-230, 241

*

愛（amour）　29-34, 36, 38, 40-41, 47-50, 52, 54-55, 57-62, 84-88, 90, 110, 123, 174-176, 178-181, 183, 188-189, 194-195, 197, 199, 202, 208, 226, 228-229, 240, 244-245
　——の挫折　11, 30-31, 36-38, 41
　人間——（Menschenliebe）　46-47, 49, 61
　無宇宙論的人格——（akosmistische Personliebe）　41, 47, 50, 61
愛情（attachement, affection）　176, 178-180, 198, 203, 225, 238
アフェクト（affect）　117-118, 120-121, 159
現れ（apparaître）　94, 99-100, 104, 136, 138, 143, 152-153, 157
生きる者（vivant, Vivant）　77, 88, 109, 114-115, 118, 129, 136-137, 139, 141, 147-148, 153-155, 230-231, 234, 241, 251
意志（volonté）　83, 90, 101-102, 172, 175, 178, 180, 182, 184-191, 195, 197, 200, 250
　一般——（volonté générale）　184-191, 197-199
　全体——（volonté de tous）　185, 198
　団体——（volonté commune）　186-187, 198
　特殊——（volonté particulière）　184-187, 190, 197-198
意識　11-24, 26, 30-31, 33-35, 37, 39-40, 42, 46-47, 54, 57, 62, 67-68, 70-71, 73, 76, 82-84, 89, 101, 104, 106, 150, 172, 230, 235, 246
　自由な——　24-25, 28, 30-31
　他者の——（conscience d'autrui）　19, 24, 28
　眠った——（conscience endormie）　67
　反省——（conscience réflexive）　13-14, 16, 18-19, 24, 28, 39
　反省される——（conscience réfléchie）　13-15, 18, 39
　反省する——（conscience réfléchissante）　13, 39
　非反省的——（conscience du premier degré ou irréfléchie）　13-15, 19-21, 23, 27, 34-35, 39-40
　目覚めた——（conscience éveillée）　67
異他—感受（hétéro-affection）　234-235
一体感（Einsfühlung）　46-48, 54-55, 59-62
　宇宙生命的——（kosmisch-vitale Einsfühlung）　41, 47, 50, 59, 62
印象（impression）　129, 152, 158, 206-207, 209-211, 218, 250
引力（attraction）　132-133, 160, 225-229, 232, 236-237, 240, 242, 251
ヴェール（voile）　180-181, 192, 223
エゴ（Ego, ego）　15-21, 24, 38-39, 57, 107-113, 142-145, 162-163
　超越論的——（Ego transcendantal）　19, 112-113
エゴイズム（égoïsme）　78, 80-82, 143-144
エロス的関係　154-160, 162-163, 166, 248

カ　行

カフカ　122, 161
カンディンスキー　125-128, 131
カント　94, 210
キリスト　135-137, 140-141, 145, 147-149, 248
キルケゴール　163, 166

*

外観(paraître)　168, 197, 203, 211
外在性(extériorité)　127, 136-137, 151-153, 156, 163, 235
外部　30, 104, 127-128, 133-134, 136-137, 153, 179, 203
仮構機能(fonction fabulatrice)　79, 81
神(Dieu)　29-29, 34-35, 47, 49-50, 52, 55, 80, 84-85, 87, 90, 135-137, 139-145, 164, 166, 185, 192, 195-197, 199-200, 207, 214, 219, 232, 241-242, 244-245, 248
我有化(appropriation)　31
感受性(sensibilité)　83-84, 130-131, 152, 178, 201-208, 211, 216, 223-228, 232, 235-238, 240-242, 250-251
　消極的な――　225
　積極的な――　225
感情(sentiment, Gefühl)　5, 11, 16, 18, 20, 26-30, 32, 34, 36-37, 41-42, 44, 46-47, 51-53, 55, 60, 61, 63, 82-83, 86, 92, 121, 123, 129, 131-133, 146, 155, 161-162, 170-172, 174-177, 181-182, 188-189, 196, 199, 201-205, 208-214, 216, 220, 224-225, 227-229, 232-233, 239-243, 252
　内的――(sentiment intérieur)　178, 196, 200, 202-209, 211, 216, 228
感情移入　46, 92, 116, 243
感動(émotion)　128-130, 163, 247
帰属圏域(sphère d'appartenance)　106, 108, 110, 112-113
基底(Fond)　110, 116, 118-125, 130-131, 134, 139-141, 144, 148, 159, 161, 231, 246-247
共感(sympathie, Sympathie)　29-30, 32, 51-52, 70-71, 74, 76, 78, 88-90, 132, 206, 244-245, 252
共-感(sym-pathie)　123, 132
享受(甘受)(jouissance)　136, 141, 155, 161, 196, 212, 216, 225, 233, 236, 239, 251
共-属(co-appartenance)　110
共同感情(Mitgefühl)　5, 38, 41-42, 46-47, 54-57, 60-62, 116, 146, 244
共同責任者(coresponsable)　36-37
共同体　3, 5-6, 10, 30, 37, 65-67, 78, 84, 87, 89, 92, 105, 111, 113-117, 119-121, 123, 125-127, 130-132, 134-135, 138-139, 141-142, 144-146, 161-162, 164, 168-170, 173-174, 178-179, 181-196, 198, 200-202, 206, 215, 231, 235, 244-251
　生の――　66, 89, 104, 135, 142, 145-147, 245
共パトス(pathos avec)　123
恐怖(crainte)　26, 28-29, 243
虚像(imaginaire)　79
距離　35, 54-57, 60, 62, 100, 107, 115, 117, 119-120, 122, 124, 134, 143, 153, 160, 181, 230, 236-237, 244
キリスト教　125-126, 134-135, 138-139, 141, 144-146, 192-195
クランの共同体　174, 178-179, 183, 186-190, 192, 194-196, 198, 201, 249-250
苦しみ(Souffrance)　131-132, 166, 241
原-開示(Archi-révélation)　147, 149
原-子(Archi-Fils)　140-141, 148
原-自己(Archi-Soi)　147
原-受動性(Archi-passibilité)　147-148
原-肉(Archi-Chair)　147, 149
原-パトス(Archi-pathos)　149
原-理解可能性(Archi-intelligibilité)　148, 154
現象学　3, 38, 65, 99, 104-105, 113, 125, 137, 245
　志向性の――　92, 135

生の――　92, 134-135, 164, 245
子（fils, Fils）　136-137, 139-141, 143-144
行為の感情（sentiment de l, 'action）　155
コギト　3, 13, 21, 93, 99-100, 102, 104, 154, 246
悟性　41, 52-53, 55-56, 178
個体　43, 46, 49-50, 55-57, 66-69, 72, 74-76, 79, 86, 88-89, 93, 116, 245
――化　43-45, 57, 61, 72, 137-138
――性　45-47, 50, 55, 57-58, 60, 70, 72, 75, 88, 137, 146, 160, 231, 245
意識――　21, 32-35, 37
固有のもの（le propre）　106, 111-112

サ　行

サルトル　5, 10-43, 60-61, 65, 77, 88, 92, 146, 156, 165, 168, 197, 240, 243-245, 252
シェーラー　5, 10, 41-65, 75-77, 88-89, 92-93, 116, 124, 156, 165-166, 168, 219, 243-245, 252

*

触られるもの（l'être touché）　156
触るもの（le touchant）　156-157, 160
自愛心（amour de soi）　171, 195-196, 213, 224-226, 228, 237, 240-241
自我　3-4, 6, 11-12, 15, 19-20, 39, 43-46, 56, 61, 82-83, 87, 104, 148, 168, 170, 172, 192, 198, 200-202, 205-206, 212, 215-216, 233-235, 249
個人的――（moi individuel）　82-83, 85, 88
社会的――（moi social）　82-83, 85, 88
超越論的――（moi transcendantal）　3, 11, 44-45, 142, 165
時間　16-17, 93-98, 104, 107, 125, 137, 152-154, 228, 245-246
根源的――（temps originaire）　94-98
純粋――（temps pur）　94-95
自己　3-6, 10, 12, 15, 17-24, 26, 28-29, 31-39, 41-51, 53-63, 66, 69, 71-77, 82, 86-88, 90, 95-102, 105-109, 111, 113, 115-124, 127, 129-133, 135-136, 138-142, 144, 146-150, 152-155, 157-163, 165, 168, 171-172, 174-175, 180, 183-184, 186, 188, 195-197, 200-207, 209-212, 215-216, 218, 220, 224-237, 240-252
――による触発（affection par soi）　94-95
――の触発（affection de soi）　95
超越論的――（Soi transcendantal）　148, 157
自己－開示（auto-révélation）　112, 139-140, 148
自己－解明（auto-élucidation）　112
自己－感受（auto-affection）　63, 101, 216, 229-234, 236-237, 239, 241
自己完成能力（faculté de se perfectionner）　171
自己－構成（auto-constitution）　112
自己－触発（auto-affection）　6, 54, 63, 92-94, 96, 98-99, 101, 104, 113-125, 129-131, 138-142, 144, 147, 149-150, 153, 155, 159-163, 239, 241, 246-249
強い――　124, 139-141, 241, 248
弱い――　124, 139-141, 241, 248
自己－遂行（auto-accomplissement）　144
自己性（ipséité, Ipséité）　23, 27, 35-37, 43, 51, 55-58, 72-76, 82, 87-88, 90, 93, 99, 111, 113, 115-117, 125, 130, 138, 141-142, 144, 146, 148-149, 161-163, 231, 235, 241, 244-248
自己－生起（auto-génération）　140, 144, 248
自己－能与（auto-donation）　114, 139, 142, 150, 153-154, 157, 162-163, 229, 231
自己保存（propre conservation）　170-172, 174, 182-183, 185, 187-189, 191, 197, 200, 205, 213, 224, 227-228, 240-241, 249
自己－変換（auto-transformation）　144

自己 - 明示化(auto-explicitation)　112
志向性(intentionalité)　4-5, 10-11, 13-14, 20-21, 41-42, 51, 53-56, 59-60, 62-63, 65, 92, 104, 106, 109-113, 115, 135, 143, 153, 159, 166, 230, 243-245, 251-252
志向的運動(intentionale Bewegung)　48
志向的(構成的)把握　12, 42, 65, 110, 122
死せる事物(chose morte)　11, 109, 230
死せる諸可能性(mortes-possibilités)　25, 30
自然　78-79, 81, 89, 172, 195, 211, 235-236
自然状態(état de Nature)　169-173, 182, 184, 191, 197, 202, 204-205, 213, 241-242
自然人(homme de la nature)　200-201
自尊心(amour propre)　82-83, 171, 213, 219-228, 240-241, 251
自負(fierté)　26-27, 29, 35-36, 40, 243
市民(citoyen)　184-185, 187, 193-194, 197-198
社会　66-67, 74-75, 77-84, 86-89, 164, 169-174, 182-184, 189-190, 193-194, 196-197, 210, 213, 224-225, 228-229, 240
　閉じた――(société close)　77-81, 84, 86, 194
　開いた――(société ouverte)　77, 81, 84, 86-88, 194, 196, 245, 249
社会契約(pacte social)　170, 183-184, 187-192, 194, 196, 198
社会状態　171-172, 197, 226
宗教　79, 84, 126, 134-135, 145, 164, 170, 192-195, 197-198, 200, 247
　市民的――(Religion civile)　194, 199
　市民の――(Religion du Citoyen)　193-194
　聖職者の――(religion du Prêtre)　193-194
　静的――　79, 84, 194
　動的――　84, 194-196, 199
　人間の――(Religion de l'homme)　193
自由　24-25, 28-33, 36, 46, 142, 155, 162, 170, 172-174, 178, 180-181, 183-186, 188, 195, 210, 215, 240
自由な動因(agent libre)　172
主観性　21, 25-26, 28-30, 32-34, 99, 104, 109-111, 115, 119, 127, 132, 230, 241
　根元的――(subjectivité radicale)　102
　絶対的――　21, 28-29, 34, 112, 115, 246
受苦(souffrir, souffrance)　120, 148-149, 161-162, 234
　原初的――(souffrir primitif)　120
主権者(Souverain)　184-188, 197
受動(性)　101-102, 116, 118, 120-121, 131, 139, 141-142, 157, 161, 209, 229, 231, 239-240, 242, 246-248
受容(性)　95-98, 104, 129-133, 138, 142, 232-233, 247
　根源的――(réception originaire)　98
純粋持続(durée pure)　73, 76, 84, 229, 245
情感性(affectivité, Affectivité, Gefühl)　5-7, 10-12, 37-38, 41-42, 45, 47, 50-56, 59-61, 63, 65, 77, 92-93, 101, 104, 111, 113, 118, 121, 123, 126, 131-132, 146-147, 150, 154-155, 159, 164-166, 168-169, 174, 201-202, 216, 219, 226, 230-231, 234, 236, 241-252
　超越論的(な)――(affectivité transcendantale)　110, 140, 155
情感的な地下層　119, 130, 161
情感的把握　12, 65
情緒的自然観(emotionale Auffassung der Natur)　48, 50, 55, 60, 62, 244
情動(émotion)　81-84, 87-88, 129
情念(passion)　101-102, 104, 109-110, 128-129, 133, 176, 208, 216, 218-219, 223-225, 228-229, 240, 250
しるし(signe)　218-219
心情(affection)　175, 178, 202, 210, 218,

227
身体(corps)　43-47, 56-61, 69, 72-73, 75, 101, 106-108, 116, 125, 134, 142, 144-147, 149-161, 163, 165-166, 183-184, 242
　超越論的——(corps transcendantal)　144
　本源的——(corps originel, Corps originel)　106-107, 134, 145, 155
　モノ的——(corps chosique)　157-159
　有機的——(corps organique)　151-153, 156-158
身体性(corporéité)　149-151, 165
神秘家(le mystique)　84-88, 90, 178, 181, 186, 199, 239, 245, 250
臣民(sujet)　186, 197
真理　72, 130, 136-138, 165, 192
　生の——　130, 135-139, 143, 230, 241-242
　世界の——　135-138, 143, 230, 241-242
生(vie, Vie, Leben)　15, 41, 51-52, 56-57, 59, 62, 92-93, 102, 104-106, 109-110, 113-123, 125, 127-159, 162-166, 216, 219, 229-231, 233-236, 241-242, 244-249, 252
　——の内的本質(essence intérieure de la vie)　112
　絶対的現象学的——(vie phénoménologique absolue)　229-230, 232
　超越論的——(Vie transcendantale)　108, 110, 112
生活世界(Lebenswelt)　153
生の哲学　5, 10, 65, 92, 134, 159, 232, 244-245
生命(vie, Leben)　5, 41, 47-48, 50, 55, 57, 59-60, 65-79, 81-89, 172, 244-245, 252
　——の飛躍(élan vital)　66-69, 74-75, 77, 85, 87, 245
　内的・精神的——(vie interne et morale)　232
生命意識(Vitalbewußtsein)　47, 70, 72
生命自我(Vitalseele)　46-47
世界(Monde, Welt)　17-19, 26, 28, 30-31, 48-49, 55, 67-68, 112, 115, 127, 134, 135-138, 143-144
責任　29, 36-37, 40, 81
斥力(répultion)　133, 160, 225-229, 232, 236-237, 240, 242, 251
絶対的此処性(hiccéité)　115
相互-主観性　109-110
創造的エネルギー　84-86, 88-90
想像力　129-131, 177, 207-209, 211-212, 240, 250
即自(-存在)　22-24, 34, 40
率直さ(franchise)　209-211
存在の感情　168, 172, 216, 225, 227-230, 232-238, 240-241, 251

タ　行

ディドロ　240
デカルト　3, 93, 99-102, 245-246

＊

他　22, 111
体験　16, 18, 27-28, 35, 37, 43-44, 49, 56, 102, 114-115, 117-120, 131-132, 140, 142, 148, 157-158, 229-231, 233, 235-237
体験流(Strom der Erlebnisse)　43-45, 50, 57-58, 60-61, 75, 89, 244
対自(-存在)　22-25, 28, 34-36, 217
対自-対他(pour-soi-pour-autrui)　23, 40
対象化　11-12, 24-28, 30, 32, 34-38, 43, 45, 53, 55-56, 59-60, 66, 92-95, 97-98, 107, 231-233
対象的(な)把握　5, 12, 38
対象-私　25, 27-28, 33, 36-37
対他(-存在)　23-24, 32
他我(alter ego)　42, 46, 109, 111
他者(存在)　3-7, 10-12, 14-15, 17-49, 50-51, 54-62, 65-66, 69, 72-77, 82-83, 86-90, 92, 99, 104-111, 113-127, 129-133, 135-136, 138-139, 141, 143-146, 148,

ナ　行

私はできる（Je Peux, je peux）　107, 134, 142-146, 151, 154-157, 159, 161-163

我（Je）　12-15, 20, 27-28, 36, 39-40
超越論的――（Je transcendantal）　12-13, 20, 38-42

文 献 表

一次文献

Bergson, Henri. *L'évolution créatrice*, Presses Universitaires de France, 1941

——. *Les deux sources de la morale et de la religion*, Presses Universitaires de France, 1932

Henry, Michel. *L'essence de la manifestation*, Presses Universitaires de France, 1963

——. *Généalogie de la Psychanalyse*, Presses Universitaires de France, 1985

——. *Voir l'invisible*, Éditions François Bourin, 1988

——. *Phénoménologie matérielle*, Presses Universitaires de France, 1990

——. *C'est Moi la Vérité*, Éditions du Seuil, 1996

——. *Incarnation*, Éditions du Seuil, 2000

Husserl, Edmund. *Cartesianische Meditationen*, *Husserliana*, Band Ⅰ, Martinus Nijhoff, 1963.

Rousseau, Jean-Jacques. *Discours sur l'origine et les fondements de l'inégalité*, *Œuvres complètes*, Ⅲ, Éditions Gallimard, 1964

——. *Du Contrat social*, *Œuvres complètes*, Ⅲ, Éditions Gallimard, 1964

——. *Julie, ou La Nouvelle Héloïse*, *Œuvres complètes*, Ⅱ, Éditions Gallimard, 1964

——. *Emile*, *Œuvres complétes*, Ⅳ, Gallimard, 1969

——. *Rousseau Juge de Jean-Jacques Dialogues*, *Œuvres complètes*, Ⅰ, Éditions Gallimard, 1959

——. *Les Confessions*, *Œuvres complètes*, Ⅰ, Gallimard, 1959

——. *Les Reveries du Promeneur Solitaire*, *Œuvres complètes*, Ⅰ, Éditions Gallimard, 1959

Sartre, Jean-Paul. *La transcendance de l'Ego*, J. Vrin, 1966

——. *L'être et le néant*, Gallimard, 1955

Scheler, Max. *Wesen und Formen der Sympathie*, A. Francke AG Verlag, 1973

——. *Der Formalismus in der Ethik und die materiale Wertethik*, A. Francke AG Verlag, 1966

参考文献

Adolphe, Lydie. *La philosophie religieuse de Bergson*, Presses Universitaires de France, 1946

Albérès, René M. *Jean-Paul Sartre*, Éditions Universitaires, 1953
Audi, Paul. Pour une approche phénoménologique du sentiment de la nature Rousseau avec Henry, *Michel Henry, L'épreuve de la vie*, Les Éditions de Cerf, 2001
Bretonneau, Gisèle. *Création et valeurs étques chez Bergson*, Sedes, 1975.
Cassirer, Ernst. Das Problem Jean-Jacques Rousseau, *Archiv für Geschichte der Philosophie*, Vol. XLI, 1932
Chevalier, Jacques. *Entretiens avec Bergson, Librairie Plon*, 1959
David, Alain et J. Greisch (sous la direction de), *Michel Henry, L'épreuve de la vie*, Les Éditions de Cerf, 2001
Deleuze, Gilles. *Le bergsonisme*, Presses Universitaires de France, 1966
Forthomme, B. L'épreuve affective de l'autre, Revue de *Métaphysique et de Morale*, janvier-mars 1986
Frings, Manfred S. Max Scheler : *A Concise Introduction into the World of a Great Thinker*, Duquesne University Press, 1965
Gilson, Bernard. *L'individualité dans la philosophie de Bergson*, J. Vrin, 1978.
Gouhier, Henri. *Bergson et le Christ des évangiles*, A. Fayard, 1961
Groethuysen, Bernhard. *Jean-Jacques Rousseau, Gallimard*, 1949
Guèhenno, Jean. *Jean-Jacques, histoire d'une conscience*, Ⅰ & Ⅱ, Gallimard, 1962
Guillamaud, P. L'autre et l'immanence ; Etude comparée sur les ontologies de Michel Henry et d'Emmanuel Lévinas, *Revue de Métaphysique et de Morale*, avril-juin 1989
Jankelevitch, Vladimir. *Henri Bergson*, Presses Universitaires de France, 1959
Jeanson, Francis. *Sartre par lui-même*, Édition Du Seuil, 1955
Lecercle, Jean-Louis. *Jean-Jacques Rousseau, modernite d'un classique*, Librairie Larousse, 1973
Michel Henry, Revue Philosophique, 126 (2001) Ⅲ, Presses Universitaires de France, 2001
Pruche, Benoit. *L'homme de Sartre*, Arthoud, 1949
Raymond, Marcel. *Jean Jacques Rousseau, la quete de soi et la reverie*, Corti, 1962
Renaut, Alain. Sartre, *Le dernier philosophe*, Éditions Grasset & Fasquelle, 1993
Schumann, Maurice. *Bergson ou le retour de Dieu*, Flammarion, 1995
Starobinski, Jean. *Jean Jacques Rousseau, La transparence et l'obstacle*, Librairie Plon, 1957
——. *Le Remède dans le mal, Critique et lègitimation de l'artifice a l'âge de Lumiéres*, Gallimard, 1989

Todorov, Tzvetan. Fréle bohneur, *Essai sur Rousseau*, Hachette, 1985
Wokler, Robert. *Rousseau*, Oxford University Press, 1995
Yamagata, Yorihiro. Cosmos and Life (according to Henry and Bergson), *Continental Philosophy*, vol. 32, no. 3, Kluwer Academic Publishers, 1999

市川慎一編著『ジャン＝ジャック・ルソー――政治思想と文学――』早稲田大学出版部，1993年
市川浩編『人類の知的遺産59 ベルクソン』講談社，1983年
小倉貞秀『マックス・シェーラー』塙書房，1969年
金子晴勇『マックス・シェーラーの人間学』創文社，1995年
桑原武夫編『ルソー研究（第二版）』岩波書店，1968年
――編『ルソー論集』岩波書店，1968年
作田啓一『増補 ジャン＝ジャック・ルソー――市民と個人――』筑摩書房，1992年
竹内芳郎『サルトル哲学序説』筑摩書房，1972年
中敬夫「創造の根源としての創造しないもの――ミシェル・アンリの超越批判をめぐって――」，京都大学哲学論叢刊行会編『哲学論叢』第13号，1986年
中川久定『甦るルソー――深層の読解――』岩波書店，1983年
庭田茂吉『現象学と見えないもの――ミシェル・アンリの「生の哲学」のために――』晃洋書房，2001年
箱石匡行『サルトルの現象学的哲学』以文社，1980年
松本勤『ルソー――自然の恩寵に恵まれなかった人――』新曜社，1995年
山形頼洋『感情の自然――内面性と外在性についての情感の現象学』法政大学出版局，1993年
――「他我の存在について」，京都大学文学部内京都哲学会編『哲学研究』第525号，1973年
――「西田哲学における行為的自己とフランス哲学における自我と他者」，京都哲學會編『哲学研究』第574号，2002年
――「生き生きとした現在の傷つきやすさ――情感性と他者――」，新田義弘・山口一郎・河本英夫ほか『媒介性の現象学』青土社，2002年
――「現象学の形而上学化と他者の問題」，日本現象学会編『現象学年報』第18号，2002年
山崎正一・串田孫一『悪魔と裏切者――ルソーとヒューム――』河出書房新社，1978年
山本周次『ルソーの政治思想――コスモロジーへの旅――』ミネルヴァ書房，2000年
吉岡知哉『ジャン＝ジャック・ルソー論』東京大学出版会，1988年
渡辺幸博『サルトルの哲学――人間と歴史――』世界思想社，1980年